Christine Liew

Reisegast
in Korea

Herausgeber der Reihe Reisegast:

Buch & Welt GmbH

IWANOWSKI'S *i* REISEBUCHVERLAG

---

www.iwanowski.de

Hier finden Sie aktuelle
Infos zu allen Titeln,
interessante Links –
und vieles mehr!

© 2009 Buch & Welt GmbH, München
und Iwanowski's Reisebuchverlag, Dormagen

2., aktualisierte Auflage 2010

Konzept, Redaktion, Bildredaktion: Buch & Welt GmbH, München

Lektorat: Ute Diergarten-Wandel, München

Korrektorat: Katrin Liska, München

Satz und Produktion: Dr. Alex Klubertanz, München

Projektleitung (Iwanowski): Rüdiger Müller, Dormagen

Alle Informationen und Hinweise erfolgen ohne Gewähr für die Richtigkeit im Sinne des Produkthaftungsrechts. Verlag und Autorin können daher keine Verantwortung und Haftung für inhaltliche oder sachliche Fehler übernehmen.

Bildnachweis:
Christine Liew Seite 2, 8, 10, 12, 28, 29, 32, 33, 38, 40, 56, 58, 61, 64, 65, 66, 68, 70, 76, 77, 79, 84, 85, 87, 89, 91, 95, 97, 98, 100, 103, 105, 106, 112, 114, 120, 123, 127, 130, 134, 136 (rechts), 137, 138, 139, 140, 141, 144, 147, 148, 150, 154, 157, 160, 166, 168, 170, 171, 172, 178, 180, 182, 184, 187, 188, 191, 193, 198, 213 und alle Motive U3.
Volkmar E. Janicke Seite 16, 19, 21, 23, 24, 26, 35 (beide Motive), 36, 42, 44, 46, 53, 62, 73, 86, 92 (beide Motive), 93 (beide Motive), 108, 110, 116, 125, 132, 133, 136 (links), 161, 174, 175, 185, 186, 187, 195 und alle Motive U4.
Harald Bergmann Seite 14; 15, 50. *Birgit Eicher* Seite 11.
Jung Hyang-soon Seite 152. *Kim Duk-jin* Seite 54, 156, 164.
Wikipedia Seite 27, 48 (beide Motive). *Jupiterimages/IFA-Bilderteam* Titelmotiv
Leo Purmann Cartoons Seiten 202–208. *Alex Klubertanz* Karte Seite 18

Gesamtherstellung: Offizin Andersen Nexö, Leipzig

ISBN: 978-3-86197-004-0

Christine Liew

Reisegast in Korea

Inhalt

Korea gibt es im Doppelpack, oder?!

Vorwort von Christine Liew

Im Vergleich zu seinen »landmassigen« Nachbarn im Norden, China und Russland (zu letzterem besteht ebenfalls eine direkte, wenn auch nur 18 Kilometer lange Grenzverbindung) und der mächtigen japanischen Inselgruppe im Südosten wirkt die Halbinsel Korea eher klein und unbedeutend. Aber was für eine Power geht von diesem Land aus! Fast unbemerkt vom Westen hat sich zumindest Südkorea von einem unbedeutenden Winzling zu einer ernstzunehmenden Wirtschaftsnation entwickelt.

Eine kleine Halbinsel ...

Auch in Europa nimmt man das inzwischen zur Kenntnis. Und dennoch: Wenn das Land in die Schlagzeilen kommt, dann zumeist als Schauplatz schwelender Konflikte. Korea hat eine tragische Geschichte hinter sich, es ist in Nord und Süd gespalten. Ein »demilitarisierter« Zonenstreifen verläuft nördlich der südkoreanischen Hauptstadt Seoul quer durch die gesamte Halbinsel. Seit über einem halben Jahrhundert leben Menschen und Familien radikal und unbarmherzig voneinander getrennt. Während Nordkorea (Volksrepublik Korea) seit 1948 fest in kommunistischer Hand ist und aus seiner Hauptstadt Pyeongyang manchmal Meldungen über eine unterschwellige oder vielleicht auch tatsächliche Atomwaffenbedrohung zu uns dringen, ist das kapitalistische Südkorea (Republik Korea) ein freies, demokratisch geführtes Land.

... geteilt in Nord und Süd

Weil der kommunistische Norden westlichen Reisenden weitgehend verschlossen bleibt, liegt das Hauptaugenmerk dieses Buches zwangsläufig auf dem gegenwärtigen Südkorea. Das einstige »Armenhaus Asiens« hat in den letzten zwanzig Jahren dramatische Veränderungen erfahren. Wie immer bei solchen rasanten Entwicklungen verlief auch dieser Prozess nicht ohne Stolpern und Straucheln. Doch heute erweist sich Südkorea als politisch stabil, wirtschaftlich stark und kulturell dynamisch. Es darf sich rühmen, Trendsetter für eine ganze Generation junger Asiaten zu sein. Filme aus Korea zum Beispiel sind auf dem gesamten asiatischen Kontinent Straßenfeger; die neueste Mode von Hongkong bis Tokyo stammt oft von Designern aus Seoul. Südkorea ist zu einem bedeutenden *Global Player* aufgestiegen.

Kommunismus kontra Kapitalismus

Kein Zweifel: Das Land ist in Bewegung und wird mit jedem Jahr moderner: Sozialversicherungen nach westlichem Muster sind inzwischen Standard, die Gleichberechtigung der Frau hat sich weitgehend durchgesetzt. Gleichzeitig ist die Gesellschaft jedoch noch sehr in ihren neokonfuzianischen Strukturen und Traditionen verhaftet. Besonders in der streng regulierten Geschäftswelt großer Firmen halten sich die klassischen Moralvorstellungen noch hartnäckig. Dieser permanente Widerspruch spiegelt sich auch im Alltagsleben und insbesondere in den zwischenmenschlichen Beziehungen. So ist in Korea zum Beispiel die Liebesheirat heute eine Selbstverständlichkeit. Sich öffentlich Zuneigung zeigen aber gilt als tabu. Einerseits haben Kinder gehorsam zu sein und Älteren gegenüber Respekt zu erweisen. Andererseits lösen sich junge Leute immer mehr

Neokonfuzianische Gesellschaftsstrukturen

Parkplatzboy in Seoul

Seoul bei
Nacht

Selbstbe-
wusstsein
und große
Gefühle

von den konservativen Wertvorstellungen ihrer Eltern. Sie scheuen dabei keine Konfrontationen und sind in jeder Hinsicht äußerst experimentierfreudig. Wir Westler wundern uns dann. Vieles erscheint uns vor unserem so ganz anderen kulturellen Hintergrund befremdlich. Nicht selten geraten wir während unseres Aufenthalts in Korea zwischen die Fronten von Alt und Neu. Oder wir sind ver-unsichert über uns unbegreifliche Verhaltensweisen. Vielleicht erleiden wir gar den berühmt-berüchtigten »Kulturschock«.

Korea ist außerdem ein eigenwilliges Land. Asienreisende überrascht immer wieder, wie anders es im Vergleich zu seinen ostasiatischen Nachbarstaaten ist. Historisch und kulturell haben China, Japan und Korea viele Gemeinsamkeiten. Aber im Gegensatz zu ihren höflichen Nachbarn in Japan und den eher jovialen Chinesen strahlen Koreas Menschen ein stärkeres Selbstbewusstsein aus. Sie sind temperamentvoll, leicht aufbrausend und bisweilen auch streitlustig. Mit einem Augenzwinkern bezeichnen sie sich selbst gern als »die Italiener Asiens«: Sie lieben ihre Familien und die großen Gefühle des Lebens, neigen zu Me-lancholie, treten eher laut als leise auf. Während hinter verschlossenen Türen hitzige Diskussionen nichts Ungewöhnliches sind, präsentieren sich Koreaner

Fragen über
Fragen

in der Öffentlichkeit als kühle Strategen. Warmherzig privat, sitzen Ihnen am Verhandlungstisch beinharte Geschäftsmänner mit undurchdringlichen Mienen gegenüber.

Vielen Koreareisenden stellen sich daher Fragen über Fragen: Touristen möch-ten das Land besser verstehen, das sie besuchen. Geschäftsreisenden ist daran gelegen, ihren Besuch bei den koreanischen Partnern mit Erfolg zu krönen. Sie und auch die vielen Delegierten, die für ihre Firmen eine Zeitlang in Korea arbeiten, benötigen vor allem aktuelle Informationen und handfeste Tipps im Umgang mit den Menschen. Fakten und Daten über Korea sind überall leicht zugänglich, aber wie lassen sich damit die vielen Eigenarten und Besonderheiten der koreanischen Gesellschaft erschließen und einordnen? Genau hier setzt der vorliegende Reisegastband an. Ich hoffe, es gelingt mir, Ihnen die Art von Hintergrundwissen zu vermitteln, die eine entspannte und somit erfolgreiche Begegnung mit dem »Land der Morgenstille« ermöglicht. Ein kleiner „Knigge für Geschäftsreisende" wird Sie außerdem auf Ihre Verhandlungen mit Koreanern einstimmen. Den neu erworbenen Kenntnissen fügen Sie dann selbst noch eine Portion Offenheit und Toleranz hinzu und Sie sind bestens auf Ihren Korea-Besuch vorbereitet.

An dieser Stelle möchte ich meiner guten Freundin Park Yeonghee Dank für Ihre unermüdliche Unterstützung sagen. Ohne ihre humorvollen Erklärungen hätte das Schreiben dieses Buches lange nicht so viel Spaß gemacht.

Über die Autorin:

Christine Liew, M.A. (Jahrgang 1966) hat durch Studium, Berufstätigkeit und familiäre Bindungen eine langjährige Affinität zum ostasiatischen Kulturkreis. Sie studierte an der Universität Bonn Koreanisch und Koreanistik mit Schwerpunkt Wirtschaft und wechselte später an die Tohoku University in Japan. Nach 15 Jahren Asien, unter anderem gefördert durch die Korea Foundation, ist sie nun zurück in Deutschland und arbeitet erfolgreich als freie Journalistin und Buchautorin in Süddeutschland.

Land der Morgenstille – eine Annäherung

Korea passt in keine Schablone

Hand aufs Herz, wie viele koreanische Persönlichkeiten fallen Ihnen auf Anhieb ein? Zumindest dieser Mann sollte es sein: Ban Ki-moon, seit 2007 Nachfolger Kofi Annans im Amt des UN-Generalsekretärs. Mit Ban, dem ehemaligen südkoreanischen Außenminister, steht zum ersten Mal ein Koreaner an der Spitze der Weltorganisation und jeden seiner Landsleute erfüllt das mit Stolz. Seine Wahl hatte Signalwirkung: Schaut her! Das 21. Jahrhundert wird das Zeitalter Asiens und Korea gehört dazu.

Während mächtige asiatische Nationen wie China oder Indien als aufstrebende Wirtschaftsgiganten die westliche Welt schon länger beeindrucken, fällt der »kleine Tigerstaat« erst neuerdings so richtig auf. Dass neben Taiwan, Singapur und Hongkong auch Südkorea den großen Sprung nach vorn inzwischen geschafft hat, haben wir eigentlich täglich vor Augen: *Made in Korea*-Produkte sind aus unserem Leben überhaupt nicht mehr wegzudenken: Computer und Unterhaltungselektronik, Waschmaschinen und vor allem Mobiltelefone. Jedes fünfte Handy weltweit kommt aus Korea. Wie selbstverständlich haben wir uns auch an koreanische Automarken gewöhnt. Vom Kleinwagen bis zur Nobelkarosse, überall rollen sie auf unseren Straßen. Kulturbeflissene Insider haben das moderne Korea ebenfalls für sich entdeckt, Cineasten begeistern sich für koreanische Filme und Fernsehserien, die Jugend für K-Pop. (vgl. S. 162f.)

Der kleine Tigerstaat hat den Sprung geschafft.

Ansonsten ist über das Ursprungsland all dieser schönen Dinge nur wenig bekannt. Auch die Koreaner selbst bleiben für uns Westler, geben wir es ruhig zu, irgendwie seltsam gesichtslos: Weder sind wir in der Lage sie kulturell einzuordnen, noch können wir sie ohne weiteres von anderen Asiaten unterscheiden. Sie haben in unserer Vorstellung kein besonderes Image wie etwa Japaner, die zu charakterisieren uns vielleicht noch am ehesten gelingt. Aus unserem eurozentrischen Blickwinkel erscheinen Koreaner meist nur als Teil der großen Menschenmasse Asiens. Wir differenzieren nicht genug, was die davon Betroffenen verständlicherweise schmerzt.

Aber seine Menschen bleiben seltsam gesichtslos.

Immer mussten sich die Koreaner expansionsfreudiger Nachbarn erwehren, so haben sie schon früh den Wunsch nach Abgrenzung und Eigenständigkeit verinnerlicht. Bis in die Moderne spielt die Erhaltung der eigenen Identität eine Schlüsselrolle im koreanischen Denken und Handeln. Oftmals half nur noch eine radikale Isolationspolitik, um sich gegenüber den chinesischen und später auch japanischen Kultureinflüssen zu behaupten. Der beständige innere und äußere Kampf um die eigene Identität prägte die Koreaner zutiefst: Mit Starrköpfigkeit gegen ein feindliches Umfeld! Nur so konnte die koreanische Kultur bald 40 Jahre (1910–45) grausame Unterdrückung durch die Japaner überdauern. Nur so scheint das Regime in Nordkorea sein Überleben zu garantieren.

Beeindruckt von der eigenen Geschichte, Touristen am Königspalast in Seoul

Auf Korea trifft so gut wie keines der uns vertrauten Asienklischees zu, was uns den Zugang zu seiner Kultur zusätzlich erschwert. Koreaner sind weder sanftmütig wie die meisten Menschen Südostasiens; noch sind sie so endlos höflich,

Imposant: Nord- koreas Hauptstadt Pyeongyang

Kein Klischee trifft zu.

wie es den Japanern gern nachgesagt wird. Auf den sprichwörtlichen asiatischen Gleichmut werden Sie in Korea ebenfalls nicht stoßen, dafür aber auf viel Ambivalenz. In der Regel sind die Menschen hier sehr freundlich oder – eben nicht. Sie sind zuvorkommend, oder – ruppig und abweisend. Koreanische Männer zeigen Härte, aber auch Emotionen. Anders als ihre westlichen Geschlechtsgenossen lassen sie heftige Gefühle zu und schämen sich auch nicht ihrer Tränen. Sie spazieren mit einem guten Freund Händchen haltend durch die Gegend, ohne dass irgendjemand das anstößig fände. Gäste werden von der Fürsorge ihrer Gastgeber schier erdrückt, aber niemand schreitet ein, wenn ein alter Mann auf der Straße den schreienden Enkel verprügelt.

Extreme Gegensätze

Die Liste der Kontraste lässt sich beliebig fortsetzen. So ist das koreanische Essen für unsere Verhältnisse ungewohnt scharf, aber auch unglaublich vielfältig und gesund. Die koreanischen Sommer sind sehr heiß und schwül, die Winter dagegen schneereich und bitterkalt. Auch die Landschaft ist extrem abwechslungsreich. Mal sind die Berge sanft und hügelig, dann wieder ragen Felsen schroff und steil in den Himmel. Die Westküste lockt mit breiten Stränden zum Badeurlaub, die Ostküste dagegen ist steinig und der Pazifik wenig einladend. Korea ist ein Land, das in keine Schablone passt. Die extremen Gegensätze erzeugen ein permanentes Spannungsfeld, aus dem seine Bewohner ihre vitale Lebenskraft beziehen und den unbedingten Willen, sich in dieser Welt durchzusetzen.

Der Stachel der Teilung

Am meisten drückt jedoch die Teilung der Nation aufs koreanische Gemüt, ganz ähnlich wie das auch bei uns einmal der Fall war, als noch zwei deutsche Staaten nebeneinander existierten. Seit 1948 umfasst die koreanische Halbinsel ein Volk in zwei Staaten: die Republik Korea (Südkorea, *Daehan Minguk,*

대한민국) und die Demokratische Volksrepublik Korea (Nordkorea, *Choseon Minju Juui Inmin Gonghwaguk,* 조선민주주의인민공화국). Zur Abgrenzung ihrer jeweiligen Interessensphären hatten die alliierten Siegermächte nach dem Ende des Zweiten Weltkriegs auch die koreanische Halbinsel geteilt. Trotz heftigster Proteste der Bevölkerung entstand entlang des 38. Grades nördlicher Breite ein vier Kilometer breiter Zonenstreifen. Koreas Norden geriet unter kommunistischen Einfluss, während sich der Süden nach Westen orientierte. Der blutige Koreakrieg von 1950-1953 zementierte dann die Verhältnisse: Die knapp 250 Kilometer lange Demarkationslinie gilt heute als die bestbewachte Grenze der Welt. Obwohl die Gründung beider souveräner Staaten nunmehr schon über 60 Jahre zurückliegt und zwei Wirklichkeiten nebeneinander existieren, sitzt der Stachel der Teilung noch tief. Unterschiedliche Gesellschaftsformen und damit verbundene Zielsetzungen in Politik und Wirtschaft haben beide Landesteile extrem auseinanderdriften lassen: Arm der Norden, reich der Süden, so die knappe Bilanz.

Zwei Staaten nebeneinander

Die offizielle Regierungsform Nordkoreas ist eine sozialistische Volksdemokratie mit besonderem koreanischem Touch, der so genannten Juche-Ideologie. An der Spitze stand zunächst der 1994 verstorbene Kim Il-sung, der 1998 posthum zum »Ewigen Präsidenten« ausgerufen wurde. Sein Sohn Kim Jong-il führt heute das Land, nahezu abgeschottet von der übrigen Welt. Nordkorea hat eine Fläche von 120 540 km². Das entspricht etwas mehr als einem Drittel der Bundesrepublik Deutschland. Nach einer UN-Schätzung von 2006 weist es eine Bevölkerung von 23 Millionen Menschen auf. An die drei Millionen leben in der Hauptstadt Pyeongyang (deutsch auch Pjöngjang, englisch Pyongyang),

Nordkorea schottet sich ab.

die während des Koreakrieges nahezu völlig zerstört, inzwischen aber großzügig wieder aufgebaut wurde. Das Bevölkerungswachstum ist rückläufig – vermutlich auch auf Grund der katastrophalen Wirtschaftsentwicklungen der vergangenen Jahre.

In der südlich der Demarkationslinie liegenden Republik Korea leben mehr als doppelt so viele Menschen wie im Norden, 49 Millionen waren es im Jahr 2009. Mit einer Fläche von 99 646 km² ist Südkorea vergleichsweise klein, es entspricht in etwa den beiden deutschen Bundesländern Baden-Württemberg und Bayern zusammen. Südkorea teilt sich in neun Provinzen und sieben

Kim Il-sung, Größenwahn in Bronze gegossen

Südkorea hingegen boomt.

Metropolregionen auf. Die großen Metropolregionen bestimmen das moderne Bild Südkoreas, allen voran die Hauptstadt Seoul (서울). 23 Millionen Koreaner wohnen allein im Großraum Seoul, das ist knapp die Hälfte der Gesamtbevölkerung! Mit vier Millionen Einwohnern folgt die Hafenstadt Busan (부산) an der Südküste als zweitgrößte Stadt. Auch die anderen Großstädte Südkoreas wachsen atemberaubend schnell. Derzeit leben 81 Prozent der Bevölkerung in einer städtischen Region. Die Urbanisierung entlang des »Seoul-Busan-Korridors«, der Seoul-Metropolregion und dem Gebiet um Daegu (대구) und Gyeonsang (경상) hat besonders stark zugenommen. Im Gegensatz dazu sinkt die Bevölkerung in den südwestlichen und nordöstlichen, eher ländlichen Regionen.

Wunder am Han

Ende der 1950er Jahre galt Südkorea, ganz im Gegensatz zu dem damals noch prosperierenden Norden, als das Armenhaus Asiens. Heute ist es eine wirtschaftlich aufstrebende Demokratie nach westlichem Muster und nimmt Platz 11 unter den OECD-Ländern ein. Auf diese enorme Aufbauleistung, von den Medien als das »Wunder am Han« bezeichnet, ist die südkoreanische Nation mit Recht ganz besonders stolz.

Wiedervereinigung

Allein die Teilung der Halbinsel ist nicht verwunden. Obwohl die Gründung beider Staaten schon über zwei Generationen zurückliegt, gehört das Thema zum Alltag beider Länder; eine Wiedervereinigung scheint jedoch in weiter Ferne. Die Existenz eines zweiten Koreas beeinflusst große Teile der heutigen südkoreanischen Gesellschaft und bestimmt weithin politische und wirtschaftliche Entscheidungen. Angst und Misstrauen beherrschen das Bild vom nordkoreanischen Staat, Folgen der Drohgebärden kommunistischer Propaganda. Den-

Futuristisch, der Jongno Tower in Seouls Finanzdistrikt

noch sehnen sich vor allem die älteren Menschen nach einem vereinten Korea und träumen von einer Zusammenführung ihrer seit Jahrzehnten gewaltsam auseinandergerissenen Familien (vgl. S. 71ff.).

Die geographischen Regionen

»Hoch ist der Osten, niedrig der Westen«

Das alte Sprichwort *Dong Ko Seo Cheo* (동고서저, »Hoch ist der Osten, niedrig der Westen«), genügt eigentlich vollkommen, um die Topographie der koreanischen Landschaft zu beschreiben. Doch die seltene Gabe, in vier Worten ein ganzes Universum zu erklären, überlassen wir lieber den Koreanern und werfen einen etwas gründlicheren Blick auf die Karte.

Die Halbinsel Korea wird östlich umspült vom tiefen Pazifik (4000 m) und westlich von der flachen Chinesischen See (90 m). Von hohen Gebirgen auf der Ostseite ausgehend fällt die Landmasse der Halbinsel zum Westen hin flach ab. Viele kleinere Gebirgszüge ziehen sich von Ost nach West und so bedecken Berge und Hügel schließlich 70 Prozent der Fläche Koreas. Wie ein 1000 km langes Anhängsel ragt die Halbinsel im Osten des asiatischen Kontinents ins Meer, der »Große Bruder China«, wahrhaftig einhundert Mal größer als sie selbst, sitzt ihr wie ein Koloss im Rücken. Die Inselkette Japans erstreckt sich zu ihren Füßen.

China im Rücken

Korea liegt zwischen dem 33. und 43. Grad nördlicher Breite, auf Europa übertragen entspricht das der Höhe von Griechenland. Im Norden bilden die beiden Flüsse Yalu (*Amnokgang,* 압록강) und Tumen (*Dumangang,* 두만강) die natürliche Grenze zur Mandschurei. Im Westen liegt das Chinesische Meer (Gelbe Meer), das die Koreaner »Westmeer« (*Seohae,* 서해) nennen; im Osten das Japanische Meer, von ihnen ausschließlich als »Ostmeer« (*Donghae,* 동해) bezeichnet – in konsequenter Abgrenzung zu dem ehemals ärgsten Feind. Nach Japan sind es über das »Südmeer«, auch als Koreastraße (*Daehan Haehyeop,* 대한해협) bekannt, von Koreas südlicher Küste aus nur 200 Kilometer. Ein Katzensprung also und heutzutage mit mehreren Fähren erreichbar.

Nach Japan ein Katzensprung

Trotz seiner topographischen Nähe zum japanischen Inselarchipel bleibt Korea weitgehend von starken Erschütterungen und Erdstößen verschont. Hin und wieder wackelt die Erde im äußersten Süden, zerstörerische Erdbeben aber sind selten. Die Inseln Ulleungdo (울릉도) im Pazifik und Jejudo (제주도) in der Koreastraße sind Vulkaninseln, deren Feuerberge aber beide schon längst erloschen sind. Allein der mythische Berg Baekdu (백두) an der Grenze zu China ist noch aktiv. Sein letzter Ausbruch fand Ende des 16. Jahrhunderts statt und schuf den See Cheonji (천지, »Himmelssee«), einen Kratersee mit 13 Kilometern Durchmesser. Der Baekdu ist mit 2744 Metern der höchste Berg Koreas und spielt in vielen Mythen eine Rolle. Er gilt den Koreanern als heiliger Berg, auf den der sagenumwobene, himmlische Urvater Dangun angeblich seinerzeit erstmals den Fuß setzte. (vgl. S. 31)

RUSSLAND

CHINA

Baekdu ▲
(2744 m)

○ Cheongjin

NORDKOREA

○ Gimchaek

OSTMEER

(Japanisches

Meer)

◇ **PYEONGYANG**

○ Nampo

Gaeseong
○

▲ *Seoraksan (1708 m)*

Incheon ○ ◇ **SEOUL**

WESTMEER

(Gelbes Meer)

SÜDKOREA

○
Daejeon

○ Daegu

○
Busan

JAPAN

○ Mokpo

Koreastraße

0   100 km

Jejudo

Hügel, Berge und Gebirge

Auf alten Abbildungen vergleichen koreanische Künstler ihr Land gerne mit der Gestalt eines angreifenden Tigers. Die hohen Gebirgszüge entlang der Ostküste, von den Koreanern Baekdudaegan genannt (백두대간, Baekdu – Hauptstamm, Hauptlinie), bilden sein Rückgrat, die kräftigen Hinterpfoten die südwestliche Region, die Vorderpfoten mit ausgefahrenen Krallen erstrecken sich hoch erhoben und wehrbereit entlang der nördlichen Grenze. Sein Kopf mit weit aufgerissenem Maul umfasst das Gebiet um den heiligen Berg Baekdu im äußersten Nordosten des Landes – Wachsamkeit symbolisierend gegenüber eventuellen Territorialansprüchen Chinas. Sogar das Streifenmuster des Tigerfells zeichnet den ungefähren Verlauf weiterer Gebirgszüge und Flüsse in Ost-Westausrichtung nach.

Wehrhafter Tiger

Mit dem Bildnis des wehrhaften Tigers im Kopf ist es recht einfach, sich die Oberflächenbeschaffenheit der Halbinsel einzuprägen. Auch das wunderschöne Taebaek-Gebirge (태백산맥, Provinz Gangwon-Do, Südkorea) mit dem 1708 m hohen Seoraksan (설악산, »Schneegipfelberg«) ist Teil des Gebirgsgürtels entlang der Ostküste. Im Norden setzt das Nangnim-Gebirge (*Nangnimsanmaek,* 낭림산맥) das »Rückgrat« des Tigers fort. Hier finden sich einige der höchsten Berge Koreas wie zum Beispiel der Sobaeksan mit 2184 m (소백산, Provinz Jagan-Do, Nordkorea). Im Südwesten der Halbinsel bildet das Sobaek-Gebirge (*Sobaeksanmaek,* 소백산맥) den Abschluss des langen Baekdudaegan. Der äußerst massive Jirisan (지리산, Provinz Gyeongsangnam-Do, Südkorea) ist mit 1915 m der höchste Berg der Region.

Oberflächenbeschaffenheit

Seit dem 5. Jahrhundert fungiert das Sobaeksan-Gebirge als natürliche Grenze zwischen den alten Königreichen Zentralkoreas und dem Süden sowie auch den westlichen und östlichen Regionen des südlichen Teils der Halbinsel. Auch heute folgen die Provinzgrenzen Süd- und Nordkoreas dem Verlauf der Gebirgszüge. Sie zerteilen die Halbinsel außerdem in sechs traditionelle Regionen: Kwanbuk, Kwanso, Kuho, Kwandong, Honam und Yongnam. Diese Regionen unterscheiden sich in Brauchtum und Mundart. Und, wie überall auf der Welt, hegen ihre Bewohner gegenseitig eifrig Vorurteile, sind sich manchmal sogar spinnefeind. So

Sportlich: Wanderer im Seoraksan Nationalpark

INFO

Wie heißt der Berg nun richtig?

Das Wort *San* bedeutet auf Koreanisch Berg, *Sanmaek* Gebirge. Oftmals bezeichnet der gleiche Name einen Berg wie auch ein Gebirge, so zum Beispiel bei Seobaeksan und Seobaeksanmaek. Zum besseren Verständnis und aus Gewohnheit verbleibt beim Bergnamen das Suffix *-san* wie zum Beispiel bei Seoraksan. Für das Gebirge gilt die Bezeichnung Seoraksan-Gebirge oder nur Seorak-Gebirge, beides ist korrekt.

Bei Flüssen gilt: Das Wort *Gang* bezeichnet allgemein den Fluss und wird jeweils an den Namen des Gewässers angehängt. Hangang bedeutet so »der Fluss Han«. Da oftmals mehrere lokale Gegebenheiten den gleichen Namen tragen, ist es immer besser, die genaue Bezeichnung am Namen zu belassen. Durch Seoul fließt also der Hangang und nicht nur der Han.

Das Suffix – *do* übrigens bedeutet »Insel«: Ulleungdo, Jejudo, Dogdo. Beim Blick auf detaillierte Korea-Karten werden Ihnen noch großgeschriebene *Do* auffallen. Hier steht das mit Bindestrich angehängte Do für den Begriff »Provinz«.

sprechen die »finsteren Charaktere« in Filmen grundsätzlich den Dialekt der südwestlichen Region Honam. Sie umfasst die Provinzen Jeollanam-Do, Jeollabuk-Do sowie Teile von Chungcheonnam-Do und Chungcheonbuk-Do. Um böses Blut zu vermeiden, achtet sogar das Militär darauf, dass die Soldaten einer Einheit nicht aus verschiedenen Regionen stammen.

Flüsse

Westlich des Taebaek-Gebirges fällt das Land recht sanft mit Hügeln und breiten Flussebenen zum Meer hin ab. Die meisten Flüsse folgen der Ost-Westausrichtung des Landes. Sie entspringen dem Baekdudaegan und münden schließlich ins Chinesische Meer und in die Koreastraße. Dazu zählen Seouls berühmter Fluss Hangang (한강, 494 km), der Nakdonggang (낙동강, 510 km) westlich des Sobaeksan-Gebirges, der Geumgang (금강, 398 km) bei Gunsan und der Seomchingang (섬진강, 224 km) an der Südwestspitze der Halbinsel. Allein drei Flüsse fließen östlich der Gebirgskette in den Pazifik. Im Gegensatz zu den Flüssen im Westen ist ihr Verlauf kurz und die Strömung recht stark.

Über-schwem-mungs-gefahr

Im Sommer schwellen die Flüsse der westlichen Ebenen unter den heftigen Monsunregenfällen an, im Winter sinkt der Wasserstand so weit, dass das Flussbett teilweise austrocknet. Da die Uferregionen nicht sonderlich befestigt sind, kommt es regelmäßig zu Überschwemmungen. Was heute der ständig voranschreitenden Urbanisierung dieser Region Probleme bereitet, galt früher allerdings auch als Segen. Durch die regelmäßigen Überschwemmungen wurden die Ebenen besonders fruchtbar und gelten traditionell als die Kornkammer des Landes.

Küstenregionen

Korea verfügt im Verhältnis zu seiner Landmasse über eine sehr lange Küsten- *Strände*
linie. Die Ostküste an der Pazifikseite hat einen geringen Gezeitenhub. Bei Ebbe senkt sich der Wasserspiegel nur um knappe dreißig Zentimeter. An vielen
Stellen reichen die Felsen des Taebaek-Gebirges bis an die Uferlinie. Dort ist
der Strand dann steinig und zerklüftet. An anderen Stellen haben kleinere Wasserläufe Sedimente angeschwemmt und Buchten mit besonders weißen Sand-
stränden entstehen lassen. Die schönsten Stellen liegen zwischen Wonsan (원
산, Nordkorea) und Gangneung (강릉, Südkorea). Heute ist die Ostküste besonders in der südkoreanischen Provinz Gangwon-Do touristisch ausgebaut.
Inseln sind an der Pazifikküste Koreas selten. Die Insel Ulleungdo (울릉도) *Inseln*
und ihre kleinere Nachbarinsel Dogdo (독도) liegen weit draußen im Ostmeer.
Da ihre Gewässer reich an Fischen und wohl auch an Rohstoffen sind, spielen
sie eine große geopolitische Rolle und bieten Grund zu endlosem Zank zwischen
Japan und Südkorea. West- und auch Südküste hingegen sind äußerst inselreich. Wie mit dem Zuckerstreuer verteilt liegen dort an die 3000 Eilande in
allen Größen und Formen. Am Chinesischen Meer ist der Gezeitenhub mächtig.
Bis zu neun Metern hebt und senkt sich das Wasser bei Ebbe und Flut. Das er-
schwerte schon in der Vergangenheit den Ausbau von Hafenanlagen und erklärt,
warum die großen Häfen Koreas an der Südküste zu finden sind.
An der Westküste befindet sich auch Saemangeum (새만금), das zweitgrößte *Watten-*
Wattenmeer der Welt. Vielleicht sollte man aber besser sagen: Es »befand« sich *meer*
dort. Denn 2006 beendete die koreanische Regierung ihr bisher größtes Projekt
zur Landgewinnung. Eine 33 km lange Staumauer dämmt jetzt das 400 km²
große Wattenmeer ein, das zwischen den Mündungen der Flüsse Dongjingang

Busan,
Südkoreas
größte
Hafenstadt

und Mangyeonggang (Provinz Jeollabuk-Do) liegt. Internationale Proteste, vor allem von australischer Seite, haben wenig genützt. Das Absterben der besonderen Flora und Fauna dieser Region setzte wenige Tage nach Vollendung des Staudamm-Projekts ein.

Maritime Nationalparks

Die Südküste der Halbinsel ist extrem reich an Inseln. Einmal begradigt wäre die Küstenlinie sogar acht Mal so lang. Der Gezeitenhub bewegt sich zwischen zwei und fünf Metern, die Wattenmeere sind nicht so ausgedehnt wie an der Westküste. Obwohl die Berge auch hier bis an die Küste reichen, gibt es besonders auf den vorgelagerten Inseln einige schöne Sandstrände. So ist Südkoreas größter maritimer Nationalpark, der Dadohaehaesang National Park, gleichzeitig Naherholungsgebiet für den Südwesten der Halbinsel.

Ein erloschener Vulkan

Die größte Insel Koreas ist Jejudo (제주도). Sie liegt 150 km von der Südküste entfernt. Der erloschene Vulkan Hallasan (한라산) ist mit 1950 m der höchste Berg Südkoreas und seine Form dominiert die ganze Insel. Das subtropische Klima und die so andere Lebensweise der Menschen machen die Insel zu einem

INFO **Wasserwege in Seoul**

Neben dem breiten Fluss Hangang, dem Symbol Seouls, zog sich in den vergangen Jahrhunderten eine Anzahl von großen und kleinen Wasserläufen durch die Hauptstadt. Heute sind die meisten dieser Bäche unter Betonplatten, Autobahnen und U-Bahnschächten verschwunden. Zumindest einem Flüsschen aber, dem Cheonggyecheon (청계천, *Cheon* bedeutet Wasserlauf, kleiner Fluss), ist es seit 2005 wieder vergönnt, das Tageslicht zu sehen.

Der Cheonggyecheon floss einst auf der nördlichen Seite des Hangang-Flusses durch das Zentrum Seouls. Zu Beginn der Joseon-Periode (1392-1910) modellierte König Taejo die neue Hauptstadt Seoul nach konfuzianischen Vorstellungen um. Der soziale Status bestimmte von nun an das Wohnviertel, jede Gesellschaftsklasse hatte ihren eigenen Bezirk. Die Viertel am Cheonggyecheon wurden zur Heimat der Armen, aber auch der Markthändler und Soldaten niederen Ranges. Märkte entstanden, und wo Geschäfte gemacht werden, ist professionelle Entspannung bekanntlich nie weit. Im Mittelalter bildete sich hier das Vergnügungsviertel Seouls mit Glückspiel und Prostitution. Das Flüsschen Cheonggyecheon versorgte derweil sein Viertel mit frischem Wasser und diente als praktische »Müllabfuhr«, die den Unrat bis zum Hangang mit sich fortnahm. Obwohl der Bezirk zu den ärmeren Gegenden der Stadt zählte, dämmten regelmäßige Reinigungen der Wasserläufe die Gefahr von Seuchen und Krankheiten ein. Brücken galten zudem als königliche Prestigeobjekte. So prägten für Jahrhunderte die Wasserläufe und ihre prächtigen Übergänge das Stadtbild Seouls.

Unter der japanischen Besatzung bildete der Cheonggyecheon die Grenze zwischen der Straße der Koreaner, Jongno, und dem japanischen Viertel Honmachi.

Das Flüsschen wurde nicht mehr gereinigt. Durch die andauernde Vernachlässigung verdreckte das Wasser vollkommen und schließlich deckten die Japaner kurzerhand Teile des Wasserlaufs zu. Der Bezirk um den Cheonggyecheon verwandelte sich in einen Slum. Nach 1945 fanden die Kriegsflüchtlinge unter den Brücken ein erstes Zuhause; die Zuwanderer vom Land bauten entlang des verbliebenen Flusses ihre armseligen Hütten. Nach dem Ende des Koreakriegs 1953 verschlimmerte sich die Situation. Die damalige Stadtverwaltung griff auf die Methode der verhassten Japaner zurück. Bis 1977 deckte sie den kleinen Fluss und seine meisten Nebenarme zu. Auf dem gewonnenen Platz entstanden Straßen, 1967 schließlich eine 5,6 km lange und 16 m breite Autobahntrasse. Vom Cheonggyecheon war nichts mehr zu sehen. Damals war Seoul stolz auf dieses Symbol des Fortschritts. Es schien der einzige Weg, um den

Am Cheonggyecheon

ausufernden Slums Herr werden zu können. Dass nicht alles korrekt ablief und die Trasse vor allem zur persönlichen Bequemlichkeit des damaligen Präsidenten Park Jeong-hui gebaut wurde, ist schon beinahe typisch für die jüngste Geschichte Südkoreas.

Auch der Abriss der Trasse im Jahr 2003 und das Freilegen des Cheonggyecheon sind den politischen Ambitionen eines Mannes zu verdanken. Der damalige Gouverneur von Seoul, Lee Myung-bak, sah sich durch die Wiederherstellung des alten Wasserlaufs wohl schon ganz in der Tradition der alten Könige. Seit dem 25. Februar 2008 amtiert er als Präsident Südkoreas, lag also mit dieser Einschätzung gar nicht so falsch. Generell stellte sich die Wiederherstellung des alten Wasserlaufs als schwierig heraus: Das Flüsschen war mittlerweile vollkommen ausgetrocknet und seine alten Nebenarme jenseits jeglicher Rettungsversuche versiegt.

Heute, nach der feierlichen Eröffnung im Oktober 2005, pumpt das Wasserwerk täglich 120 000 Tonnen Wasser aus dem Hangang hoch. Letztlich fließt dieses Wasser nach einer knapp 6 km langen Wegstrecke durch hübsche Windungen und Stufen wieder in den großen Fluss zurück. Ökologisch ein großer Unsinn und finanziell eine Verschwendung von Steuergeldern – aber das Projekt spricht Emotionen an. Kein Wunder, dass sich in letzter Zeit umweltkritische Stimmen mehren.

exotischen und doch beruhigend koreanischen Reiseziel, das praktischerweise auch noch direkt vor der Haustür liegt. So gehörten lange Jahre drei Tage Flitterwochen auf Jejudo sowie ein Erinnerungsfoto vor dem Yangduam-Fels (Drachenkopffels) zum fest etablierten Ablauf einer ordentlichen koreanischen Hochzeit.

Das Klima – wechselhaft

Frühling und Herbst

Vier ausgeprägte Jahreszeiten bestimmen das Klima in Korea: Frühling, Sommer, Herbst und Winter. Frühling und Herbst zeichnen sich in der Regel durch angenehmen Temperaturen, viel Sonnenschein und wenig Niederschlag aus. Die Zeiten von Ende März bis Mai und Ende September bis November bieten ideales Reisewetter. Vor allem im Frühjahr atmen die Menschen auf, sie sind für eine Weile von den Fesseln der Natur befreit: Der harte Winter ist vorbei und der quälende Sommer scheint noch in einiger Ferne. Die Dinge können mit Energie und Leichtigkeit angegangen werden. Gemeinsame Unternehmungen und große Feiern wie Hochzeiten finden in den Übergangsjahreszeiten Frühling und Herbst statt.

Sommer und Winter

Lassen sich die Temperaturen von Frühling und Herbst noch mit dem europäischen Wetter recht gut vergleichen, ist der Kontrast zwischen Sommer und Winter wesentlich extremer als in unseren Breiten. Unter dem Einfluss sibirischer Luftmassen sind die Winter in Korea bitterkalt. Rasch schiebt sich die Kältewelle bis zum Sobaeksan-Gebirge vor und bringt nicht nur dem Norden sondern auch

Beliebtes Motiv: der Drachen-kopffels auf Jejudo

den zentralen Regionen der Halbinsel Schnee und vor allem einen sehr kalten Wind aus Nordwest. Die Temperaturen in den Küstenregionen und an der Südspitze bleiben durch den maritimen Einfluss zumeist um den Gefrierpunkt. Die Bereiche an der Koreastraße (Ulsan, Busan, Mokpo) und die Insel Jejudo sind auch im Januar frostfrei, wohingegen andernorts Minustemperaturen überwiegen. Es ist der kälteste Monat des Jahres. Die Stadt Samjiyeon in der Nähe des Baekdu-Gebirges hält mit −17,7 Grad Celsius Durchschnittstemperatur den Kälterekord. Seoul liegt im Vergleich bei −2,5 Grad Celsius.

Monsun und Regenzeit

Der Sommer in Korea ist allerdings die Jahreszeit, die den Menschen am meisten abfordert: Wenn sich Ende Juni die erste Monsunfront der Halbinsel nähert, beginnt *Changma* (장마), die einmonatige Regenzeit. Zusammen mit den Temperaturen steigt auch die Luftfeuchtigkeit teilweise auf bis zu 90 Prozent. Die Nächte bringen kaum Abkühlung. Der Himmel ist verhangen und es regnet tagelang ohne Unterbrechung. 60 Prozent des jährlichen Niederschlags fallen allein während dieser 30 bis 40 Tage! Eine Tortur für den menschlichen Organismus. Auch der größte Optimist wird dabei misslaunig und die allgemeine Grundstimmung in dieser Zeit ist gereizt.

Tropische Nächte

Auf *Changma* folgt *Hanyeoreum* (한여름), der Hochsommer im August. Die Regenfront hat sich Richtung Norden über die Halbinsel fortbewegt. Die Sonne strahlt nun wieder vom blauen Himmel. In der Folge steigen die Temperaturen schlagartig an: 38 Grad Celsius sind keine Seltenheit. Diesmal finden wir auch keine großen Temperaturschwankungen auf der Halbinsel. Es wird überall richtig Sommer und als Reisegast müssen Sie sich auf »tropische Nächte« einstellen. Das bedeutet, dass die Temperaturen auch nachts nicht unter 25 Grad Celsius sinken. Trotz des offiziellen Endes der Regenzeit – wie einen Countdown verfolgen die Koreaner die tägliche Wettervorhersage – sinkt die Luftfeuchtigkeit aber kaum. Allein die Art des Regens ändert sich. Hat es bisher sanft und dauerhaft genieselt, bringen nun Taifune aus dem Süden heftige Regenschauer mit gewaltigen Niederschlagsmengen, die wiederum zum Auslöser gefürchteter Überschwemmungen werden. Sturmschäden treten eher selten auf, da die Taifune die koreanische Halbinsel meist nur streifen und das Frühwarnsystem zwischen den betroffenen Ländern China, Taiwan, Japan und auch Südkorea sehr gut funktioniert.

Mikroklimazonen

Seit es Klimaanlagen gibt, erscheinen die Eskapaden des Wetters nicht mehr ganz so unerträglich. Aber leider pusten diese Geräte warme Abluft nach draußen. Folglich sinken die Temperaturen in eng besiedelten Wohngegenden in der Nacht noch weniger ab als zuvor und die Umgebung heizt sich zusätzlich zur natürlichen Hitze weiter auf. Besonders in den Großstädten mit ihren gewaltigen Häuserfronten, breiten Asphaltstraßen und wenigen Grünanlagen entstehen so Mikroklimazonen, die in den Sommermonaten kaum eine Chance auf Abkühlung bieten. Anfang Oktober kommt dann endlich die Erlösung. Kontinentale Luftmassen verdrängen langsam die feucht-warmen, maritimen Lüfte. Die Luft wird trocken und der Himmel erstrahlt tiefblau. Der Sommer ist überstanden!

Von der Hitze erschöpft, Ginsengverkäuferin in Busan

Artenreichtum in Tier- und Pflanzenwelt

Vegetation

Pinien, Bambus, Zitrusfrüchte

Das Auf und Ab der Jahreszeiten, die vielfältigen Landschaften und Höhenunterschiede bieten der Pflanzen- und Tierwelt Koreas ein abwechslungsreiches Zuhause. Die Baumgrenze ist allerdings niedrig. Ab 1000 m sind die Felsen schon nackt und ohne Vegetation. Boreale Nadelwälder der kaltgemäßigten Zone finden wir nicht nur ganz oben in den Hochgebirgen Nordkoreas. Über die Hochlagen des Taebaeksandaegan-Gebirgszuges bis hin zum Halla-san auf der subtropischen Insel Jejudo wachsen Kiefern, Lärchen, Zedern und Pinien. In der warmgemäßigten Zone des mittleren Abschnitts der Halbinsel gedeihen neben Mischwäldern mit Buchen und Eichen auch Bambus, Ginkgo und Persimone. Der subtropische Süden erlaubt den Anbau von Tee und Zitrusfrüchten. Hier gedeihen auch Kamelien, Lotus und Päonien.

Reis

Die Landwirtschaft nutzt 22 Prozent der Landfläche Südkoreas. Davon fallen mehr als die Hälfte, 12 Prozent der Gesamtfläche, an den Nassreisbau. Südkorea garantiert dadurch die Grundversorgung seiner Bevölkerung mit Reis und ist unabhängig von Importen. Gerste, Weizen und allerlei Gemüsesorten gedeihen auch in den kühleren Zonen.

Tierwelt

Vom Aussterben bedroht

Auch die Tierwelt Koreas teilt sich in die zwei Bereiche der Gebirgswelt und der niederen Ebenen. Die Tiere der Gebirgslandschaften finden wir ebenso in der Mandschurei, in Sibirien, auf den Inseln Sachalin und Hokkaido. Gorale, eine asiatische Ziegenart, Rehwild, Fuchs, Wildschwein und Luchs leben hier. Zumeist decken sich die weiteren Arten mit denen unserer mitteleuropäischen Regionen. Vor einigen Jahren bemühte sich die Regierung um die Reintegration der vom Aussterben bedrohten Kragenbären im Gebiet des Jirisan. Der Erfolg steht noch aus. Nur in ganz wenigen Gebieten des hohen Nordens finden sich noch, wenn auch extrem dezimiert, Tiger und Braunbären.

Die demilitarisierte Zone am 38. Breitengrad ausgerechnet bietet mit ihren 90 803 Hektar Land der Natur der koreanischen Halbinsel die vielleicht letzte Zufluchtsstätte. Viele seltene Pflanzen- und Tierarten, wie etwa der Mandschurische Kranich, der lange Zeit als ausgestorben galt, haben hier ein ungestörtes Refugium gefunden. Die südkoreanische Regierung möchte weite Teile des Streifens als Naturreservat erhalten sehen, falls die Grenze einmal fallen sollte. Ein Szenario, dass nach den jüngsten Annäherungsversuchen zwischen Nord und Süd zumindest denkbar scheint. Vorerst ist man mit Nordkorea übereingekommen, in der Zone keine Bäume mehr niederzubrennen, wie es lange Zeit üblich war, um die gegnerische Seite besser beobachten zu können.

Refugium im Grenzbereich

INFO

Die Rose von Sharon – Koreas Nationalblume

Koreaner betrachten seit Jahrhunderten die im Sommer unermüdlich blühende Sharonrose als ihre Nationalblume. Ihr koreanischer Name *Mugunghwa* (무궁화) bedeutet »unsterbliche Blume«, bei uns ist der Strauch als Eibisch *(Hibiscus syriacus)* bekannt. Schon die alten Chinesen bezeichneten Korea als das »Land der edlen Herren, wo die Sharonrosen blühen«. Die Kolonialmacht Japan unterdrückte die Züchtung des Eibischs – einer ihrer vielen erfolglosen Ansät-

ze, die Kultur Koreas auszurotten. Sie bestärkten die Koreaner damit lediglich in ihrer Liebe zu *Mugunghwa*. Seit 1990 hat der Strauch endlich den offiziellen Status einer Nationalblume. Ihr Bild ziert die Rückseite der Ein-Won-Münze und die Nationalhymne widmet ihr ebenfalls eine Zeile.

Die Blüten werden nicht nur wegen ihrer Schönheit verehrt. Vor allem ihre Zähigkeit, auch unter den widrigsten Umständen zu blühen und zu gedeihen, verzaubert Koreaner. Darin erkennen sie sich selbst wieder: Was man ihnen auch antut, niemand sollte frühzeitig frohlocken, dass Koreaner aufgeben und verkümmern. Wie die Sharonrosen sind sie in der nächsten Saison – nach ein wenig Erholung und Ruhe – wieder mit neuer Lebensenergie da. Trotz Hitze, Smog und Staub zeigen die Sträucher am Straßenrand im kommenden Jahr wieder Tausende von Blüten.

Koreaner, woher kommst du?

Von besseren Menschen und anderen Besonderheiten

»Wenn Sie ganz sicher sein wollen, ob Ihr Gegenüber zum ostasiatischen Gen-pool zählt, schauen Sie ihm in die Ohren!«, so der koreanische Publizist Lee Wha Rang in einem Artikel der *Association for Asian Research* aus dem Jahr 2004. Wie so viele seiner Landsleute ist auch Lee nicht verlegen, wenn es um die Darstellung der Besonderheiten seines Volkes geht. Unbefangen stellt er Vergleiche und Statistiken über spezielle Duftmarken und Sonstiges auf, die nur eines zum Ziel haben: den Beweis anzutreten, dass Koreaner doch die besseren Menschen sind!

Korea über alles!

In Asien sorgen charakteristische und körperliche Merkmale des einen oder anderen Volksstammes immer für guten Gesprächsstoff. Koreaner bilden da keine Ausnahme. Kommt gar die Frage nach dem Ursprung der eigenen Nation auf, überschlagen sich förmlich die Theorien. Mythen mutieren da leicht zu Fakten, wenn es gilt, mit den Nachbarländern mitzuhalten und die entsprechend ehrwürdigere oder längere Historie vorzuweisen. Seit Anbeginn der Geschichtsschreibung herrscht zwischen China, Korea und Japan ein stetes Gezerre, wer da nun wen erobert habe und in welchem Land nun was, wann und wo zuerst erfunden wurde. Chinesische Schriftzeichen und japanisches *Kabuki* stammen eindeutig aus Korea, so die feste Überzeugung vieler Koreaner. Nicht zu vergessen das Fußballspiel und natürlich Konfuzius selbst! China ignoriert das »Korea über alles-Gerufe« und geht zumeist selbstbewusst über derlei Behauptungen hinweg. Japan aber protestiert pikiert und schreibt heftig dagegen an.

Wer hat wen erobert?

Als Europäer halten Sie sich am besten aus diesen Diskussionen heraus, es sei denn, Sie sind in der Kulturgeschichte aller drei Nationen bestens bewandert. Aber wer kann das schon von sich behaupten? Oder wussten Sie etwa, dass sich die rot gekleideten koreanischen Fans der Fußballweltmeisterschaft 2002, die

Als Europäer halten Sie sich am besten raus!

Linke Seite: Bis auf den Bart ein echter Koreaner

Schutzgeister aus Holz, jeder ein »größter mächtigster Kriegsherr auf Erden«.

berühmten »Red Devils«, nach König Chi Wu (치우) aus dem dritten Jahrtausend vor unserer Zeitrechnung benannt haben? Dieser König eroberte vom heutigen Nordkorea aus große Teile Chinas und Tibet. Zog er in die Schlacht, trug er angeblich einen feuerroten Mantel und eine Art Wikingerhelm auf dem Kopf. Handfeste Belege darüber gibt es nicht, aber das mindert die Begeisterung der Koreaner für »ihren« König kaum. Die Chinesen wiederum erklären seine Rolle in ihren Legenden ganz anders. Sie beanspruchen ihn für sich: König Chi Wu war natürlich ein stattlicher Chinese, noch heute berühmt für seine Verdienste um den Gelben Fluss und die Bewässerung des Ackerlandes.

Die ersten Siedler

Steinzeit Halten wir uns lieber an die wissenschaftlich anerkannten Tatsachen: *Homo sapiens* erschien vor ungefähr 35 000 Jahren auf der koreanischen Halbinsel. Die ersten Humanoiden sollen allerdings schon vor 500 000 Jahren auf heute koreanischem Gebiet gelebt haben. Als vor 25 000 Jahren das Klima um Baikal-See und Altai-Gebirge kälter wurde, wanderten ganze Familienverbände in wärmere Gefilde gen Süden und siedelten nicht nur auf der koreanischen Halbinsel, sondern auch in Japan. Zu jener Zeit war das Ostmeer noch ein Binnensee; es bestand also eine Landverbindung zwischen Korea und Japan.

Jeulmun-Keramik Mit der *Jeulmun*-Periode (8000–1500 v. Chr.) trat Korea in die Jungsteinzeit ein. Landwirtschaft, das Schlüsselelement zum Überleben, spielte wohl noch eine weitgehend untergeordnete Rolle. Die Nachwelt weiß nicht viel darüber. Wirklich herausragend war die Töpferkunst jener Zeit. Die Jeulmun-Tonwaren (*Yungimun Togi*, 융기문토기) mit ihrem typischen Kamm-Muster zählen zu den ältesten Keramiken der Menschheit. Sie gelten als beeindruckendes Beispiel frühester Kunst im asiatischen Raum. Und auch das folgende Zeitalter verdankt seinen Namen dem besonderen Stil seiner Keramiken: die Mumun-Periode (Mumun *Togi Sidae*, 무문토기시대, 1500–300 v. Chr.).

Bronzezeit Eine zweite Einwanderungswelle brachte die Bronzezeit nach Korea. Die Mumun-Töpferwaren der Neulinge waren schlicht und schmucklos. Dafür hatten die Immigranten etwas viel Wertvolleres im Gepäck: das Wissen um Reisanbau und Bronzeverarbeitung. Ihre Siedlungen wuchsen vor allem im Süden der Halbinsel und breiteten sich bis nach Kyushu im südlichen Japan aus. Sie verdrängten allmählich die älteren Stämme, ihre Führer bezeichneten sich als Himmelssöhne und bauten riesige Dolmengräber. Über die Herkunft dieser Urväter der modernen Koreaner ist man sich bis heute nicht ganz einig. Wahrscheinlich gehörten sie zu den Stämmen der altaischen Sprachfamilie Zentralasiens. Eines aber ist unbestritten richtig: Während ihrer langen Geschichte haben sich ihre Vorfahren auf der Halbinsel kaum mit chinesischen Stämmen gemischt. Ethnisch und auch sprachlich sind die Koreaner bis in unsere heutige Zeit tatsächlich ein sehr homogenes Volk geblieben. So gesehen also dürfen sie auf ihre Einzigartigkeit pochen.

Urvater Dangun eint bis in die Gegenwart

Wer vereinte die verstreuten Familienverbände des Nordens zu einer koreanischen Nation? Jedes Kind in Korea kennt die Antwort: Das war doch König Dangun! Dangun war der mythisch verklärte Sohn eines Gottes und einer menschlichen Frau. Er gründete 2333 v.Chr. das Reich *Gojoseon* (고조선), das »Alte Joseon« bzw. in alter Umschrift *Chosŏn,* baute die Hauptstadt Pyeongyang und regierte für sage und schreibe 1500 Jahre sein Land. Alle Koreaner betrachten sich als Nachfahren dieses Halbgottes, was sie nicht nur zu einer Nation zusammenschweißt, sondern zu einer großen Familie. Jedenfalls geht so die Legende. Wissenschaftler vermuten in Dangun eher den Sohn eines bronzezeitlichen Stammeshäuptlings und der Frau eines steinzeitlichen Stammes mit einem Bärentotem. Heute wissen wir, dass sich die Anführer der größeren Siedlungen regelmäßig als *Dangun Wanggeom* (단군 왕검) bezeichneten, es also wahrscheinlich mehrere Danguns in Folge gab. Vermutlich liegt hierin die Erklärung für die überlieferte lange Regierungszeit des Halbgottes.

Dem aufmerksamen Leser stellt sich indessen noch eine ganz andere Frage. Wie kann diese Legende, die erstmals im 13. Jahrhundert von einem Mönch zur moralischen Unterstützung der Bevölkerung aufgeschrieben wurde, – zu einer Zeit also, als die Mongolen die koreanische Halbinsel in Schutt und Asche legten –, auch im modernen Korea noch ihren Platz haben? Danguns prächtige Geschichte der Reichsgründung, seine Rolle als Urvater aller Koreaner ist eigentlich nur die üppige Ausschmückung einer sehr einfachen Überlebensformel: »Wenn wir zusammenhalten, schaffen wir das.«

Sei es nun Mongoleninvasion, Japans Kolonisationsversuche, der Koreakrieg oder die Finanzkrise von 1997, wie eine Nation von »Steh-auf-Männchen« hat es Korea immer wieder geschafft, sich aus scheinbar hoffnungslosen Situationen herauszuarbeiten. Die dafür nötige Loyalität und Opferbereitschaft füreinander erwuchs aus dem Gefühl, eine große Familie zu sein. Gegen »das Fremde« musste man unbedingt zusammenhalten. Das Bewusstsein, ein ganz besonderes Volk zu sein, stärkt die Koreaner bis in unsere Tage. An Urvater Dangun wird auch heute kaum gerüttelt, da sind die Koreaner eigensinnig. In diesem historischen Zusammenhang ist auch die ständige Suche nach den abstrusesten Theorien zu verstehen, die die Einmaligkeit Koreas immer wieder bestätigen sollen. 1948 erklärte die koreanische Regierung Danguns Geburtstag zum Nationalfeiertag (vgl. S. 154).

Das Zuckerkrönchen moderner Dangun-Verehrung kommt aus dem Norden. In den 1990er Jahren waren nordkoreanische Archäologen angeblich auf das Grab des sagenumwobenen Dangun gestoßen. Sie hatten eine Steinpyramide mit Grabkammer entdeckt. Internationale Experten haben aber leider keinen Zugang zu der Ausgrabungsstätte erhalten. So müssen wir weiterhin fragen: Urvater Dangun – Mythos oder Wirklichkeit?

Korea expandiert

Drei König-
reiche

Mit dem Niedergang von Gojoseon, dem »Alten Land der Morgenstille« (die Vor-silbe Go bedeutet schlicht »alt«), begann die Ära der drei Königreiche Goguryeo, Baekje und Silla. Die ersten Chroniken werden geschrieben. Die Krieger von Go-guryeo (고구려, 37 v. Chr. – 668 n. Chr.) waren ausgezeichnete Bogenschützen und Reiter. Aggressiv vergrößerten sie ihr Reich vom heutigen Nordkorea aus bis weit über die Grenzen des alten Joseon. Das benachbarte Königreich Baekje (백제, 18 v. Chr. – 660 n. Chr.) im Südwesten der Halbinsel hingegen orien-tierte sich mehr nach Osten. Schon früh unterhielt es Beziehungen zu Yamato, dem ersten Königreich Japans. Dabei ging es nicht nur um militärische Alli-anzen gegen Silla (신라, 57 v. Chr. – 935 n. Chr.) im Südwesten, dem dritten Königreich der Halbinsel. Es waren Männer aus Baekje, die den Japanern die chinesische Kultur mit stark geprägter koreanischer Note übermittelten. Ob nun Schrift, Buddhismus, Schmiedekunst oder Keramikherstellung, es gibt nichts daran zu deuten: Koreaner waren die ersten Lehrmeister Japans.

Geburtsstunde des »Korean Way of Life«

Silla (57 v.Chr.–935 n.Chr.)

Korea
vereint

Mit militärischer Unterstützung der chinesischen Tang-Dynastie gelang es den Machthabern Sillas, die Halbinsel im 7. Jahrhundert unter sich zu vereinen. Sil-la verlor dabei große Teile der Mandschurei an seinen mächtigen Nachbarn. Im Gegenzug tolerierte China die Souveränität Koreas und verschaffte so dem Land 200 Jahre Frieden. Ausreichend Zeit, um die drei Grundpfeiler der kore-anischen Gesellschaft aufzubauen: Buddhismus, Konfuzianismus und ein ge-

Wachab-
lösung vor
dem Kö-
nigspalast
Gyeon-
bokgung

sellschaftliches Kastensystem der Aristokratie, das *Golpumjedo* (골품제도, »Bone Rank System«). Ein ähnliches System wird in den kommenden Jahrhunderten die gesamte Bevölkerung erfassen und entscheidend zum »Korean Way of Life« beitragen.

Zuerst einmal errichteten die neuen Herrscher diesen drei Säulen ein solides Fundament: Sie schufen ein Staatsgebiet, das sich bis 1945 nicht mehr ändern sollte. Wir Mitteleuropäer können wahrscheinlich nur erahnen, welchen Einfluss dies auf die Entwicklung des koreanischen Nationalgefühls nahm! In diesem klar definierten Raum schufen sich die Koreaner über eine gemeinsame Sprache und Kultur ihre ganz besondere Identität.

Mode des Adels und Vorbild heutiger Hanbok-Trachten, Hanok Village

Der Buddhismus mit seiner Wertordnung stand dabei an oberster Stelle. Das Königshaus machte den Glauben zur Staatsreligion und folgte damit dem Beispiel von Baekje und Gogureyo. Koreanische Mönche gingen zum Erlernen der Religion nach China, andere reisten zum Quellenstudium bis nach Indien. So waren es eifrige Missionare aus Silla, die den Zen-Buddhismus dann nach Japan brachten. Zeugnisse dieser Blütezeit finden Sie heute noch in Gyeongju, der damaligen Hauptstadt des Reiches. Die Stadt zählt zum Weltkulturerbe der UNESCO.

Buddhismus

Zeitgleich mit dem Buddhismus wurde der Konfuzianismus als zweite Säule der koreanischen Gesellschaft immer stärker zum philosophischen und strukturellen Rückgrat des Landes. Im Konfuzianismus bestimmen die Tugenden der Menschenliebe, der Gerechtigkeit und der Ehrerbietung die »Fünf Beziehungen« zwischen Fürst und Untertan, Vater und Sohn, Mann und Frau, älterem und jüngerem Bruder, Freund und Freund. Das korrekte Verhalten des Einzelnen garantiert so die gerechte Ordnung in Staat und Familienleben. Die Lehren des Konfuzius waren schon seit dem 4. Jahrhundert in allen drei Königreichen bekannt; doch erst unter Silla setzte man sie vorsichtig in die Praxis um. Nach chinesischem Vorbild entstanden Provinzen mit Präfekturen, Distrikten und Gemeinden. Diese Verwaltungsstrukturen der Halbinsel haben sich bis heute erhalten.

Konfuzianis-mus

Die dritte Säule, das *Golpumjedo*, gliederte die königliche Familie in zwei Stände. Es gab die so genannten »Heiligen Knochen«, Familienmitglieder mit Thronanspruch und weiterhin die »Wahren Knochen«. Diese zweite Hälfte der

Adelsstände

königlichen Familie hatte in Verwaltung und Militär die Kontrolle, konnte aber niemals den König des Landes stellen. Weitere sechs Ränge unterteilten den übrigen Adel, bestimmten Status, Ämter und Ehepartner. Alles war geregelt, bis hin zu den Farben der Hemdknöpfe jedes einzelnen Höflings. Neid und Eifersucht zwischen den Ständen trugen wesentlich zum Untergang Sillas bei und förderten gleichzeitig den Aufstieg des Konfuzianismus.

Die Mongolen kommen!

Goryeo (918-1392)

Eine neue Dynastie

Im Mittelalter führten heftige Konflikte zwischen Feudal- und Standesadel und Bauernaufstände schließlich zum Zusammenbruch Sillas. Eine neue Dynastie kam an die Macht: Goryeo (고려). Vom Namen dieser Dynastie (918–1392) leitet sich der uns vertraute Name »Korea« ab. Die Stadt Gaeseong (개성), modernen Westlern heute eher als eine der wenigen Freihandelszonen Nordkoreas bekannt, wurde zum Sitz des neuen Herrscherhauses.

Überfälle von allen Seiten

Von Beginn an plagten Überfälle aus dem Norden das Reich. Die Khitan – sie gründeten später den chinesischen Staat Liao – griffen unablässig an. Es folgten die Jurchen und später die besonders gefürchteten Mongolen. Vom Süden her plünderten japanische Piraten das Land. Ein 250 Kilometer langer Erdwall an der Nordgrenze sollte das Land schützen, der Druck von 6000 Bänden

INFO

Unsichtbare Fesseln aus den Tagen Sillas

Die auf Silla folgende Goguryeo-Dynastie verbot zwar zügig das alte »Knochen-System«, doch bis ins 19. Jahrhundert bestand in der gesamten koreanischen Gesellschaft ein streng hierarchisches Kastensystem. Diese unsichtbaren Fesseln aus den Tagen Sillas hat Korea bis heute nicht ganz abgeschüttelt. Beruf, Wohnort, Ehepartner und Kleidung sind im 2. Millenium natürlich frei wählbar, aber trotzdem ist der familiäre Hintergrund oftmals noch ausschlaggebend bei Bewerbungen um Job und Herzensdame. Die für uns manchmal etwas befremdliche Angewohnheit der Koreaner, immer gleich ganz genau wissen zu wollen, welcher Herr Kim mit welchem akademischen Abschluss, welcher Familienlinie aus welcher Provinz da nun vor ihnen steht, ist eine über 1000 Jahre eingeübte Verhaltensweise. Damit lässt sich nicht so leicht brechen, stellt sich auf der anderen Seite aber als überraschend modern heraus: Das in unserer heutigen globalisierten Welt allgegenwärtige Networking, Beziehungen pflegen und spielen lassen, ist dem durchaus ähnlich. Nutzen Sie also diese traditionsreiche Eigenheit der Koreaner zu Ihrem Vorteil, wenn Sie geschäftlich mit ihnen zu tun haben oder in Korea unterwegs sind! Irgendeine Gemeinsamkeit lässt sich mit etwas diplomatischem Geschick immer finden.

Namdaemun Tor, größtes Holzgebäude in Seoul, 1356 unter König Taejo erbaut, 2008 niedergebrannt

König Sejong

buddhistischer *Tripitaka*-Texte himmlischen Beistand bewirken; doch nichts konnte Dschingis Khan bei der Eroberung Koreas stoppen. So unterwarf sich die Halbinsel schließlich 1260 dem mongolischen Herrscher. Goryeo wurde zum Vasallenstaat und musste hohe Tributzahlungen in Form von Schiffen, Soldaten, Ginseng und Frauen leisten. Durch die Zwangsverheiratung mit mongolischen Prinzessinnen hatten die neuen Herrscher das koreanische Königshaus fest unter Kontrolle. Kunst und Wissenschaften entwickelten sich in großen Schritten. Das berühmte blaugrüne *Seladon*-Porzellan entstand zu jener Zeit und koreanische Buchdruckkünstler erfanden 200 Jahre vor Gutenberg die Drucktechnik mit beweglichen Lettern. Auch andere Bereiche wie Landwirtschaft, Medizin und Astrologie profitierten durch den Wissensaustausch mit »Leidensgenossen« aus anderen Ländern unter mongolischer Herrschaft.

Die letzte Dynastie Koreas

Joseon (1392 – 1910)

Mitte des 14. Jahrhunderts verloren die Mongolen in China die Herrschaft an die Ming-Dynastie. Der Machtwechsel erschütterte auch den Thron in Korea. Das Land kam innenpolitisch erst wieder zur Ruhe, als General Yi Seong-gye 1390 die Macht an sich riss und als König Taejo 1392 eine neue Dynastie ausrief. Um den Neubeginn gemäß der Tradition zu markieren, erhielt das Land nun in Anlehnung an das erste koreanische Königreich Gojoseon den Namen Joseon (조선왕조). Buddhistische Mönche wählten den Ort Hanyang zur neuen Hauptstadt Hanseong. Dabei orientierten sie sich streng an *Pungsu* (chinesisch

Machtwechsel

Feng-Shui), den Regeln der Geomantie, die beim Aufspüren von guten Plätzen in Raum und Landschaft helfen und den Menschen somit ein harmonisches Leben ermöglichen sollen. Hanseong ist übrigens immer noch die Hauptstadt Koreas, allerdings kennen wir es heute besser unter dem Namen Seoul.

Auch Joseon zahlte regelmäßig Tribut an Peking. Unter dem Einfluss des »großen Bruders« fand Korea zu einem autarken Stil in Kunst und Wissenschaft. Das wohl berühmteste Beispiel ist die Erfindung der koreanischen Buchstabenschrift *Hangeul* im 15. Jahrhundert unter König Sejong.

Japanische Feldzüge

Friedlich waren die Zeiten auch damals nicht. 1592 begann Japan unter Toyotomi Hideyoshi seinen Feldzug gegen Korea. Erst nach sieben Jahren gelang mit Hilfe chinesischer Truppen die Vertreibung der Japaner. Das Land blieb verwüstet zurück; Männer im arbeitsfähigen Alter waren entweder umgekommen oder nach Japan verschleppt worden. Koreanische Kunsthandwerker galten als besonders willkommene Kriegsbeute. Ihnen verdanken japanische Porzellanbrennereien wie Arita ihre heute weltweit berühmte Qualität.

Korea isoliert sich.

Nur wenige Jahrzehnte später verdrängte die mandschurische Quing-Dynastie die Ming-Herrscher in Peking. Wieder überrannten hunderttausende von Soldaten die koreanische Halbinsel. Nach zwei Jahren gab Joseon den Widerstand auf und verpflichtete sich zu Tributzahlungen an die Quing. Im Gegenzug mischten die mandschurischen Herrscher sich nicht in die innenpolitischen Angelegenheiten Joseons ein. Die Herrscher in Hanseong aber hatten genug von den ständigen Eroberungsversuchen und beschlossen, die Grenzen weitgehend dicht zu machen. Bis auf einige wenige Kontakte mit Peking und Japan sollte das Land für die nächsten 200 Jahre zum Einsiedlerreich werden.

»Schildkrötenschiff«, während des Imjin-Krieges 1592–1598 im Einsatz gegen die Japaner

Im Westen war Korea bis ins 17. Jahrhundert nahezu unbekannt. Das änderte sich im August 1653, als ein Handelschiff der Ostindischen Gesellschaft vor der Insel Jejudo Schiffbruch erlitt. Hendrik Hamel, der Kapitän der *Sperber* erreichte mit 36 Mann das rettende Ufer. 13 lange Jahre verbrachte er als Gefangener in Korea. Nach seiner Flucht veröffentlichte er seine Abenteuer und so erfuhr der Westen erstmals vom »Land der Morgenstille«.

Erster Besucher aus dem Westen

Joseons Erbe – Neokonfuzianismus

Stand Silla noch ganz im Zeichen des Buddhismus, verdrängte der Konfuzianismus während der Joseon-Dynastie die alte Religion auf den zweiten Platz. Schon der Sohn von König Taejo erklärte die Ethiklehre zur Staatsphilosophie. Dabei fielen die Interpretationen des chinesischen Gelehrten Shu Xi, dem ältesten Vertreter des Neokonfuzianismus, auf besonders fruchtbaren Boden (vgl. S. 91f.). Mit der Umsetzung utopischer Regierungsformen aus dem chinesischen Altertum versuchte Korea chinesischer als die Chinesen zu werden. Die Verwaltung benötigte dafür Gelehrte, die als Berater vor allem in Fragen der Moralethik die Regierungsgeschäfte stützen konnten. Zukünftige Beamte mussten nun ganz nach chinesischem Vorbild ein Prüfungssystem durchlaufen; der soziale Stand allein entschied nicht mehr über die Ämtervergabe. Theoretisch durfte jeder Koreaner an der Prüfung teilnehmen, praktisch aber war es nur den Adligen, den *Yangban,* möglich, sich erfolgreich zu bewerben. Dennoch war der Staat davon überzeugt, auf diesem Weg die ethisch wertvollsten Männer als Beamte zu erhalten. Dieser Gedanke ist auch dem modernen Korea nicht fremd: »Wer die harten Prüfungen bestanden hat, muss einfach der Beste sein!« Nach Praxisbezug fragen heutige Chefs nicht groß, allein die Ergebnisse auf dem Papier sind zur Beurteilung des Kandidaten ausschlaggebend.

Beamtentum nach chinesischem Vorbild

Zurück zur Geschichte. Der damaligen Staatsführung ging es weniger darum, die Lebensumstände der Bevölkerung zu verbessern, als vielmehr den Status quo zu bewahren. Die buddhistisch geprägte Einstellungsweise, unwiderruflich in sein Schicksal hineingeboren zu sein, ließ die Menschen ihr Los (zumeist) geduldig ertragen. Ebenso glaubten viele *Yangban* an das schlechte *Ki* der niederen Klassen. Das sprach sie frei von jeglicher Verantwortung Armen gegenüber. In den Regierungsgeschäften und der Rechtsprechung zumeist ungerecht und chaotisch, stellte die Gesellschaft in Joseon moralisch jedoch hohe Ansprüche. Das bekamen vor allem die Frauen zu spüren. Sie waren die großen Verlierer des Neokonfuzianismus und büßten einen erheblichen Teil ihrer früheren Unabhängigkeiten ein. Als Menschen zweiter Klasse hatten sie sich Zeit ihres Lebens unterzuordnen.

Erhaltung des Status quo

Nicht nur Frauen mussten sich fügen. Die gesamte Bevölkerung fand sich bald in einem strikten Vier-Klassen-System wieder. Die Einteilung (*Yangban* – Adel, *Chungin* – Beamte der Mittelschicht, *Sangmin* – Bauern, Fischer und Arbeiter und schließlich ganz unten *Cheonmin* – Benachteiligte, Unfreie, Leibeige-

Vier-Klassen-System

ne) nahm immer striktere Formen an. *Yangban* durften ausschließlich in der Verwaltung arbeiten, Händler und Kaufleute zählten zur untersten Stufe. Die Sprache der edlen Herren war ihnen verboten. Bauern durften ihr Land nicht verlassen; sie mussten sich jederzeit zu Überwachungszwecken ausweisen können. Hinzu kam eine gewisse »Blockwartmentalität« ihrer Aufseher. In den Gemeinden bildeten fünf Haushalte eine Einheit, die Verantwortung war auf alle gleichermaßen verteilt. Außer den *Yangban* leisteten alle Männer regelmäßig Fron- und Militärdienst.

Rechtlose Unterschicht

Die unterste Schicht der *Cheonmin* bestand neben den Händlern auch aus Leuten mit »unreinen« Berufen, als da waren Schlachter, Gerber, Korbflechter und Totengräber. Sie lebten in abgesonderten Dörfern und durften ihr Haar nicht in Knoten tragen. Mit tiefen Verbeugungen mussten sie jedermann Respekt erweisen und beim Laufen eine bestimmte Gehweise einhalten. Schamanen, Gaukler und *Kisaeng,* die koreanische Version der japanischen Geishas, zählten ebenso zu den *Cheonmin*. Gemeinsam mit den Sklaven bildeten sie den Bodensatz der koreanischen Gesellschaft. Ein Drittel der Bevölkerung lebte damals in Sklaverei; erst 1800 wurde der »Besitz« von Menschen offiziell abgeschafft. Die *Yangban* aber hinderte das nicht, bis ins 20. Jahrhundert Leibeigene zu hal-

Mit Charme gegen das Unwissen: Fremdenführerin in Seoul

Viele Namen für ein Reich

Die Vielzahl der Namen für Korea ist wirklich verwirrend. Wer kann sich schon merken, dass Joseon, Choson, Chosen und Yi-Dynastie verschiedene Bezeichnungen für ein und dieselbe Epoche zwischen 1392 und 1910 sind? Dabei sind die ersten zwei nur unterschiedlich romanisierte Versionen des gleichen Namens. Die südkoreanische Regierung fördert seit 2000 die Schreibweise Joseon, die meisten Bücher im westlichen Raum verwenden allerdings noch das veraltete Choson. Auch Koreaner verwechseln das schon mal. Probleme gibt es eher mit den Bezeichnungen Chosen und Yi-Dynastie. Japan prägte die Bezeichnung Yi-Dynastie (nach seinem Gründer Yi Song-gye) um die Usurpierung des koreanischen Königshauses zu verschleiern. Viele Wissenschaftler verwenden den Namen heute dennoch ohne große Hintergedanken. Bei den in unseren Ohren ähnlich klingenden Goryeo, Goguryeo, Gojoseon und Joseon bietet Yi sich als angenehm einfach an. Nennen Sie Korea aber niemals »Chosen«! So bezeichnete Japan seine koreanische Kolonie und noch heute verwenden ältere Japaner gelegentlich diesen Begriff, leider auch manch sturer Politiker. Er gilt als äußerst abwertend und Koreaner reagieren darauf wie die berühmten HB-Männchen. Südkorea bezeichnet sich heute abgekürzt als »Hanguk«, »das Land der Han«, nicht zu verwechseln mit dem chinesischen Volk der Han! Nordkorea nennt sich heute noch nach alter Tradition abgekürzt »Chosŏn«, hier gilt die neue Umschrift nicht. Die Namensgebung Koreas ist kompliziert, aber was ist schon einfach im »Land der Morgenstille«?

---

ten. Ebenso mussten noch in den 1920er Jahren die Schlachter darum kämpfen, dass öffentliche Schulen ihre Kinder aufnahmen. Das ist natürlich im heutigen Korea anders; die Menschen bemühen sich um reale Gleichberechtigung. Trotzdem gibt es noch so manches unterschwellige Vorurteil und viele Beschränkungen innerhalb der koreanischen Gesellschaft. Sie stammen aus Joseon, der letzten Dynastie, die immerhin bis 1910 die Halbinsel regierte.

Ende des 19. Jahrhunderts rückte die Außenwelt immer näher an das Einsiedlerreich. 1876 zwang Japan Korea schließlich zur Öffnung seiner Häfen. Danach ging alles recht schnell. Nach dem sino-japanischen Krieg (1894/1895) ermordeten japanische Attentäter Königin Min. Kurz vor ihrem Tod hatte sie noch versucht, das Land durch eine Allianz mit Russland vor der japanischen Bedrohung zu bewahren. Ein Jahr später erklärte Korea seine Unabhängigkeit von China und erlebte als Kaiserreich eine kurze Phase vermeintlicher Selbständigkeit (1897 – 1910). Das kam Japans Plänen entgegen. Es konnte das Land 1905 in Folge seines Russlandkrieges zu japanischem Protektoratsgebiet erklären, ohne eine Einmischung von dritter Seite befürchten zu müssen. Der damalige Kaiser Kejong bat die Großmächte in Den Haag vergeblich um Beistand. 1910 verlor Korea vollends seine Souveränität an Japan.

Das Ende Joseons

Moderne Zeiten,
schwere Zeiten

Das Ende Koreas?

Das 20. Jahrhundert schien das Ende Koreas einzuläuten. Schritt für Schritt baute Japan seine Autorität im Land aus, am 22. August 1910 erreichte dieser Prozess seinen vorläufigen Höhepunkt: Das »Reich der aufgehenden Sonne« erklärte das benachbarte »Land der Morgenstille« zu seiner Kolonie. Japans Bevölkerung wuchs auf einen Schlag um 14 Millionen Menschen; allerdings waren diese nur Staatsbürger zweiter Klasse. In den vorangegangenen Jahren hatten sich die Koreaner heftig gegen die drohende Übermacht Japans zur Wehr gesetzt, es hatte Demonstrationen, Straßenkämpfe und offizielle Petitionen gegeben. Besonders verzweifelte Patrioten verübten sogar Selbstmord, um der Schande japanischer Vorherrschaft auf diese Weise zu entgehen.

Korea wird Kolonie.

Das Ausland und eine Handvoll Koreaner selbst sahen hingegen in der Okkupation eine Chance zur inneren Modernisierung Koreas. Denn schon in den letzten Jahren des 19. Jahrhunderts hatten die Japaner das marode Bankensystem und die Post reformiert, das Steuersystem auf Vordermann gebracht und ein Netz von Grundschulen aufgebaut. Die Infrastruktur des nunmehr unterworfenen Landes, Industrie und Landwirtschaft sollten sich tatsächlich in den folgenden Jahren wesentlich verbessern, doch diente dies alles nur einem einzigen Zweck: dem Aufbau eines asiatischen Imperiums unter der Führung Japans.

Imperialmacht Japan

Zunächst übernahm das japanische Militär unter Generalgouverneur Terauchi Masatake die Kontrolle des Landes und griff mit harten Maßnahmen gegen Widerständler durch. Die gefürchtete *Kempeitai*, die Polizeitruppe der Kaiserlichen Armee, verhaftete und folterte mit Hilfe von Kollaborateuren allein bis 1918 mehr als 200 000 Koreaner. Doch so einfach ließen die Koreaner sich nicht entmündigen.

Die Unabhängigkeitsbewegung Erster März

Nach dem Ende des Ersten Weltkriegs und der berühmt gewordenen Rede von US-Präsident Woodrow Wilson über das Selbstbestimmungsrecht der Völker hoffte auch Korea in seinem Streben nach Unabhängigkeit auf internationale Unterstützung. Anlässlich der Beerdigung König Kojongs überreichte eine Gruppe religiöser Aktivisten am 1. März 1919 der Polizei in Seoul – von den Japanern in *Keijo* umgetauft – eine Unabhängigkeitserklärung. Fünf Tage lang blieb alles ruhig, dann begannen landesweit friedliche Proteste. Die Polizei aber schlug mit unerwarteter Brutalität zurück. Der Versuch, mit der »Bewegung des Ersten März« (*Samilundong*, 삼일운동) die Welt auf das Schicksal Koreas aufmerksam zu machen, kostete am Ende 7500 Koreanern das Leben, 45 000 verloren ihre Freiheit. Und wieder – wie auch schon Jahre zuvor in Genf – erhielt das koreanische Volk von der internationalen Gemeinschaft keinen Rückhalt. Das Recht zur Selbstbestimmung war nicht gegen den Willen der Siegermächte des Ersten Weltkrieges durchzusetzen, und Japan war eine solche Siegermacht.

Vom Ausland im Stich gelassen

Mönch und Passantin, Gyeonbokgug, Seoul

Koreas Wunsch nach Unabhängigkeit erfüllte sich also nicht. Trotzdem bezeichnen viele Historiker den 1. März 1919 als Geburtsstunde des modernen Korea. Dieser Tag ist heute ein nationaler Feiertag.

Die bitteren Jahre der Ausbeutung

Absatzmarkt für japanische Produkte

In den 1920er Jahren bemühte sich der neue japanische Generalgouverneur Saito Makoto um einige versöhnliche Gesten: So durften Koreaner eigene Zeitungen und Magazine veröffentlichen. Das Bildungssystem wurde auf weitere Bevölkerungskreise ausgedehnt, wodurch die Analphabetenrate erheblich sank. Dennoch diente Korea in erster Linie als Absatzmarkt für japanische Produkte und als Lieferant von Nahrung und Rohstoffen in umgekehrter Richtung. Als sich in Japans Inselreich die Lebensmittel aufgrund der rasch wachsenden Bevölkerung und der fortschreitenden Industrialisierung verknappten, musste Korea seinen Reisanbau erhöhen, um die geforderten Exportquoten erfüllen zu können. Obwohl die heimische Produktion also wesentlich stieg, litt das koreanische Volk unter Hunger. Der lebensnotwendige Reis ging nach Japan.

Sprungbrett für die Eroberung Asiens

In den 1930er Jahren änderte Japan seine Korea-Politik; es trieb nun auch die Industrialisierung seiner Kolonie voran. Dahinter standen hochfliegende Pläne. Korea sollte zum Sprungbrett der Eroberung des gesamten asiatischen Kontinents werden. Dies galt es gut vorzubereiten. Schwerindustrie und Kommunikationsnetz wurden ausgebaut. Japanische Unternehmen erhielten die größtmögliche Unterstützung beim Aufbau von kriegswichtigen Fabriken auf

Steinpagode aus dem Jahr 1467 im Tabgol Park: Hier nahm die Unabhängigkeitsbewegung 1919 ihren Anfang

INFO

Lorbeer für das falsche Land – Olympiasieger 1936

Der Sportler Son Kitei schämte sich, als er bei den Olympischen Spielen 1936 in Berlin auf dem Siegertreppchen stand und für seinen Marathonsieg die Goldmedaille empfing. Er weinte, als die japanische Nationalhymne erklang. Dies war nicht sein Land und nicht sein Name. Hieß er doch eigentlich Son Gi-jeong und lautete seine Heimat Korea und nicht Japan. Die politische Wirklichkeit war jedoch eine andere. Seit 1910 existierte Korea offiziell nicht mehr. Als »Kind des Kaisers« in Tokyo zählte der Olympionike folglich zu den Untertanen der neuen asiatischen Großmacht; für diese hatte er antreten müssen und diese sonnte sich nun in seinem Ruhm.

Einen kleinen Triumph aber konnten sich seine Landsleute in der Ferne dann doch nicht verkneifen: Am Tag nach der Siegerehrung erschien ein Bild Sons in der koreanischen Zeitung Donga-Ilbo. Allerdings hatten die Redakteure die japanische Flagge auf seinem Hemd wegretuschiert! Das war mutig. Denn das Regime zeigte sich so verärgert, dass acht Personen im Gefängnis landeten und die Zeitung neun Monate lang nicht erscheinen durfte. Die kleine Eiche, die Son Gi-jeong übrigens damals von Adolf Hitler überreicht bekam, wächst noch heute auf dem Hof seiner ehemaligen Oberschule. 1988 durfte er im Stadion von Seoul das olympische Feuer entzünden, eine nachmalige Rehabilitierung seiner Sportlerehre und starker emotionaler Augenblick für ganz Korea.

---

der Halbinsel. Als Japan dann 1937 in China einfiel – zuvor hatte es bereits die Mandschurei erobert und dort den Marionettenstaat Mandschukuo errichtet – diente Korea als Ausgangslager. Je weiter Japan seine Invasionsversuche und Feldzüge ausdehnte, desto grausamer unterdrückte es Korea. Seine Bevölkerung wurde systematisch ausgepresst, um den japanischen Expansionskrieg möglich zu machen.

Identitäts-verlust

Japans nationalistische Politik nahm ähnliche Züge an wie der Hitlerfaschismus in Europa. Mit jedem Schritt, den sich das Kaiserreich seiner abzusehenden Niederlage näherte, zog es die Daumenschrauben in Korea härter an. Alles was auch nur im Geringsten an eine koreanische Identität erinnerte, wurde verboten. Koreaner mussten einen Treueschwur auf den japanischen Kaiser ablegen und regelmäßig an den Shinto-Schreinen für sein Wohlergehen beten. 1939 erreichte die Unterdrückung ihren Höhepunkt mit dem Verbot koreanischer Personennamen. Jeder Koreaner musste sich zwangsweise mit einem japanischen Namen registrieren lassen.

Zwangs-arbeit

Japan beschränkte sich jedoch nicht allein auf die Auslöschung koreanischer Identität und Kultur. Koreas Reis ernährte seine Bevölkerung in Kriegszeiten, Koreas Rohstoffe kamen in seine Waffenfabriken, Koreas Männer verschleppte man zu Hunderttausenden als Zwangsarbeiter und Soldaten zur Verteidigung »seiner Heimatfront«.

Unvergessen
die Jahre der
Unterdrü-
ckung: Gasse
in Mokpo

»*Comfort
Stations*«

Und dann waren da noch die »Trostfrauen« (*Wuianbu,* 위안부), koreanische
Zwangsprostituierte in den Bordellen der Kaiserlichen Armee. Besonders hart
ging es in den *Comfort Stations* nahe der Front zu, die man für die japanischen
Soldaten und auch ihre Offiziere eingerichtet hatte. Eisern hielten diese an dem
Aberglauben fest, dass Geschlechtsverkehr vor einer Schlacht vor Verletzung und
Tod bewahre; Jungfrauen galten als besonders wirksam. Über 80 Prozent der in
den *Comfort Stations* festgehaltenen Frauen waren Koreanerinnen zwischen 14
und 25 Jahren. Extrem konservative Historiker gehen heute von 20 000 Betroffenen aus, nach BBC-Recherchen waren es sogar bis zu 300 000 Frauen.

Letztlich führten die Unterdrückungsmechanismen aber nicht zum gewünschten Ziel. Korea als Nation war nicht auszulöschen. Die Überlebenden hielten
aus und überstanden die bitteren Jahre der Okkupation. Am Ende war es das
Kaiserreich Japan, das unter dem Druck der Alliierten zusammenbrach. In den
40 Jahren japanischer Vorherrschaft gaben die Koreaner niemals ihre Hoffnung
auf Unabhängigkeit auf. Viele von ihnen kämpften mit großer Ausdauer im Un-
tergrund – sowohl im In- als auch im Ausland – für die Befreiung. Im August
1945, als Japan kapitulierte, hatte der Horror ein Ende: Korea gewann seine
Freiheit zurück. Leider sollte sich das Land nicht lange daran freuen können.

INFO

Kriegsverbrechen der besonderen Art – Trostfrauen

Noh Chang Ja ist 17 Jahre alt und auf dem Weg zu ihrer Tante, als sie von
der japanischen Geheimpolizei aufgegriffen wird. Widerstand ist zwecklos, gemeinsam mit anderen Mädchen verlädt man sie auf Eisenbahnwaggons. Nach

mehreren Tagen erreichen sie die Kriegsfront irgendwo in China. Noch am gleichen Tag bezieht das junge Mädchen ihr »neues Zuhause«, Zimmer 7 einer so genannten »Trost-Station« der Kaiserlichen Armee. In den folgenden zwei Jahren und drei Monaten wird sie hier über dreißig Mal am Tag Soldaten und Offiziere »empfangen« und von diesen systematisch vergewaltigt werden. Für den kleinsten Protest, den geringsten Versuch, sich vor der Gewalt der Männer zu schützen, erhält sie brutale Schläge. Selbstverständlich ist Bezahlung in den Zwangsbordellen nahe der Front nicht üblich.

Aber Chang Ja hatte Glück und überlebte die Tortur. Ihr gelang eines Tages die Flucht, sie kehrte in ihre Heimat zurück. Chang Ja gehörte zu der dritten und letzten Welle der Trostfrauen oder *Comfort Women (Wuianbu, 위안부)*. In der Endphase des Krieges und der Okkupation griffen die Japaner und auch ihre koreanischen Kollaborateure zu immer drastischeren Mitteln, um die Bordelle der ständig wachsenden Armee mit Frauen zu versorgen. Zu Beginn, Mitte der 1930er Jahre, nach den Massakern von Shanghai und Nanking, verpflichteten Privatpersonen im Auftrag der Armee zunächst noch professionelle Prostituierte. Das Militär versuchte damit, Vergewaltigungen an Zivilistinnen weitestgehend zu vermeiden. Damals war der Anteil an Japanerinnen auch noch relativ hoch. Mit der Zeit aber wurden die »Professionellen« rar. Vermittler erfanden nun eigentlich illegale Methoden: Sie gaukelten naiven jungen Frauen bessere Verdienstmöglichkeiten und Arbeitsbedingungen vor und ließen sie »Freiwillige Rekrutierungspapiere« zur Unterstützung der Expansion Japans unterzeichnen. Ahnungslos landeten die so zynisch Belogenen dann in Frontbordellen.

Zum Ende des Krieges hin wandten die Japaner dann in Burma, auf den Philippinen, in British Malaya und besonders in Korea die scheinbar einfachste Lösung an, dem »Frauenmangel« beizukommen. Wie einst die Sklavenhändler in Afrika griffen die Häscher im Auftrag der Armee die asiatischen Mädchen von der Straße ab und verschickten sie in alle Himmelsrichtungen an die Fronten. Japanerinnen blieb das natürlich erspart: Es hätte die Moral der Truppe zerstört, wenn die Soldaten beim Besuch der Trostfrauen vielleicht auf ihre Schwestern gestoßen wären.

Japan bestritt lange, dass die Trostfrauen im Auftrag der Kaiserlichen Armee geworben bzw. entführt worden waren. Da die Armee akkurate Listen über die Frauen und die Häuser führte und das System unter ihrer Regie betrieben wurde, ist diese Diskussion in den Augen vieler Aktivisten hinfällig. Die ehemaligen Trostfrauen wagten sich erstmals Anfang der 1990er Jahre an die Öffentlichkeit. Ein mutiger Schritt, gelten doch »benutzte Frauen« in der sehr auf Moral bedachten koreanischen Gesellschaft als stigmatisiert. Mit ihren Forderungen als Opfer von Kriegsverbrechen anerkannt zu werden, verschafften sie sich Gehör. Nach jahrzehntelangem Hin und Her entschied Japans höchstes Gericht Ende April 2007 allerdings endgültig gegen sie. Trostfrauen haben keinen Rechtsanspruch auf Entschädigung.

»6.25«, der vergessene Krieg

»Der vergessene Krieg«, so wird der Koreakrieg gerne von Historikern bezeichnet. Quasi im Schatten von Weltkriegen und Vietnamkrieg, stößt er außerhalb von Fachkreisen (und Kinofans) heute auf wenig Interesse. Wollen Sie das Korea der Gegenwart jedoch besser verstehen und die zwanghafte Angst der Südkoreaner vor einer Invasion Nordkoreas, dann müssen Sie über die Jahre 1950-53 Bescheid wissen. Es kann gar nicht oft genug betont werden: Bis heute prägen die traumatischen Ereignisse dieses innerkoreanischen Krieges maßgeblich Politik, Wirtschaft und Gesellschaft Koreas. Damals wurde auch auf koreanischem Territorium die Teilung der Welt in zwei Machtblöcke, einen kommunistischen und einen kapitalistischen, besiegelt.

Alliierte Machtinteressen ...

Zwei Wochen vor der Kapitulation Japans am 2.9.1945 war Russland in den Pazifik-Krieg eingetreten. Auf Hiroshima und Nagasaki waren Atombomben gefallen, es war absehbar, dass Japan den Krieg verlieren würde. Was sollte aus Korea werden? Hastig einigten sich sowjetische Unterhändler mit Amerika auf den 38. Breitengrad als Sektorengrenze. Die Amerikaner wollten sicherstellen, dass die Russen nicht die Kontrolle über die gesamte Halbinsel gewannen. In der offiziellen Begründung konnte man das allerdings nicht so deutlich formulieren.

... besiegelten die Teilung der Nation.

Da hieß es dann diplomatisch verbrämt, die Halbierung des Landes diene alleine dazu, sich die Aufgabe der Überwachung des japanischen Truppenabzugs zu teilen. Aber die Fakten waren geschaffen; Korea selbst hatte darauf überhaupt keinen Einfluss.

Ein Stein symbolisiert Koreas willkürliche Teilung durch Sowjets und Amerikaner.

Schon 1943 hatten sich die vier Großmächte Amerika, Großbritannien, Sowjetunion und China darauf verständigt, Korea in den ersten fünf Jahren nach Kriegsende gemeinsam beim Aufbau einer provisorischen Regierung zu unterstützen. Nach dieser Anfangsphase einer von außen kontrollierten Politik sollte das Land endgültig in die Selbständigkeit entlassen werden. Doch welcher Koreaner hätte die Führungsposition bei der provisorischen Regierung übernehmen können? Da die beiden »Befreier« Koreas unterschiedliche politische Ziele verfolgten, schlugen sie ganz unterschiedliche Kandidaten aus den Reihen der heimgekehrten Exilanten vor. Eine Einigung zwischen

Amerika und der Sowjetunion zeichnete sich nicht ab und so wählte jede Seite letztendlich eine eigene Vertretung für ihre Hälfte der Halbinsel.

Der Norden baute einen Volksausschuss um Kim Il-sung, der Süden einen Nationalrat um Syngman Rhee (heute auch: I Seung-man, 이 승만, oder Rhee Seung-man 리 승만) auf (vgl. S. 195). Die Amerikaner machten dabei den Fehler, bei der Auswahl zukünftiger Regierungsbeamter auch ehemalige Kollaborateure der Japaner mit in die neue Landesverwaltung zu holen. Das Volk murrte; auch der Süden drohte nun aus Opposition in das linke Lager abzurutschen. Freie Wahlen unter der Aufsicht der Vereinten Nationen sollten verhindern, dass die gesamte Halbinsel zum Kommunismus überlief. Auf Grund der ungleichen Bevölkerungsverteilung in Nord und Süd, (der Süden zählte doppelt so viele Bewohner wie der Norden), rechnete man trotzdem kaum mit Gewinnchancen für Kim Il-sung. Prompt verweigerte der Norden den Wahlkommissionen die Einreise. Die Wahlen beschränkten sich im Mai 1948 folglich nur auf den amerikanischen Sektor Koreas. Syngman Rhee gewann die Wahl, anscheinend aber nur dank kräftiger Manipulationen. Am 15. August 1948 folgte die Gründung der Republik Korea mit dem damals schon 73jährigen Rhee an der Spitze. Der Norden ließ nicht lange auf sich warten: Am 9. September folgte die Gründung der Demokratischen Volksrepublik Korea unter der Führerschaft Kim Il-sungs, eines kommunistischen Veteranen der ersten Stunde.

Wahlmanipulationen

Verschärfung der Lage

Die Halbinsel wurde zur Heimat von zwei Koreas. Beide Seiten waren davon beseelt, die bessere Regierungsform zu haben und rechtfertigten damit ihren jeweiligen Anspruch auf eine gesamtkoreanische Führungsrolle. Beide versuchten, sich so schnell wie möglich die andere Hälfte mit Waffengewalt einzuverleiben. Schon im folgenden Jahr 1949 bat Kim Il-sung Josef Stalin um militärische Unterstützung für eine Invasion des Südens. Stalin hielt die Zeit für noch nicht gekommen und lehnte ab. Syngman Rhee träumte zur gleichen Zeit von einer Invasion Richtung Norden; aber auch hier mangelte es erheblich an Waffen und Logistik. Es reichte zunächst nur für kleine Grenzscharmützel entlang des 38. Breitengrads. Stalin zog zudem seine Truppen aus Nordkorea ab, Amerika folgte seinem Beispiel im Süden. Die Lage schien in den Augen der Welt nicht weiter dramatisch.

Machtpoker

Doch am frühen Morgen des 25. Juni 1950 wurde aus den Grenzzwischenfällen bitterer Ernst: Stalin hatte zwei Monate zuvor dem Drängen Kim Il-sungs nachgegeben und einer Invasion die volle Unterstützung zugesagt. 135 000 nordkoreanische Soldaten überquerten in russischen Panzern und Flugzeugen den 38. Breitengrad. Diesen standen nur 65 000 von den Amerikanern ausgebildete südkoreanische Soldaten gegenüber. Mangelhafte Ausrüstung, mangelhafte Erfahrung (viele der Nordkoreaner hatten hingegen zuvor in der chinesischen Volksbefreiungsarmee gedient) und obendrein mangelhafte Loyalität, das waren

Nordkorea greift an.

die drei Schwachpunkte der südkoreanischen Armee. Die Nordkoreaner hatten im Gegensatz dazu lediglich Nachschubprobleme. In vier Tagen waren sie in Seoul, im August erreichten sie das Gebiet um Busan im Südwesten.

Das Blatt wendet sich.

Im September kontrollierten die nordkoreanischen Truppen 90 Prozent des Landes, obwohl die Amerikaner unter dem Kommando von General McArthur zügig reagiert hatten. Die ersten amerikanischen Einheiten kämpften – aus Japan kommend – schon im Juli auf koreanischem Boden. Die Vereinten Nationen verurteilten den Angriff Nordkoreas; 16 Mitgliedsländer entsandten ebenfalls Truppen auf die Halbinsel. Amerika stellte mit 80 Prozent den Löwenanteil an militärischem Personal; es folgten Länder wie die Türkei mit einer Truppenstärke von 15 500 Soldaten. So floss ein Strom an ausländischen Soldaten und Kriegsmaterial über Japan in den Busan-Perimeter; das Blatt schien sich langsam zu wenden.

Schlacht von Incheon

General McArthur hatte beschlossen, der nordkoreanischen Armee in den Rücken zu fallen. Er wollte den Druck von Busan nehmen und den Norden von seinen Versorgungswegen abschneiden. Am 15. September 1950 landeten knapp 80 000 amerikanische Soldaten am Strand von Incheon westlich von Seoul. Mit ihrer Unterstützung wurde die Hauptstadt zurückerobert. Im Oktober desselben Jahres überquerten erstmals UN-Truppen den 38. Breitengrad.

Nun wurden die Chinesen nervös und Mao Zedong mobilisierte seine Freiwilligenarmee. Am 25. Oktober 1950 kam es zu ersten Zusammenstößen mit den Amerikanern. Präsident Truman zog die Notbremse und verbot General McArthur, mit seinen Trup-

15. September 1950, US-Marines landen in Incheon

pen den Grenzfluss Yalu nach China zu überqueren. Wäre es nach dem hitzköpfigen Militärführer gegangen, hätte er auch gleich China den Krieg erklärt. So musste er sich jedoch zurückhalten.

Straßenkampf im zurückeroberten Seoul

Den Türken sei Dank!

Haben Sie bei der Fußball-WM 2002 in Korea das Spiel Türkei gegen Japan verfolgt? Das Stadion war übervoll mit rot gekleideten Fans. Die Koreaner feuerten lauthals die türkische Mannschaft an, die dann auch gewann. Warum diese Begeisterung für die Türkei? Ist doch logisch, denken Sie, gegen den alten Erzfeind Japan kann sich wahrscheinlich jeder Gegner auf koreanischen Jubel verlassen. Das stimmt schon, warum aber herrschte dann auch beim Spiel Türkei gegen Südkorea ganz ungewohnt keine gnadenlose Konkurrenz und warum feierte Korea trotz seiner eigenen Niederlage gemeinsam mit den Türken? Die Großzügigkeit und Sympathie hat einen handfesten Grund. Gleich zu Beginn des Koreakriegs entsandte die Türkei an die 15 000 Soldaten zur Verstärkung der UN-Truppen. Die türkischen Brigaden entwickelten sich zu einer Art Feuerwehreinheit: Immer wenn es brenzlig wurde, schickte man sie an die Front. Besonders im Kampf gegen die Chinesen, die mit ihrer Taktik der Isolierung kleinerer Einheiten die 8. Armee aufzureiben drohten und dadurch den Sieg Nordkoreas immer wahrscheinlicher werden ließen, zeigten die Türken enormen Mut und Kampfgeist. Über tausend Männer starben auf dem Schlachtfeld. Dieses Opfer sichert ihnen einen festen Platz im Herzen der Koreaner. Dafür kann man ihnen ruhig einen Triumph im Fußball gönnen …

Im November griffen die Chinesen dann gemeinsam mit den Nordkoreanern im Westen an. Angesichts dieser geballten Armee mit über 300 000 Soldaten blieb den UN-Truppen nur die Flucht. Im Januar 1951 überrannte der Norden Seoul ein weiteres Mal. Die Lage war so hoffnungslos, dass McArthur begann, laut über den Einsatz von Atombomben nachzudenken. Dann aber gelang es den Amerikanern, Teile des Landes zurückzuerobern. Im März marschierten sie erneut in Seoul ein. Es war dies nun das vierte Mal, dass die Hauptstadt ihre Führung wechselte. Die Stadt lag in Schutt und Asche. *China unterstützt den Norden*

Friedensverhandlungen

Ende Mai 1951 hatten die Truppen der Vereinten Nationen das Gebiet bis nördlich des 38. Breitengrads zurückgewonnen. Endlich kam es zu einem Stillstand des Frontverlaufs. Am 10. Juli 1951 begannen Friedensverhandlungen in Gaeseong; später wechselten die Unterhändler nach Panmunjeom. Die Gespräche zogen sich hin. Zwei Jahre lang diskutierten beide Seiten insbesondere über die Modalitäten der Übergabe von Kriegsgefangenen. Der Norden hatte nicht viele vorzuweisen, dort wurden während der Invasion kaum Gefangene gemacht, die meisten waren standrechtlich erschossen worden. Aber er verlangte seine im Süden inhaftierten Soldaten zurück. Diese wollten jedoch keineswegs alle in den kommunistischen Norden heimkehren. Erst nachdem Nordkorea seine *Kriegsgefangene*

Forderungen diesbezüglich aufgab, konnten die Verhandlungen über eine Beendigung des Krieges ernsthaft beginnen.

Waffenstill-stand

Am 27. Juli 1953 erklärten beide Seiten den Waffenstillstand; allerdings gab es keine offizielle Friedenserklärung. Es gibt sie bis jetzt nicht. De facto befinden sich Nord- und Südkorea auch heute noch im Kriegszustand. Seinerzeit wurde der Grenzverlauf zwischen Nord und Süd im wahrsten Sinne des Wortes zementiert. Etwa entlang des 38. Breitengrads entstand die nun schon mehrfach erwähnte vier Kilometer breite demilitarisierte Zone, durch die es kein Durchkommen gab. Scheinbar unversöhnlich stehen sich hier seither Tag und Nacht feindliche Armeen gegenüber.

Die Opfer

Vier Millionen Tote

An die vier Millionen Menschen starben im Koreakonflikt, ein Viertel davon waren Soldaten. Viele Zivilisten gerieten zwischen die Kampflinien und bezahlten das mit ihrem Leben. Beide gegnerischen Seiten gingen mit äußerster Grausamkeit vor.

Massiver Einsatz von Bomben und auch Napalm seitens der Amerikaner (übrigens wesentlich mehr als später in Vietnam und lange nicht so gut dokumentiert) zerstörte beinahe alle Großstädte und Industrieanlagen in Nordkorea. Im Süden lag bei Kriegsende die traditionell starke Landwirtschaft vollkommen brach – auf ihrem Vormarsch hatte die nordkoreanische Armee eine Spur der Verwüstung hinterlassen. Auch Flüchtlinge blieben nicht verschont. Paramilitärische Einheiten des Nordens verschleppten Regimekritiker und ermordeten Gefangene. Der Süden wiederum verfolgte jeden, dem nur ein Hauch von Kom-

Vom Süden verteufelt, vom Norden verherrlicht: die Kommunisten, Wahlplakat im Stil Mao Zedongs, Pyeongyang

munismus anhing. Mit Menschen überfüllte Züge wurden aus Angst vor kommunistischen Spionen beschossen. Detaillierte Berichte von Hinrichtungen ganzer Dorfgemeinschaften bezeugen den gnadenlosen Umgang mit dem eigenen Volk.

Am Ende waren nicht nur Wirtschaft und Infrastruktur der Halbinsel zerstört, sondern die Teilung des Landes auf unabsehbare Zeit mit Blut geschrieben. Hatten alle Südkoreaner nach den langen Jahren der japanischen Unterdrückung als oberstes Ziel der Nation eine gemeinsame Regierung ersehnt und bis 1950 den Kommunismus als einen von vielen begehbaren Wegen durchaus in Betracht gezogen, so galt er nun – nach den entsetzlichen Erfahrungen des Bruderkrieges – als die Verkörperung des Bösen schlechthin. *Bruderkrieg*

Frieden oder gar Wiedervereinigung scheinen auch heute in weiter Ferne. Die nordkoreanische Seite soll 1,2 Millionen Soldaten haben. Auf der südlichen Seite stehen 600 000 Soldaten unter Waffen, unterstützt von 37 000 dort stationierten Amerikanern. Rein zahlenmäßig scheint der Norden in der Übermacht. Aber ist er es auch militärtechnisch? *Kein Frieden in Sicht*

Südkoreas junge Soldaten jedenfalls sind gefordert. Jeder junge Mann muss zwei Jahre Militärdienst ableisten, unter den gegebenen Umständen wahrlich kein Zuckerschlecken. Wenn die Rekruten eingezogen werden, geben ihre Familien ein großes Abschiedsfest. Denn wer weiß, ob und wann und wie man die jungen Söhne, Brüder, Ehemänner zurückbekommt. Immer wieder passieren bei der Rekrutenausbildung tödliche Unfälle. Außerdem kann jederzeit der Ernstfall eintreten; die Bedrohung ist unterschwellig immer vorhanden. Südkorea hofft, gut auf den Tag X vorbereitet zu sein. Trotz aller diplomatischen Bemühungen um eine Entspannung mit dem Norden lebt Südkorea in der permanenten Sorge, dass sich »6.25« wiederholen könnte, die Invasion des 25. Juni 1950.

Von Diktatur zu Demokratie

Von 1948 bis 2007 wählten die Südkoreaner neun Präsidenten. Das Gros von ihnen kam unter zweifelhaften Umständen zu dieser Ehre. Erst mit der letzten Verfassungsreform und dem Ausrufen der gegenwärtig VI. Republik fand Südkorea 1987 zu einer demokratischen Regierungsform mit Präsidialverfassung und Nationalversammlung. Das Volk wählt den Präsidenten direkt. Der bestimmt den Premierminister und ist gleichzeitig oberster Befehlshaber der Armee.

Koreanische Krankheiten

Doch auch nach 20 Jahren Demokratie läuft noch lange nicht alles rund. An der Oberfläche hält man sich brav an die Spielregeln, darunter aber herrschen die drei »koreanischen Krankheiten«: die moralische Überhöhung der Politikerfigur, der Regionalismus und die besonders schwer zu verändernden despotischen Machtstrukturen.

Kleine Chronologie der Republiken

Nach jeder Verfassungsänderung wird in Südkorea eine neue Republik ausgerufen, die Amtszeiten der Präsidenten sind allerdings nicht zeitgleich. Hier zum besseren Verständnis eine kleine Chronologie.

Postkolonialzeit und Koreakrieg

1945–48: Südkorea steht unter der Verwaltung des amerikanischen Militärs. Gespräche über eine provisorische Regierung für Gesamtkorea scheitern. Für den amerikanischen Teil übernimmt Syngman Rhee den Vorsitz eines demokratischen Rats. Es folgt die Gründung der Republik Korea (Südkorea) am 15.08.1948 und die der Volksrepublik Korea (Nordkorea) am 9.09.1948.

I. Republik (1948–1960): Ende der Kolonialzeit, Koreakrieg, hohe Arbeitslosenraten und extreme Verarmung der Bevölkerung, das sind die Probleme der semi-demokratischen I. Republik unter Syngman Rhee. Bei den Wahlen im März 1960 kommt es zu schweren Ausschreitungen, nachdem Wahlmanipulationen und Folter von demonstrierenden Studenten bekannt wurden. Der mittlerweile senile Rhee muss abdanken und geht ins Exil.

II. Republik (1960–61): Die neue Verfassung stärkt die Macht von Parlament und Kabinett. Die sozialen Unruhen verschlimmern sich jedoch so sehr, dass das Militär die Gefahr einer erneuten Invasion Nordkoreas befürchtet. Nach nur zehn Monaten bereitet ein Militärputsch der Regierung unter Yun Bo-seon (Yun Boseon, 윤보선) ein abruptes Ende.

Neue Ordnung, Wirtschaftswachstum

Militärregime (1961–63): General Park Chung-hee (Bak Jeonghui, 박 정희) verkündet ein 6-Punkte-Programm: Antikommunismus, Achtung der UN-Charta, enge Bindung an Amerika, Bekämpfung von Korruption, Aufbau der Wirtschaft und schließlich Streben nach Wiedervereinigung. Das Militär verspricht, sich nach Erreichen dieser Punkte zurückzuziehen.

III. Republik (1963–72): Es ist allerdings nur General Park, der sich offiziell aus der Armee zurückzieht und sich zum Präsidenten wählen lässt. 1967 und 1971 gewinnt er Wiederwahlen. Wirtschaftlich geht es tatsächlich bergauf. Weist Südkorea noch 1962 ein Pro-Kopf-Einkommen von 87 US-Dollar auf, werden es 1980 schon 1503 US-Dollar. Außenpolitisch normalisieren sich die Beziehungen zu Japan (1965). Mit Nordkorea führt Park erste offizielle Gespräche (1972).

IV. Republik (1973–80): Um Korea noch wettbewerbsfähiger zu machen, beschließt die Regierung Park eine weitere Verfassungsänderung (*Yushin*-Verfassung). Alle nationalen Anstrengungen sollen sich auf das Wirtschaftswachstum konzentrieren. Die Bürgerrechte werden beschnitten; Kritik an Regierung und sogar an Amerika stehen unter Strafe. Der Staat unterstützt massiv den

Aufbau großer Industriekonglomerate (*Chaebol* oder *Jaebeol,* vgl. S. 60f.); die Arbeiter werden im »Namen der Nation« rigoros ausgebeutet. Eine zusätzliche Änderung des Wahlverfahrens garantiert Park unbegrenzte Präsidentschaft.

Am 26. Oktober 1979 findet das Leben Parks ein plötzliches Ende: Der Chef seines eigenen Geheimdienstes erschießt ihn bei einem gemeinsamen Abendessen. Dieser will selbst an die Spitze Koreas gelangen, sein Plan geht allerdings nicht auf. Ministerpräsident Choi Kyu-ha (Choe Gyu-ha, 최 규하) wird amtierender Präsident. Der neue Geheimdienstchef Chun Doo-hwan (Jeon Duhwa, 전 두환) beginnt ebenfalls, politische Ambitionen zu zeigen.

Volksrevolten und Demokratie

V. Republik (1981–87): Chun Doo-hwan schaltet politische Gegner aus und wird 1980, noch unter der *Yushin*-Verfassung, zum neuen Präsidenten gewählt. Er ändert die Verfassung, die Gründung der V. Republik erfolgt. Inhaltlich unterscheidet sich die bürokratisch–militärische Regierung Chuns kaum von der III. und IV. Republik. Aber Chun verspricht, nach dieser Periode das Amt seinem Nachfolger zu übergeben. Der Druck auf ihn wächst; zunehmend zweifelt das Volk an der Legitimität seiner Präsidentschaft. Im Sommer 1987 eskaliert die innenpolitische Lage, beinahe täglich kommt es in Seoul nun zu Demonstrationen. Die moderaten Kräfte in der Regierung setzen sich durch; es steht erneut eine Verfassungsänderung an: In einem demokratischen Verfahren kann der Präsident künftig direkt gewählt werden.

Starkes Nationalgefühl: Schüler vor dem Rathaus in Seoul

VI. Republik (1987–heute): Südkorea hat seither eine präsidial-demokratische Regierungsform; aus den Wahlen geht Roh Tae-woo (No Tae-u, 노 태우) als Sieger hervor. Er gilt als alter Weggefährte Chuns und gewinnt die Wahl nur, weil die Opposition sich nicht auf einen eigenen Kandidaten einigen kann. 1992 gewinnt Kim Young-sam (Gim Yeong-sam, 김 영삼) die Wahl gegen Kim Dae-jung (Gim Dae-jung, 김 대중). Er ist damit die erste Zivilperson, die seit 1961 demokratisch zum Präsidenten gewählt wird. Er startet einen Feldzug gegen Korruption, dem viele Prominente zum Opfer fallen. 1998 gewinnt Kim Dae-jung die Wahl. 2003 folgt ihm Roh Moo-hyun (No Mu-hyeon노 무현) ins Amt des Präsidenten, das er fünf Jahre später turnusmäßig wieder verlässt. Am 25. Februar 2008 wird er von Lee Myung-bak (이 명 박) abgelöst.

*Schulklasse
vor Flag-
genwald in
Seoul*

*Überhöhung
der Politi-
kerfigur*

Bislang teilten sich alle Präsidenten das Schicksal, gegen Ende ihrer Amtszeit erheblich in Ungnade zu fallen. Rhee verstarb in Hawaii im Exil, Yun und Choi dankten unter Zwang ab, Park wurde erschossen, Chun und Roh Tae-woo verhaftet, Kim Dae-jung fiel einem Finanzskandal zum Opfer und an Roh Moo-hyun wird auch kein gutes Haar gelassen. Lee Myung-bak bleibt abzuwarten. Verlangen die koreanischen Wähler zu viel von ihren Präsidenten, sodass nicht einer in Würde sein Amt verlassen konnte? Die Ansprüche sind in der Tat nicht gering: Der Präsident soll ganz dem konfuzianischen Konzept eines wahren Staatsoberhauptes entsprechen, er muss moralisch absolut untadelig und selbstlos sein. So will es das Volk. Doch solch ein Naturell wird weder in Südkorea noch in anderen Ländern jemals an die Spitze der Macht gelangen. Es ist also nur eine Frage der Zeit, bis die Axt fällt. Das politische System in Korea, das Korruption und Amtsmissbrauch zulässt, bleibt davon selbst zumeist unberührt, und so scheint sich mit jeder Präsidentschaft das Ganze wie in einer eine Endlosschleife zu wiederholen.

*Die drei
Kim und
der Regio-
nalismus*

Eine weitere Besonderheit der politischen Landschaft Koreas ist der ausgeprägte Regionalismus. Nehmen wir einmal die drei Kim als Beispiel: Kim Young-sam, Kim Dae-jung und Kim Jong-il. Alle drei Kim formten über dreißig Jahre die Politik Südkoreas. So unterschiedlich ihre Karrieren verliefen, eins haben sie alle drei gemeinsam: Als landesweit gültige Machtbasis dienten ihnen jeweils ihre Heimatregionen. Dort begannen sie ihre Karriere als Lokalgrößen. Später, auf nationaler Ebene agierend, konnten sie sich ungeachtet ihrer politischen Einstellungen voll auf die Unterstützung der jeweiligen Lokalpolitiker und der regionalen Wählerschaft verlassen. Parteizugehörigkeit ist da eher sekundär. Koreanische Parteien bilden Untergruppen mit einer bestimmten Person als Zentrum. Da geschieht es schon mal, dass diese Splittergruppen geschlossen die Partei wechseln oder notfalls eine neue gründen. Die programmatische Unschärfe der einzelnen Parteien verstärkt das noch. Logisch also, wenn sich der Wähler nun an der Persönlichkeit des Politikers orientiert. Auch in anderen asiatischen Ländern ist dieses Wählerverhalten üblich. Noch stärkere Bedeutung hat in Korea die Herkunft des Kandidaten. Stammt er aus derselben Region wie der Wähler, verschafft ihm das im Rennen kräftige Pluspunkte. Die wohlwollende Einstellung gegenüber Leuten aus der eigenen Heimat zieht sich durch alle Ebenen. So wird der koreanische Spitzenpolitiker durch ein dichtes Geflecht von Begünstigungen und Abhängigkeiten zu einem »kleinen König seiner Region«. Bei landesweitem Wahlerfolg wird »seine Region« dann natürlich besonders mit finanziellen Zuschüssen und staatlichen Förderprogrammen bedacht. Als Dankeschön sozusagen.

Regionalismus und irreale Erwartungen an die Moralethik der Politiker können als Irrungen und Wirrungen einer jungen Demokratie abgetan werden. Doch noch etwas hält sich eisern im Schatten der Macht. Es sind die alten vertikalen *Vertikale* Herrschaftsstrukturen, von denen Südkoreas Herren nicht lassen können. Sei es *Machtstruk-* nun Regierung, Firma oder Familie: Wer oben in der Hierarchie steht, hat im- *turen* mer Recht und nutzt das auch weidlich für sich aus. Konfuzius hat hier – mal wieder falsch interpretiert – seine Hände im Spiel. Kritik und Reformvorschläge von unten sind nahezu unmöglich.

Das Volk aber gibt nicht auf: Das Denken in horizontalen Strukturen ist den Koreanern schließlich alles andere als fremd. Hat der Zusammenhalt in der Gruppe ihnen doch in der Geschichte schon oftmals das Überleben garantiert, wenn die Herrscher sie mal wieder im Stich ließen. Die breite Masse wünscht sich eine Regierung, die in erster Linie dem Volk dient. Mit jeder neuen Wahl hoffen die Koreaner auf den perfekten Präsidenten – einen konfuzianischen Gentleman und wahren Demokraten. Aber mit jedem Präsidenten scheinen die Machtstrukturen aufs Neue von der Spitze abwärts missbraucht zu werden. Je weiter die Amtsperiode voranschreitet, desto zynischer stehen die Koreaner der Politik gegenüber und wenden sich enttäuscht ab.

Booming Economy – Südkorea wird Industriestaat

Die Erfolgsstory beginnt bei Null

Regelmäßig finden wir sie in der Post: Hochglanzbroschüren mit den neuesten Automodellen von *Hyundai*, Anzeigen für Mobiltelefone inklusive Extras von *Samsung* und Flyer für die größten Bildschirme von *LG Electronics*. Koreanische Produkte verkaufen sich weltweit hervorragend. Wie einst Japans *Mitsubishi* und *Toyota* haben auch die koreanischen Unternehmen den Billigheimer- und Exotenstatus der ersten Jahre abgelegt und präsentieren sich nun selbstbewusst und äußerst erfolgreich. Das Land ist nicht mehr auf dem Weg nach oben, es ist bereits dort angekommen. Südkorea zählt heute zu den zehn führenden Wirtschaftsnationen der Welt; seine Bevölkerung hat 2008 ein Pro-Kopf-Einkommen von 20 000 US-Dollar erwirtschaftet. (Quelle: deutsch-koreanische Industrie- und Handelskammer)

Aufwärts-trend…

Dabei ist gerade erst ein halbes Jahrhundert vergangen, seit der Koreakrieg die Infrastruktur des Landes praktisch auslöschte und ein Heer von Arbeitslosen hinterließ. Nennenswerte Rohstoffe gab es nicht; die Vorkommen lagen jenseits der Demarkationslinie im nördlichen Teil der Halbinsel. Der Süden hatte einst als Kornkammer des kolonialen Yen-Blocks gegolten; doch auch die Landwirtschaft war nun weitgehend zerstört. Noch zu Beginn der 1960er Jahre waren ausländische Prognosen düster, galten die Philippinen und Vietnam als Länder mit Zukunft, aber Südkorea? Mit einem Pro-Kopf-Einkommen von 87 US-Dollar stand es mit dem Sudan wirtschaftlich auf einer Stufe; politisch war die Situation ebenso äußerst angespannt. Ganz im Gegensatz zu heute prosperierte damals der Norden, während der Süden von Hilfen aus dem Ausland abhängig war.

… trotz düsterer Prognosen

Als General Park Chung-hee (Präsident bis 1979) nach einem Militärputsch an die Macht kam, änderte sich ab 1961 der Kurs. Der umstrittenen Staatschef wollte das Land aus der Dritte-Welt-Ecke herausholen und duldete dabei keine Kompromisse. Allein im Export sah er eine Entwicklungschance für seine Heimat. Südkorea selbst war als Absatzmarkt für die eigenen Produkte viel zu klein; ebenso fehlten natürliche Rohstoffe als Wirtschaftsgrundlage. Was Korea aber im Überfluss hatte, so befanden Park und seine Experten, war eine disziplinierte, belastbare und willige Arbeitnehmerschaft. Bei geringem Lohn und langen Arbeitszeiten sollten die Preise von Exportgütern doch eigentlich unschlagbar billig werden – gegenüber denen der ausländischen Konkurrenz. Also hieß es: Ärmel aufkrempeln! Mit Kasernenhofmethoden, eisernem Drill und Überredungskunst zwang und umschmeichelte der ehemalige General die Koreaner, ihre gesamte Energie in den Aufbau des Landes zu stecken und geschlossen hinter seinen Plänen zu stehen. Auch die Politik hatte sich ganz der wirtschaftlichen Entwicklung des Landes unterzuordnen. Für die Umsetzung ihrer ehrgeizigen Pläne stand der Regierung ein gewaltiger Verwaltungsapparat zur Verfügung.

Kursände-rung mit eiserner Disziplin

In drei Phasen plante die Regierung Park den Aufstieg des Armenhauses Korea: Am Anfang wollte sie insbesondere die Leichtindustrie fördern; Grundlagen

Mit Vollgas: Blumenge-bindetrans-port in Seoul

Drei-Pha-sen-Ent-wicklung

Schön-heitskur für die Fassaden

dazu waren vorhanden, Textilien beispielsweise produzierte das Land schon zu Zeiten der japanischen Besatzung. In einer zweiten Phase sollte dann das kapitalintensivere Stahl- und Chemiewesen folgen, während die Entwicklung der Bereiche Maschinen- und Schiffsbau, Elektro- und Kunststoffproduktion dabei Hand in Hand ging. Außerdem sorgten ein Überangebot an bestens ausgebildeten Arbeitern und die rigide Unterdrückung der Gewerkschaften auf lange Sicht für Niedriglöhne. In der dritten und letzten Phase schließlich plante die Regierung, die Basis der industriellen Fertigung zu verbreitern. Das Vorhaben wurde erfolgreich umgesetzt.

INFO

Das Rezept des Aufstiegs – Fünfjahrespläne

Plan 1 + 2 (1962–1971)

Von 1962 bis 1996, dem Jahr der Aufnahme Südkoreas in den Kreis der OECD-Staaten, steuerte der Staat mit Hilfe von Fünfjahresplänen (5 개년계획) die Geschicke der Wirtschaft. Der Aufbau der Infrastruktur, die Bekämpfung von Armut und Analphabetentum waren neben der Ankurbelung der Leichtindustrie Hauptanliegen der beiden ersten Pläne von 1962–1971. In diesen Jahren entstand auch eine der Hauptverkehrsadern des Landes, die Schnellstraße zwischen Busan und Seoul.

Plan 3 (1971–1976)

Während des dritten Plans (1971–76) begann man mit dem Aufbau von Petrochemie- und Schwerindustrie. Das löste anfangs eine massive Landflucht aus, da ungelernte Arbeiter in den städtischen Fabriken wesentlich mehr verdienten als in der Landwirtschaft. Um die bäuerliche Bevölkerung in den Dörfern zu halten und das große Einkommensgefälle zwischen Stadt und Land abzumildern, fing die Regierung an, den Agrarsektor zu subventionieren und rief die »Bewegung Neues Dorf« (*Saemaeul Undong*, 새마을운동) ins Leben. Diese Bewegung verstand sich als »Hilfe zur Selbsthilfe«. So stellte der Staat den Dörfern zum Beispiel benötigtes Material für den Straßenbau zur Verfügung; die Arbeitsleistung mussten die Bewohner allerdings in Gemeinschaftsaktionen selbst erbringen. Schlossen sie ein Projekt erfolgreich ab, gab es weiteres Material für neue Abwassersysteme oder etwa benötigte Dachziegel. Die Bauern lernten, dass Eigeninitiative Erfolg brachte, und ließen sich einiges zur Anhebung ihres Lebensstandards einfallen. So machten etwa die Bäuerinnen aus der Not zwar keine Tugend, aber eine Mode: Der Kurzhaarschnitt wurde populär. Das war nicht nur praktisch, sondern brachte auch Geld in die mageren Familienkassen. Ihr langes Haar verkauften die Frauen an Perückenmacher, die es für den Export aufbereiteten.

Plan 4 (1977–1981)

Die internationale Ölkrise prägte den vierten Plan (1977–1981). Nun richteten sich alle Bemühungen auf die Förderung alternativer Energiequellen wie Erdgas und Atomkraft. 1977 nahm das erste Kernkraftwerk Kori-1 seinen Betrieb auf. Heute gibt es in Südkorea vier Kernkraftwerke mit 20 Reaktorblöcken; sie liefern knapp 40 Prozent der Stromerzeugung. Damit liegt Korea weltweit an sechster Stelle (Deutschland auf Platz vier) der Atomenergie produzierenden Länder.

Plan 5 + 6 (1982–1991)

Mit dem fünften und sechsten Fünfjahresplan (1982–1991) wollte Korea sich vom US-amerikanischen Markt lossagen, indem es das eigene Exportangebot breiter auffächerte. Gleichzeitig fielen die ersten Exportsubventionen. Außerdem begann das Land, in den Aufbau einer technologischen Basis zu investieren. Erstmals spielte nun auch der Umweltschutz in der Wirtschaftssteuerung eine Rolle. Die »Goldenen Achtziger« versetzten mit dem Aufbau der Automobil-, Elektronik- und Maschinenbaubranche und satten 9,9 Prozent Wachstum ganz Südkorea in Goldgräberstimmung.

Plan 7 (1992–1993)

Das änderte sich mit dem siebten (verkürzten) Fünfjahresplan (1992–93). Schon Ende der 1980er Jahre begann das Zeitalter der Freihandelsabkommen und der politischen Demokratisierung Südkoreas. Harte Auseinandersetzungen zwischen Management und Arbeitnehmern um Löhne und Arbeitszeiten brachten endlich eine Reform der Tarifpartnerschaft.

Plan 8 (1993–1995)

Schon 1993 rief der damalige Präsident Kim Young-sam den achten und damit letzten Fünfjahresplan aus. Nun galt es, zu den führenden Wirtschaftsnationen aufzuschließen und eine friedliche Wiedervereinigung mit dem Norden vorzubereiten. Die Gehälter stiegen jährlich um 18 Prozent, Inflation setzte ein. Dennoch waren die Wachstumszahlen mit weiterhin knapp 9 Prozent beeindruckend. 1995 erreichte das jährliche Pro-Kopf-Einkommen Südkoreas 10 000 US-Dollar, die magische Zahl zum Einstieg in das Ranking der führenden Industrienationen. Ende 1996 wurde Südkorea OECD-Mitglied.

Der Tiger erwacht

Unter staatlicher Lenkung

Park setzte nicht ausschließlich auf die Kräfte staatlicher Lenkung. Er beschloss, die Industrialisierung Koreas mit Hilfe einiger weniger großer Unternehmen voranzutreiben. Ganz militärischer Stratege erhoffte sich Park mehr Erfolg von einer Handvoll tüchtiger, loyaler Geschäftsmänner in den Konzernetagen als von unübersichtlich vielen Klein- und Mittelunternehmen. Die Regierung gab mit Hilfe von Fünfjahresplänen, Importbeschränkungen und hoch angesetzten Quotenvorlagen bei Exportgeschäften die Richtung vor. Die ausgewählten Unternehmen erhielten für die erfolgreiche Umsetzung staatlicher Planung weitere Vorzugskredite. Als Gegenleistung dafür verlangte die Regierung Quoten bei der Einstellung von Jungakademikern, blockierte Entlassungen und schrieb bis weit in die 1980er Jahre hinein regelmäßig Lohnerhöhungen vor. Dieses intensive Zusammenspiel von Regierung und einigen wenigen Großunternehmen, den *Jaebeol* (früher auch: *Chaebol*, 재벌) prägt die koreanische Wirtschaftskultur bis heute.

Mischkonzerne – Koreas Wirtschaftsriesen

Beispiel Samsung

Jaebeol nennen die Koreaner riesige Mischkonzerne mit bis zu 50 und mehr Tochtergesellschaften. Wie zum Beispiel *Samsung*. *Samsung* führt die illustre Liste der *Jaebeol* in Korea an. Die Unternehmensgruppe beschäftigt über eine viertel Million Mitarbeiter und ist in Korea allgegenwärtig. Das Logo leuchtet von Hochhäusern und Apartmentblocks. Es gibt *Samsung*-Banken, *Samsung*-Bauunternehmen und *Samsung*-Chemiekonzerne. Vom Mähdrescher bis zur Digitalkamera, *Samsung*-Fabriken produzieren alles nur Erdenkliche.

Diese breite Fächerung in verschiedenen Branchen garantierte von Anfang an den Erfolg der großen Mischkonzerne. *Jaebeol* weisen eine weitere Besonderheit auf: Sie sind in der Regel traditionell geführte Familienunternehmen; an der Konzernspitze steht zumeist der Firmengründer oder sein Sohn. Weitreichende Entscheidungen laufen also immer auf einer sehr persönlichen Ebene ab.

Korruption und Mauschelei

Innerhalb kürzester Zeit nahmen die *Jaebeol* eine Schlüsselposition bei der Entwicklung neuer Industrien und Märkte ein. Das koordinierte Miteinander von Regierung und Unternehmen bildete die Grundvoraussetzung für das konstante Wachstum der folgenden Jahre, öffnete aber auch Korruption und Mauschelei Tür und Tor. Es galt, sich mit allen Mitteln staatliche Begünstigungen zu erkämpfen. Denn der Staat war es, der die Unternehmen für bestimmte Projekte auswählte, für die Auslandsfinanzierung sorgte und sich gleichzeitig für die Rückzahlung dieser Kredite verbürgte. *Jaebeol* waren dabei im Vorteil; sie wurden bei der Vergabe von Großkrediten bevorzugt. Kleinere Unternehmen hatten dagegen kaum eine Chance.

Über fünf Jahrzehnte schon hängt der Erfolg der *Jaebeol* ausschließlich vom Export ab. Anfangs konzentrierten sich die *Jaebeol* auf Textilherstellung und

Perückenproduktion. Im Laufe der 1970er und 1980er Jahre schoben sich die Bereiche Schwerindustrie, Militär/Verteidigung und Chemie in den Vordergrund. Daran änderte sich in den 1990er Jahren nicht viel. Nach der Asienkrise von 1997, die die koreanischen *Jaebeol* übrigens mit einer großen Zahl geplatzter Kredite erheblich mitverschuldet hatten, stiegen die Mischkonzerne in den IT-Bereich ein. Hier verzeichnen sie momentan das größte Wachstum. So stammte 2006 nach Angaben des Bundesministeriums für Bildung und Forschung die Hälfte der Exportgüter für Deutschland aus diesem Bereich.

Gefährliche Millimeterarbeit

Was denken nun die Koreaner selbst über die *Jaebeol?* Einerseits finden deren Leistungen um den Aufbau des Landes und die Schaffung von Millionen von Arbeitsplätzen natürlich Anerkennung. Andererseits stoßen sie auf harsche Ablehnung. So manch einer empfindet gegenüber den führenden Köpfen in den Großkonzernen gemischte Gefühle. Persönliche Bereicherung und Korruption bestimmen derzeit das Bild der Wirtschaftsbosse in der Öffentlichkeit. Ihren *Gemischte* allzu engen und undurchsichtigen Kontakten zu Politikern, ihren spekulativen *Gefühle* Immobiliengeschäften und der eisernen Kontrolle des Binnenmarktes begegnet die Allgemeinheit mit Misstrauen. Hilflos beklagen viele Koreaner ihre Ohnmacht gegenüber Korruption und Vetternwirtschaft innerhalb der Konzerne, deren Vorstände in die eigenen Taschen wirtschaften. Denn nur ein Bruchteil der Bevölkerung profitiert wirklich von den *Jaebeol.* Obwohl diese Unternehmen im Zentrum internationaler Aufmerksamkeit stehen, beschäftigen sie doch gerade einmal 10 Prozent der Arbeitnehmer im eigenen Land. 85 Prozent der Koreaner verdienen ihren Lebensunterhalt in klein- und mittelständischen Betrieben, wo Arbeitsplatzgarantie und soziale Extraleistungen in aller Regel nicht fester Bestandteil der Arbeitsverträge sind. Unsicherheiten also hier wie da.

In den meisten Gesellschaften werden erfolgreiche Geschäftsleute normalerweise geachtet, vielleicht sogar bewundert. Nicht unbedingt in der koreanischen. *Ehrliche* In dem konfuzianisch geprägten Land galt und gilt »ehrliche Armut« als *Armut* Tugend. Die Berufsgruppe der Händler, die in dem Ruf stehen, sich mitunter auf Kosten anderer zu bereichern, genoss daher noch nie besonderes Ansehen. Händler zählten früher zur Unterschicht. Rechtlich befanden sie sich bis weit ins 19. Jahrhundert zusammen mit Leibeigenen und Gauklervolk auf einer Stufe. Kein Wunder also, dass auch moderne »Geschäftemacher« in Korea weithin misstrauisch beäugt werden. Ebenso wie in der Politik, in der es kein Präsident bislang geschafft hat, in Ehren das Amt zu verlassen (vgl. S. 54), scheitern die Wirtschaftsbosse häufig am eigenen Fehlverhalten bzw. an den hohen Moralvorstellungen der Bevölkerung. Ein Zuviel an Macht lässt die koreanische Gesellschaft auf Dauer nicht durchgehen.

Devisen brauchte das Land

Jeden Job um jeden Preis

Ironischerweise war es seinerzeit der Vietnamkrieg (1965-1975), der Koreas Wirtschaft wieder auf die Füße stellte. Als Gegenleistung für militärische Unterstützung durch koreanische Truppen gewährte das US-Militär in Vietnam den Koreanern erste große Aufträge im Straßenbau. Die so gewonnenen Devisen wurden umgehend in den Aufbau der heimischen Leichtindustrie gesteckt. Als es in den 1970er Jahren zur Ölkrise kam, waren es wiederum koreanische Bauunternehmen, die mit extrem günstigen Arbeitskosten bei gleichzeitig hoher Qualität und kürzester Bauzeit ihre Auftragsbücher mit dem Bau arabischer Krankenhäuser, Straßen und Schulen füllten. Kein Arbeitsort, keine Baustelle lag den Koreanern zu abgelegen, als dass sie die Arbeit abgelehnt hätten. Koreanische Arbeiter waren weniger wählerisch und anspruchsvoll als ihre westlichen Kollegen; sie machten klaglos jeden Job – wo auch immer ihre Firmen sie hinschickten. Hauptsache, es kamen dadurch Devisen ins Land und die heimatliche Wirtschaft wurde angekurbelt.

Startkapital aus dem Ausland

Nachdem in den 1960er Jahren die Abschaffung der Armut und die eigenständige Entwicklung das primäre Ziel sämtlicher Anstrengungen waren, machte man sich nun im zweiten strategischen Schritt an den Aufbau von Stahl- und

Auch deutsche Produkte finden in Korea Absatz: Werkzeugstraße in Daegu

Chemieindustrie. Dieser Schritt benötigte jedoch finanzielle Ressourcen, über die Südkorea zu jener Zeit nicht verfügte. Anfang der 1970er Jahre leistete Japan als ehemalige Kolonialmacht umfangreiche Reparationszahlungen. Die koreanische Regierung verwendete dieses Geld als Starthilfe zum Aufbau der einheimischen Schwerindustrie, verteilte es direkt an die entsprechenden Unternehmen und sicherte sich auf diese Weise Einfluss.

Ein Beispiel dafür ist POSCO *(Pohang Iron and Steel Company)*, das heute zweitgrößte Stahlunternehmen der Welt. Am 1. Mai 1970 wurde die Grundsteinlegung feierlich begangen: In einer feurigen Rede schwor der Präsident die künftige Belegschaft darauf ein, dass die Anlage mit koreanischem Blut bezahlt sei und dass sie alle ihren Ahnen verpflichtet wären, POSCO zu raschem Erfolg zu verhelfen. Es dauerte kaum drei Jahre bis an der Bucht von Yeong-il die fertige Stahlfabrik stand. Die Produktion hatte unterdessen bereits begonnen. Der Westen rechnete mit keiner großen Konkurrenz; abschätzig erwartete man bei der kurzen Bauzeit keine gute Qualität. Was für ein Irrtum! Heute, nach nur etwas mehr als 35 Jahren, ist Korea mit allen seinen Werken weltweit die Nummer eins in der Stahlbranche.

Beispiel POSCO

Die Kehrseite der Globalisierung – Reisbauern im Existenzkampf

Mit Globalisierung, dem Zauberwort der koreanischen Wirtschaftsentwicklung, darf man Herrn Choi, einem Reisbauern aus der Provinz Gyeongsangbuk-Do, nicht kommen. Denn dann wird der 58-jährige Farmer so richtig wütend. Er ist Mitglied bei KoA *(Korean Alliance Against Korea-US Free Trade Agreement)* und hat schon an vielen Protestaktionen gegen Handelslockerungen teilgenommen. Nicht selten übrigens schlägt bei den Demonstrationen die Ohnmacht der Bauern gegenüber ihrer Regierung in Wut und Gewalt um. Asiaten sind da nicht zimperlich. Angesichts brennender Demonstranten wie in Hongkong 2005 oder gar dem öffentlichen Selbstmord des koreanischen Globalisierungsgegners Lee Kyung-hae während der Welthandelskonferenz 2003 in Cancún (Mexiko), nehmen sich unsere Nachbarn, die Tomaten werfenden Franzosen, geradezu sanft aus. Koreas Bauern sind militanter, wenn es um ihre Zukunft geht und um die sieht es finster aus.

Auf den Barrikaden

Erinnern wir uns: Bergland prägt die Topographie Koreas. Nur knapp ein Fünftel der Fläche wird landwirtschaftlich genutzt und die Höfe sind klein. Der Großteil der Betriebe bewirtschaftet weniger als einen Hektar Land. Noch gibt es in Korea immerhin dreimal so viele Bauernhöfe wie in Deutschland (2007 in Korea 1,27 Millionen, in Deutschland 420 000 Betriebe). Mehr als doppelt so viele Koreaner wie Deutsche arbeiten in der Landwirtschaft, und von denen wiederum arbeiten mehr als die Hälfte Tag für Tag auf den Reisfeldern. Die Arbeit ist hart – selbst wenn Maschinen zum Einsatz kommen –, das Einkommen ist hier am niedrigsten. Aber nicht allein die Sorge um die eigene persönliche Existenz treibt die koreanischen Reisbauern um; ihre Ängste sitzen deutlich tiefer: Sie befürchten,

Lange Tradition

Reis als Kulturgut

Nicht alle profitieren von der Globalisierung, Koreas Bauern verarmen.

eine der wichtigsten Grundlagen ihrer Kultur zu verlieren, wenn der traditionelle Reisanbau zurückgedrängt wird.

Reis ist für Koreaner viel mehr als nur ein schlichtes Grundnahrungsmittel. So impliziert etwa das koreanische Wort für Reis *Bap* (밥) auch »Mahlzeit« und erhält somit symbolische Bedeutung. Innerhalb der Familie steht die Reismahlzeit für Zusammengehörigkeit. Reiskuchen und Reiswein sind außerdem wichtige Gaben bei konfuzianischen Ritualen zu Ehren der Ahnen. Reis spielt auch im Aberglauben eine wichtige Rolle. So lautet beispielsweise ein Sprichwort: »Trittst du auf Reis, so werden sich deine Füße verdrehen«. Soll heißen: Unachtsamer Umgang mit Reis, Verschwendung gar, wird böse Folgen haben. Schwangere etwa warnt man vor dem Verschütten von Reis beim Waschen der Körner. Es gilt als böses Omen: Sie könnten eine Frühgeburt erleiden.

Importbeschränkung

Immer wieder kommen auch schreckliche Erinnerungen an die Hungersnöte der Nachkriegsjahre hoch. Nie wieder wollen Koreaner von Reisimporten aus dem Ausland abhängig sein. Seit den 1980er Jahren kann das Land seine Bevölkerung zu 100 Prozent selbst mit Reis versorgen. Bislang ließ der Staat Reisimporte in nur ganz geringem Umfang zu. Entweder gelangte der Reis in diesen Fällen direkt zur Weiterverarbeitung in die Industrie oder die Säcke wurden gleich an Drittländer wie Nordkorea weitergereicht. Darüber hinaus reguliert die Regierung mit Ernteaufkäufen Angebot und Nachfrage auf dem heimischen Markt.

Marktöffnung

Seit einigen Jahren werden nun aber die Handelsbeschränkungen gelockert und schrittweise abgebaut. Spätestens 2014 soll der Markt komplett geöffnet sein und spätestens dann wird es für Koreas Reisbauern wirklich eng. Gegenwärtig kostet der einheimische Reis die koreanischen Konsumenten gut das Dreifache seines Weltmarktpreises. Diese hohen Preise sind dann nicht mehr zu halten.

Überalterung

Es sind jedoch nicht nur Globalisierungsprobleme, mit denen Koreas Reisbauern kämpfen. Auch die demographische Entwicklung macht ihnen zu schaffen: Sie sehen sich mit einer zunehmenden Überalterung innerhalb ihrer Berufsgruppe konfrontiert. Schon heute sind über 40 Prozent der koreanischen Bauern über 60 Jahre alt. Nachfolger für ihre Betriebe finden sich schwer. Die jungen Männer ziehen lieber in die Städte, wo sie wesentlich mehr verdienen als auf dem Land, das so immer mehr verödet. Die noch verbliebenen Jungbauern können keine Familien gründen; es herrscht akuter Frauenmangel. Seit neuestem füllen Vietnamesinnen die Lücke, aber das bringt oft nur neue Sorgen. Immer mehr Koreaner tauschen ihre Feldhacke gegen besser bezahlte Jobs in der Stadt ein, und diejenigen, die dem Land noch die Treue halten, fühlen sich eher wie Hüter einer Lebensweise vergangener Zeiten.

Die südkoreanische Gesellschaft hat eine starke Veränderung erfahren; der Einfluss des westlichen Auslandes ist unübersehbar. Westliche Essgewohnheiten werden auch von Koreanern übernommen; der Pro-Kopf-Verbrauch an Reis ist während des letzten Jahrzehnts um ein Viertel gesunken. Junge Koreaner essen nicht mehr – wie früher selbstverständlich – zu jeder Mahlzeit Reis. Zum Frühstück tut es heutzutage auch eine Scheibe Toast. Herr Choi würde das natürlich niemals so halten. Aber er wird wohl auch der letzte Bauer in der Familie sein. Alle seine Kinder leben schon längst in der Stadt, wo sie gut verdienen. »Ich kann sie kaum zur Rückkehr zwingen«, sagt er, »in Korea hat die Landwirtschaft keine Zukunft mehr«. Da mag er Recht haben.

Zum Frühstück eine Scheibe Toast

Hochgesteckte Ziele für das 21. Jahrhundert

Südkorea erkannte schon sehr früh die überragende Bedeutung des Internets und seiner Möglichkeiten im Rahmen moderner Informations- und Kommunikationstechnologien. Für das 21. Jahrhundert hat sich die Regierung vorgenommen, das Land zur führenden IT-Nation schlechthin zu machen. Die Erfüllung dieses hohen Anspruchs bleibt abzuwarten, aber die Chancen stehen nicht schlecht. So haben etwa WiBro (*Wireless Broadband,* Standard zur drahtlosen Kommunikation und eine Erfindung der koreanischen Telekommunikationsindustrie) und DMB (*Digital Multimedia Broadcasting,* ein Rundfunksystem für mobile Datenübertragung – Stichwort mobiles Fernsehen) auf dem heimischen

Führende IT-Nation?

Landwirtschaft ohne Zukunft

Werbung
für eine
Airline

IT-Markt bislang großen Erfolg; international kommt das Geschäft mit den mobilen Medien allerdings erst langsam in Fahrt. In anderen Technologiebereichen wie zum Beispiel der Halbleiterproduktion ist Südkorea bereits federführend und hat den internationalen Markt fest im Griff.

Mit Forschungsprojekten und -instituten geizt Südkorea ebenfalls nicht. In der eigens zu diesem Zweck eingerichteten »Science City« *(Daedeok Science Town)* bei Daejeon will die Regierung ihre ehrgeizigen Ziele vorantreiben.

Wissen-
schafts-
standort

Nicht nur die Spitzenforschung genießt staatliche Unterstützung; die breite Masse der Koreaner soll ebenfalls von der besonderen Dynamik des Wissenschaftsstandorts Korea profitieren. Im Herbst 2007 startete der staatlich geförderte Wissenschaftskanal »Science Channel« sein 24-stündiges Fernsehprogramm. In einer Endlosschleife rund um die Uhr können sich Wissensdurstige nunmehr über den aktuellen Stand der Wissenschaft im In-und Ausland informieren. Die Regierung erhofft sich auf diese Weise, das Bewusstsein der

---

INFO **Deutschkoreaner**

Koreaner in Deutschland? Da fällt den meisten von uns die sanfte und geduldige Krankenschwester der 1970er Jahre ein. Genau so ein »Engel in Weiß« war einmal die heutige Honorar-Konsulin der Bundesrepublik Deutschland in Busan: Frau Kim Jung-soon. 1966 kam sie als Schwesternschülerin an die Bonner Unikliniken. Heute ist sie Unternehmerin, Leiterin des Goethe-Instituts von Busan und eben auch Konsulin. Nicht alle koreanischen Krankenschwestern, die vor 40 Jahren nach Deutschland kamen, um den Pflegenotstand in deutschen Krankenhäusern einzudämmen, haben eine solch beeindruckende Karriere hinter sich. Hoch motiviert waren sie jedoch alle ohne Ausnahme. Denn es gab ansonsten kaum Möglichkeiten für eine Koreanerin, ins Ausland zu kommen, und in Deutschland wurden sie gebraucht. An die 10 000 Frauen ließen sich seinerzeit als ausgebildete Krankenschwester oder Pflegehelferin anwerben. War der Anfang auch schwer, die Sprachbarrieren hoch und das Gehalt niedriger als zuvor versprochen, erkämpften sich die koreanischen Schwestern 1977 erfolgreich das Bleiberecht in Deutschland. Zuvor hatte die deutsche Regierung die Arbeitsverträge nicht mehr verlängern wollen und die sofortige Heimkehr verlangt. Mit Hilfe des Evangelischen Kirchentags setzten die Koreanerinnen jedoch ihre Rechte durch: Sie durften bleiben. Letztendlich fanden mehr als die Hälfte der 10 000 Krankenschwestern und Pflegerinnen in Deutschland eine neue Heimat. Sie bilden auch heute noch mit ihrer Energie und Beharrlichkeit den Kern der koreanischen Gemeinden in Deutschland.

Ganz anders die 8000 koreanischen Kohlekumpel, die etwa zeitgleich für den Bergbau angeworben wurden. Hohe Arbeitslosigkeit in ihrer Heimat und Deutschlands Bedürfnis nach billigen Arbeitskräften bildeten die Grundlage für das erste Abkommen (1963) zur »Entsendung koreanischer Bergarbeiter in den westdeutschen Steinkohlenbergbau«. Die Männer hatten es in einigen Punkten schwerer als die Frauen. Da die meisten von ihnen aus der Mittelschicht stammten, fiel ihnen nicht nur die körperlich harte Arbeit schwer, sondern auch der raue Umgang mit den deutschen Kollegen aus dem Arbeitermilieu. 60 Prozent der koreanischen Kumpel hatten einen höheren Bildungsabschluss und sahen das Schuften unter Tage als Sprungbrett in eine bessere Zukunft an. Ihre Integration in die deutsche Gesellschaft verlief nur schleppend; letztendlich blieben sie eher unter sich. Da sich allmählich auch die wirtschaftlichen Verhältnisse in Korea besserten, gingen die meisten wieder zurück.

1980 waren nur noch rund 800 koreanische Bergleute in Deutschland. Viele von ihnen hatten koreanische Krankenschwestern geheiratet, in andere Berufe gewechselt und bilden nun die Elterngeneration der heute rund 30 000 Personen starken koreanischen Gemeinde in Deutschland. Ihre Kinder, die zweite Koreanergeneration in der Bundesrepublik, weisen ein beeindruckend hohes Bildungsniveau auf. Mehr als 70 Prozent der Deutschkoreaner haben Abitur und ein abgeschlossenes Hochschulstudium. Das ist nicht nur die höchste Quote unter allen so genannten »Gastarbeiter-Kindern«, sondern übertrifft auch den Prozentsatz der Deutschen mit Abitur um das Doppelte!

Koreanische Krankenschwestern und Kumpels gibt es heute nur noch selten. Eine andere ungewöhnliche Berufsgruppe ist dagegen stark auf koreanische Arbeitskräfte angewiesen. Die Rede ist von so genannten »Aussexern«, deren Arbeitsplatz sich nicht etwa im Rotlichtmilieu befindet, sondern auf dem flachen Land. Im Fachjargon der Hühnerzüchter bedeutet »Aussexen« die Geschlechtsbestimmung frisch geschlüpfter Küken. Da man nur Hennen benötigt und die Aufzucht der Hähnchen die Futterkosten unnötig in die Höhe treibt, bestimmen Fachleute zwecks Auslese das Geschlecht der Küken. Hierfür scheinen Koreaner ein besonderes Talent zu besitzen. Sie schaffen es innerhalb von 0,4 Sekunden das Geschlecht eines Kükens zu bestimmen: Mit einer Trefferrate von 99 Prozent! Bei blauäugigen Menschen flimmern bei gleicher Tätigkeit schnell die Augen; dunkle Pupillen aber sollen das Licht besser aufnehmen können, was ideal für den Job ist. Scharfe koreanische Augen erfreuen sich also großer Beliebtheit – zumindest unter Hühnerzüchtern.

koreanischen Bevölkerung für Forschung und Entwicklung zu schulen und zu vertiefen. Auch der Bau gleich mehrerer interaktiver Museen wie des *National Science Museum* in Daedeok, des *Seoul Science Museum* und der *National Science Hall* in Gwacheon dient dazu, vor allem junge Leute für eine wissenschaftliche Laufbahn zu motivieren.

Als Roboter verkleidet: Werber für Gaswerke

Korea hat sich im Bereich der Informations- und Telekommunikationstechnik also zu einem echten *Global Player* entwickelt. Aber auch andere Sparten wie Biotechnologie und Luftfahrt sollen in Zukunft nicht zu kurz kommen. Doch nicht alles

Biotechnologie, Luftfahrt, Unterhaltungsindustrie

ist nur technisch, was aus Korea kommt. Da gibt es außerdem noch die große, bunte Welt der Unterhaltungsindustrie. *Hallyu,* die koreanische Welle (vgl. S. 162), schwappt nun bereits seit ein paar Jahren erstaunlich erfolgreich um den Globus. Es begann mit den ersten Ausstrahlungen koreanischer TV-Serien und Soaps im japanischen Fernsehen; dann kamen diese nach Hongkong und ins übrige Südasien. Es folgten China und die Staaten des Nahen Ostens. Alles Koreanische hat sich mittlerweile in Asien zum Straßenfeger entwickelt. Auch die Mode aus Seoul gilt als letzter Schrei. Jeder Laienökonom kann sich ausrechnen, was für einen Einfluss K-Pop und die Stars der Branche auf das zukünftige Konsumverhalten der jungen Fans haben. Haben Sie noch Zweifel, dass Korea ein cleverer *Global Player* ist?

INFO

Gestatten, ich bin eine Roboterfrau!

Im Jahr 2020 wird die Zukunft in den Alltag Koreas eingezogen sein – zumindest nach den Vorstellungen seiner Regierung. Bis dahin soll jeder koreanische Haushalt über einen Roboter verfügen können, der die großartige Aufgabe hat, den Menschen von unliebsamen Pflichten zu entlasten und ihm das Leben zu erleichtern. Längst ähneln die Prototypen dieser künstlichen Hausgenossen nicht mehr monströsen, wandelnden Spardosen. Nein, EveR-1 zum Beispiel sitzt – ganz wohlerzogene junge Dame – mit geschlossenen Knien und sanftem Gesichtsausdruck in ihrem Sessel, lächelt und parliert mit einem Wortschatz von 400 Wörtern. 15 Motoren unter der Silikonhaut des ersten koreanischen (weiblichen) Androiden ermöglichen eine schon recht variable Mimik. Hände und Oberkörper kann Eve bewegen, nur die Beine wollen noch nicht recht mitspielen. »Daran wird noch gearbeitet«, sagt Baeg Moon-hong, Wissenschaftler am KITECH *(Korea Institute of Industrial Technology)* und »Vater« von EveR-1.

Folgemodell EveR-2 kann nun singen und gelangweilt schauen, mit dem Laufen wird es wohl erst bei EveR-3 klappen.

Androiden in der Wohnung? Wo wir gleich verschreckt an Orwell oder »Metropolis« denken, lassen sich Koreaner nicht von düsteren Szenarien aus dem Reich der Phantasie irritieren. Sie denken lieber an die ungeahnten Möglichkeiten, die heute noch niemand so recht abschätzen kann. Oder hätten Sie sich vor 20 Jahren auch nur im Geringsten vorstellen können, wie das Internet unser Leben einmal umkrempeln würde? Praktisch und zukunftsorientiert sollen nach Meinung der koreanischen Techniktüftler Roboter künftig Aufgaben übernehmen, die für die Gesellschaft immer dringlicher werden. So zum Beispiel in der Altenpflege, wo die Nachfrage nach mehr Hilfe in allen Industrienationen unaufhaltsam steigt. Roboter sollen die Pflegekräfte nicht ersetzen, aber ihnen körperlich schwere Arbeit abnehmen, wie zum Beispiel das den Rücken so belastende Umbetten kranker und alter Menschen.

Begeistert hat sich die gesamte koreanische Nation dem Ziel verschrieben, weltweit die Nummer eins auf dem Feld der *Robotics* zu sein. Und begeistert werden die ersten Modelle ausprobiert. Da gibt es zum Beispiel *Rogun* der Firma *KornTech*, einen knapp ein Meter großen Humanoiden. Er läuft und kann mit Hilfe von Internet und Handy kommunizieren. Dieser Babysitter der Zukunft hat einen kleinen eingebauten Bildschirm auf dem Bauch, einem metallenen Teletubby nicht unähnlich. Die Eltern können über ihn ihre Kinder beobachten und ihnen auch Anweisungen zukommen lassen. Das Highlight von *Roguns* Talenten ist das automatische Erkennen von Gesichtern. Ob Freund oder Feind, *Rogun* hat es im Griff und vermeldet das Eindringen fremder Erdlinge sofort.

Roboter SGR-A1 hingegen hält sich mit Meldungen nicht lange auf; er schießt ohne Vorwarnung – wahlweise mit Maschinenpistole oder einer 5.56-Millimeter-Automatic. SGR-A1 wurde für militärische Zwecke entwickelt und kommt an der Demarkationslinie (hoffentlich nicht) zum Einsatz. Auch beim Dienst an der Waffe macht sich in Korea die Überalterung der Bevölkerung bemerkbar: Es fehlt an jungen Rekruten für die Wacheinheiten. Ab Herbst 2007 wurden nun erstmals Roboter in Stellung gebracht. SGR-A1 stammt übrigens aus dem Hause *Samsung*.

Babysitten, Altenpflege und Grenzverteidigung sind nicht die einzigen Einsatzgebiete für elektronische Roboter. In koreanischen Schulgebäuden dienen sie der Sicherheitsüberwachung. Zum Beispiel OFRO: Nichts entgeht seinem elektronischen Auge, sehr zum Verdruss verliebter Teenager, denn heimliches Schmusen bleibt nicht länger unentdeckt. OFRO sieht einfach alles und meldet allzu zwischenmenschlichen Kontakt jedweder Art per Videoübertragung sofort ins Lehrerzimmer. OFRO ist übrigens ein waschechter Berliner: Die deutsche Firma *Robowatch* hat ihn entwickelt und baut ihn mit koreanischer Hilfe in Serie. Erste Einsatzerfahrungen sammelte er während der Fußball-WM 2006 in Deutschland. Vom Hooligan- zum Teenie-Schreck, welch ein Karrieresprung!

Flugblätter auf Seoul – Leben in einem geteilten Land

Bedrohung durch Nordkorea?

In Korea herrscht eigentlich noch immer Krieg. Der macht zwar seit 1953 eine Pause; aber ohne gültigen Friedensvertrag kann damit jederzeit Schluss sein. Die latente Bedrohung ist allgegenwärtig. Auch ausländische Besucher können sie beim Besuch an der Grenze zur DMZ, der demilitarisierten Zone, unmittelbar nachvollziehen: Der Anblick der letzten Front des Kalten Krieges sorgt bei uns für einen kurzzeitigen Nervenkitzel. Koreaner jedoch erleben die Situation unterschwellig als Dauerbelastung. Meist läuft der Alltag ruhig ab, alles ist friedlich wie immer, dann segeln auf einmal Flugblätter auf Seoul herunter. Die Volksrepublik hat mal wieder die kalten Nordwinde genutzt und Ballons mit Aufrufen zur Revolution fliegen lassen. Der Klassiker der Kriegspropaganda aber beeindruckt die in Hightech verliebten Südkoreaner schon lange nicht mehr, die Botschaft indessen kommt an: »Wir sind noch da und wir können euch jederzeit erreichen«.

Ballons mit Aufrufen zur Revolution

Also ruft der südkoreanische Staat seit über 50 Jahren seine Bürger zur Wachsamkeit auf. Schauen Sie sich als Reisegast in den Parks um! Dort stehen mancherorts Schilder, die vor nordkoreanischen Spionen warnen. Sie müssen nicht mal Koreanisch können: Die fett gedruckte Zahlenkombination 113, Hotline zur südkoreanischen Spionageabwehr, erkennt jeder. Oder die Werbeplakate in der U-Bahn! Da hängen zwischen den Anzeigen für Zeitschriften und neue Biersorten immer wieder Plakate des Staatssicherheitsdienstes NIS (*National Intelligence Service, Gukga Jeongbowon*, 국가정보원, auch kurz: Gukjeongwon, 국정원). Außerdem wird Ihre Mithilfe erwartet. Achten Sie auf die Lautsprecherdurchsagen! Während in anderen Ländern vor Handtaschendieben und rasanten Rolltreppen gewarnt wird, beendet in Seoul eine freundliche Frauenstimme so manche Ansage mit folgenden Worten: »Hier spricht das Nationale Sicherheitsbüro. Ihre Informationen schützen die Sicherheit des Landes«.

Hotline zur Spionageabwehr

Reflexartiger Argwohn

Bei der Frage nach der nationalen Sicherheit steht heute – im siebten Jahrzehnt nach der willkürlichen Teilung – immer noch die Sorge vor einer militärischen Invasion Nordkoreas im Vordergrund. Das gilt nicht nur für höchste politische Kreise, sondern auch für den Mann von der Straße. Verglichen mit den Zeiten des Kalten Krieges der 1960er, 70er und auch 80er Jahre, sanken die Ängste vor einem erneuten Koreakrieg nach 1990 jedoch merklich ab. Die Bevölkerung hatte sich in der Teilung eingerichtet. Die DMZ stand auf beiden Seiten unter strenger Bewachung, doch die Nordkoreaner schienen ihre Tunnelgrabungen in Richtung Süden aufgegeben zu haben. Anzeichen für eine Entspannung? Die Veränderungen in den ehemaligen Ostblockstaaten und die Wiedervereinigung Deutschlands ließen auch bei den Koreanern zaghafte Hoffnung auf ein friedliches Ende ihrer Teilung aufkeimen.

Entspannung in Sicht?

Unermüdlich für die Wiedervereinigung, südkoreanischer Aktivist

Die Geschichte der S. in mehreren Akten

Im Zeichen des Antikommunismus

Als S. Anfang der 1960er Jahre in Seoul geboren wurde, befand sich Südkorea unter Präsident Park mitten im Kalten Krieg, Antikommunismus gehörte zum Alltag wie die tägliche Portion Reis. In der Grundschule stand groß an der Tafel: *Bankong* (반공, 反共, Antikommunismus). Später übten die Kinder eifrig das Schönschreiben von *Myeolkong* (멸공, Ausrottung des Kommunismus). Die besten Werke zierten für den Rest des Jahres das Klassenzimmer. Immer wieder erzählten die Lehrer von der Gefahr aus dem Norden, schon die Kleinen sangen wieder und wieder die Telefonnummer 113.

Der »Seouler Frühling«

S. war die Tochter eines Ministerialbeamten und eine fleißige Schülerin. Im Jahr der Ermordung Parks 1979 bestand sie die Aufnahmeprüfung zur Universität. Damals folgte dem Attentat auf den ehemaligen General eine kurze Zeit der Demokratisierung: Der »Seouler Frühling« war ausgebrochen. Rufe nach Freiheit und Demokratisierung wurden in ganz Südkorea immer lauter. Die Universitäten entwickelten sich zu Zentren der Bewegung. Die Studenten verstanden die eiserne Kontrolle des Staates nicht mehr als Bollwerk gegen den Kommunismus, sondern als Unterdrückung der Menschenrechte.

Militärputsch

Die Armee befürchtete, dass der Norden die inneren Unruhen in Südkorea als Gelegenheit zur Invasion nutzen könnte und beschloss, einzugreifen. So bereitete schon nach wenigen Monaten ein weiterer Militärputsch den hoffnungsvollen Tendenzen ein Ende. Trotzdem kam es immer wieder zu gewalttätigen Auseinandersetzungen. Die Spitze der Eskalation war im Mai 1980 erreicht. Bei den Aufständen von Gwangju setzte die Armee Fallschirmspringer und Panzer ein. Hunderte von Demonstranten verloren ihr Leben und sämtliche Demokratisierungsversuche fanden ein abruptes Ende. Südkorea stand wieder unter Kriegsrecht.

Im Visier des Geheimdienstes

Auch S. hatte sich an den Studentenprotesten auf ihrem Campus beteiligt und Plakate geschwenkt. Das genügte für eine Vorladung vor den KCIA, den Vorläufer des heutigen Geheimdienstes. Dabei wollte sie doch nur das tun, was alle damals taten. Sie war mehr Mitläuferin als echte politische Aktivistin, was sie glücklicherweise begreiflich machen konnte. S. musste lediglich eine schriftliche »Selbstkritik« verfassen, dann ließ man sie wieder laufen. Doch als S. Jahre später begann, sich um eine Anstellung zu bemühen, erwies sich der Eintrag in ihrer Akte als großes Hindernis. Nur durch die guten Beziehungen ihres Vaters fand sie schließlich eine Anstellung als Lehrerin. Zum Start ins neue Leben machte ihr Vater ihr ein Geschenk: eine kleine Figur der drei berühmten Affen, die (Böses) nicht sehen, nicht hören und nicht sagen.

Es sollte dies die eindringliche Warnung an die Tochter sein, sich in Acht zu nehmen: Nie könne sie sicher sein, wann und ob der KCIA sie weiterhin beobachten würde. So wurde Angst zu einem Teil des Lebens von S. Wie Tausende

Parallelen zu Deutschland: ein Stück Berliner Mauer mitten in Seoul

anderer Studenten hatte sie im jugendlichen Übermut bei den Demonstrationen mitgemacht, wie Tausende von Mitbürgern fühlte sie sich dann über Jahre vom Geheimdienst beobachtet. Es kam vor, dass junge Leute auf offener Straße verhaftet wurden, weil sie unbedacht über einer Tasse Tee die Regierung kritisiert hatten. Sogar in den eigenen vier Wänden fühlten die Menschen sich kontrolliert.

Angst in den Köpfen

Inzwischen haben die Koreaner diese Angst überwunden und äußern frei und gerne ihre politische Meinung. Doch sie erinnern sich an die Warnungen ihrer Eltern, in der Schule und vor Fremden nur ja nichts Unbedachtes über Korea oder seine Regierung zu äußern. Damit die Kleinen damals auch wirklich gehorchten, hatten die Eltern auch schon mal mit dem KCIA und dem Gefängnis gedroht. Heute sind diese Kinder erwachsen; doch irgendwo in ihren Köpfen hängen die Erinnerungen an die Angst nach. An ein völlig entspanntes Verhältnis zu ihrem Staat ist in dieser Generation noch nicht zu denken.

Grenzzwischenfälle

Dann aber kam es 1996 zu dem so genannten »U-Boot-Vorfall«. Am 18. September setzte ein kleines U-Boot aus Nordkorea 15 Spione an der Ostküste ab. Das U-Boot entdeckte die Küstenwache relativ schnell, seine Besatzung war zuvor von Unbekannten mit Kopfschüssen hingerichtet worden. Dann machten die Südkoreaner Jagd auf die nordkoreanischen Agenten. 60 000 Sicherheitskräfte durchkämmten ganz Südkorea, teilweise war das Fernsehen sogar live dabei. Die innerkoreanischen Beziehungen erreichten damals einen historischen Tiefpunkt: Die ganze Angst war wieder da, denn es blieb nicht bei diesem einen Zwischenfall. Mit schöner Regelmäßigkeit, durchschnittlich einmal pro Jahr, kommt es zu Scharmützeln an der Grenze oder zu Zwischenfällen auf hoher See. Und jedes Mal fragen sich die Südkoreaner dann erneut, ob nun vielleicht der lang befürchtete »Super-Gau« bevorstehe.

Erstes Gipfeltreffen beider Staatsoberhäupter

Obwohl sich die Regierungschefs beider Staaten im Jahr 2000 erstmals zu einem Gipfeltreffen in Pyeongyang trafen, glaubt der Süden doch nicht so recht an die Signale der Entspannung. Lieber geht man dort auf Nummer Sicher. Jede Meldung über angebliche Spione aus dem Norden, jeder Hinweis auf mögliche Sympathisanten des Regimes des »Geliebten Führers« Kim Jong-il, alles wird gewissenhaft überprüft. So forderte der Staat noch bis vor kurzem die Betreiber kleinerer Hotels entlang der Küsten zu besonderer Aufmerksamkeit auf. Jeder Gast, der irgendwie Misstrauen erregte, konnte da ganz schnell ins Visier der Polizei geraten. Und es gibt immer Übereifrige, die bereits ihre Mitmenschen melden, wenn diese nur hilflos an einem Ticketautomaten der öffentlichen Verkehrsmittel herumwerkeln. Da sieht jemand aus wie ein Koreaner, spricht wie einer und kommt trotzdem nicht mit dem Bussystem zurecht? Ganz klar ein Fall für die Leute vom NIS *(National Intelligence Service)!* Seit ihrer Kindheit wird den Koreanern eingebläut, bei Menschen, die merkwürdige Fragen stellen, reflexartig mit Argwohn zu reagieren. Die Sicherheit des Landes steht über allem: Pech, wenn ein Übermaß an Überwachung dann schon mal den Falschen trifft. Fast jeder Koreaner kann seine ganz persönliche Geschichte über einen Zusammenstoß mit der Staatssicherheit erzählen.

Vom Saulus zum Paulus? – Südkoreas Geheimdienst

Überall die Finger im Spiel

Der koreanische Geheimdienst ist einem Chamäleon nicht unähnlich. Verlangten die äußeren Umstände einen Wechsel, wurden Namen und Erscheinungsbild geändert, aber die inneren Strukturen blieben über Jahrzehnte erhalten. Begonnen hatte alles mit dem *Korean Counterintelligence Corps* (KCIC), dem koreanischen Spionageabwehrverband der Amerikaner aus den Zeiten des Koreakrieges. Daraus entstand 1961 unter Präsident Park der KCIA (*Korean Central Intelligence Agency, Chungang Cheongbobu,* 중앙정보부). Allein der Name war dem amerikanischen CIA nachempfunden, die Struktur soll Park sich eher beim russischen KGB abgeschaut haben. Denn obwohl die Hauptaufgabe des Geheimdienstes weiterhin offiziell die Spionageabwehr war, hatten die

Auch Nordkoreaner sind Menschen **INFO**

Trotz der Namensänderung und der politischen Aufsichtsgremien blieb der Bevölkerung der eigene Geheimdienst mehr als unheimlich. Hilfe zur Imageverbesserung erhielt der NIS Ende der 1990er Jahre aus ganz unerwarteter Richtung: der Filmindustrie. 1999 kam *Shiri* (*Swiri*, 쉬리) in die Kinos. *Swiri* nennen die Koreaner einen Süßwasserfisch der sowohl in süd- als auch nordkoreanischen Flüssen vorkommt und somit ein »gesamtkoreanischer« Fisch ist.

Der Plot des Films erinnert stark an westliche Spionagethriller: Ein Agent des südkoreanischen Geheimdienstes erhält den Auftrag, eine Spionin aus dem Norden unschädlich zu machen. Diese Frau soll als beste Scharfschützin ihrer Gruppe mehrere Politiker auf dem Gewissen haben. Der Agent hat, anders als James Bond, ein Privatleben und will bald heiraten. Seine Verlobte ist eine ehemalige Trinkerin, die in einem Laden Fische fürs heimische Aquarium verkauft. Fleißige Kinogänger können sich nun schon denken, dass es sich bei der Verlobten und der nordkoreanischen Spionin um ein und dieselbe Person handelt. Beim blutigen Finale im Fußballstadion – Terroristen wollen es während eines interkoreanischen Freundschaftsspiels in die Luft jagen – erschießt der Agent seine Braut. Und der Tragik noch nicht genug: Später findet er heraus, dass sie ihm detaillierte Angaben zu ihrer Ergreifung hinterlassen hatte und außerdem von ihm schwanger war. Die Halbinsel ist gerettet, aber der Held am Boden zerstört.

Dieser Mix aus asiatischem Action-Drama, gebrochenen Herzen und Spionagefilm brachte allein in Korea 6 Millionen Menschen in die Kinos. International löste dieser Film die Erfolgswelle koreanischer Unterhaltungskultur aus, die weltweit unter dem Namen *Hallyu* bekannt wurde. (vgl. S. 162f.) . Daheim folgten Filme wie *Joint Security Area* und *Brotherhood*. Schauplatz war mal die DMZ, mal der Koreakrieg. Standen früher Gut und Böse und damit Süd und Nord unverrückbar fest, verwischten sich erstmals die Grenzen. Die Filme entsprechen perfekt dem Zeitgeist der letzten Jahre, oder allgemeiner gesprochen: Nach jahrzehntelanger Verteufelung ist die Öffentlichkeit wieder bereit, auch in Nordkoreanern Menschen zu sehen.

»Jungs in den Ledermänteln« überall ihre Finger im Spiel: Ob in Politik, Wirtschaft oder Kultur, ob im In- oder Ausland, im Namen der nationalen Sicherheit kannte ihre Befugnis bis weit in die VI. Republik keine Grenzen. Sie unterstanden direkt dem Präsidenten und mussten niemandem Rechenschaft ablegen. Im Namen der inneren Sicherheit konnten sie beliebig Verhaftungen vornehmen. So entführte der KCIA 1968 mehrere in der Bundesrepublik Deutschland lebende Koreaner und brachte sie nach Seoul. Die Lage spitzte sich damals so zu, dass die Bundesregierung sogar kurz vor dem Abbruch der diplomatischen Beziehungen stand.

Unter parlamentarischer Kontrolle

In den 1980er Jahren verübte der Geheimdienst, nunmehr NSPA (*National Security Planning Agency, Gugka Ancheongi Hoigbu,* 국가안전기획부) genannt, mehrere Anschläge auf den damaligen Dissidenten Kim Dae-jung. Nachdem Kim 1998 selbst Präsident wurde, ließ er die Behörde nicht nur in NIS umbenennen, sondern beschnitt sie auch erheblich in ihren Befugnissen. Heute überwacht ein Parlamentsausschuss die Aktivitäten der Behörde und achtet streng auf politische Neutralität. Erst unter Präsident Roh Moo-hyeon wurde 2003 das Büro für Antikommunismus geschlossen. Der Geheimdienst konzentriert sich nun auf internationale Kriminalität und Terrorismus. Die Telefonnummer 113 aber funktioniert immer noch hervorragend.

Zwei Jahre für das Vaterland – Wehrpflicht in Südkorea

Als ob sie in den Krieg zögen!

Junge Männer in Uniform bevölkern am Wochenende und besonders vor den Festtagen die Bahnsteige und Busbahnhöfe. Für alle Rekruten herrscht Uniformpflicht, das gilt auch für den Heimaturlaub. Ungelenk bewegen sich die jungen Männer in Grün in der Welt der Zivilisten. Ältere Frauen sprechen sie zärtlich wie ihre eigenen Söhne oder Enkel an: »Meine Jungs mussten da auch durch, das schaffst du schon!« Aufmunternd drücken sie ihnen Saft und kleine Snacks für die Reise in die Hand.

Südkorea hat die Wehrpflicht, und das ist ein bisschen so, als ob die jungen Burschen in den Krieg zögen. Verwandte und Bekannte geben ein großes Abschiedsfest und hoffen, den Jungen in zwei Jahren wohlbehalten wiederzusehen. Das Leben in den Kasernen Koreas ist hart. Handgreifliche Offiziere waren bis vor wenigen Jahren keine Seltenheit. 2003 löste Roh Moo-hyeon sein Wahlversprechen ein und verkürzte den Dienst je nach Waffengattung auf zwei bis

Furcht vor militärischer Unterlegenheit

Die Uniform wie eine zweite Haut: Soldat auf Heimaturlaub

zweieinhalb Jahre. Unterkunft und Verpflegung verbesserten sich, die Selbstmordrate der jungen Rekruten ging sprunghaft zurück.

Die Armee rechtfertigt die harschen Konditionen beim Militär mit der brisanten Lage der Nation: Die Verteidigung gegen den kommunistischen Norden verlange eben Opfer. Auf der anderen Seite der Grenze – so weiß man – stehen an die 1,2 Millionen Menschen unter Waffen, die in der Regel durch sieben Jahre Militärdrill gegangen sind. Davon sind laut *Army News Service* 2006 allein 70 Prozent an der DMZ stationiert. Die südkoreanische Berufsarmee umfasst nur 100 000 Soldaten (in Deutschland sind es zum Vergleich 250 000), 28 000 Soldaten der US-Army dienen zusätzlich auf ihren Militärstützpunkten in Südkorea.

Auf südkoreanischer Seite zählt daher jeder Mann und so stockt das Militär seine festen Einheiten jährlich mit 580 000 Wehrpflichtigen auf. Billig kommt den Staat die Wehrpflicht obendrein. Rekruten erhalten keinen richtigen Sold, nur ein wenig Taschengeld, »Zigarettengeld« genannt. Also machen die jungen Männer im Urlaub erst einmal die Runde durch die Verwandtschaft und sammeln Geldumschläge bei Oma und Tanten ein. Denn sie sind notorisch knapp bei Kasse.

Für Ehre und Zigarettengeld: junger Rekrut in Seoul

Für ihren entbehrungsreichen Dienst an der Waffe erhalten sie eine ganz andere Entlohnung: Respekt und Anerkennung. In Deutschland, wo die Armee nur auf »freundliches Desinteresse« stößt, wie es Bundespräsident Köhler 2005 im Jubiläumsjahr der Bundeswehr formulierte, wird man mit Staunen auf den hohen Sozialstatus koreanischer Soldaten blicken. In Korea gilt ein junger Mann erst dann als »erwachsen«, wenn er seinen Wehrdienst abgeleistet hat. Vorher wird ihn keine Firma einstellen und auch keine Frau heiraten wollen.

Hoher Sozialstatus

Für einen gesunden Koreaner gibt es zum Wehrdienst eigentlich keine Alternative. Es sei denn, er war eine Zeitlang im Gefängnis, weist Ganzkörpertätowierungen auf (was ihn dann unweigerlich ins Gefängnis brächte) oder hat ganz fix mindestens zwei Kinder gezeugt. Das Minimum von zwei Jahren Dienst an der Waffe bleibt nur zehn Prozent aller Männer unter 30 Jahren erspart. Natürlich umgehen auch in Korea junge Männer mit Hilfe einflussreicher Beziehungen die Wehrpflicht. Doch fliegt ein Schwindel auf, drückt sich jemand vor der kollektiven Verpflichtung, so trifft ihn die soziale Ächtung: »Drückeberger« werden gesellschaftlich ausgegrenzt. So endete etwa die Erfolg versprechende Karriere eines jungen Gesangstars mit einem neuen Wohnsitz in Amerika und auch ein Minister durfte seinen Hut nehmen, nachdem bekannt wurde, dass er Untauglichkeitsbescheinigungen für seine Söhne erworben hatte.

Kollektive Verpflichtung …

Wir erinnern uns an die vielen Invasionen in der Geschichte der Halbinsel. Nur das Zurückstellen persönlicher Interessen garantierte das Überleben der Gemeinschaft. Der Koreakrieg ist noch nicht so lange her, dass er dem kollektiven Gedächtnis entfallen wäre. Gegenüber den Menschen in Nordkorea empfinden die Südkoreaner heute eher Mitleid als Hass; mit ihnen will man sich wieder

… gegen die Drohgebärden des Nordens

verbrüdern, vereinen, ihnen helfen. Dem dortigen Regime aber misstraut der Süden erheblich. So finden die Forderungen Nordkoreas, zum Zeichen friedlicher Absichten die amerikanischen Soldaten nach Hause zu schicken, in der Bevölkerung kaum Unterstützung. Die US-Stützpunkte bleiben, obwohl sie manchem Südkoreaner ein Dorn im Auge sind: Die amerikanischen GIs leben dort nach eigenen Gesetzen, ihr Auftreten sorgt immer wieder für Unmut. Sie sind aber die Garanten für den Status quo auf der Halbinsel. Solange der Norden mit seiner militärischen Stärke droht, wird der Süden weiterhin die Wehrpflicht beibehalten, seine jungen Männer zwei Jahre weitgehend isolieren und versuchen, aus ihnen taugliche Soldaten zu machen. Für Ruhm, Ehre und ein bisschen »Zigarettengeld«.

Konkrete Schritte in Richtung Wiedervereinigung

Sonnenscheinpolitik

Kim Dae-jungs Berliner Rede

Kennen Sie die altgriechische Fabel von Äsop, in der Wind und Sonne darum wetteifern, wer einen Mann zuerst dazu bringen wird, seinen Mantel abzulegen? Es ist die Sonne mit ihren warmen Strahlen und nicht der Wind, der grob an ihm zerrt. Diese Geschichte veranlasste den ehemaligen Präsidenten Kim Dae-jung im März 2000 seinem Kurswechsel in der innerkoreanischen Politik den Namen »Sonnenscheinpolitik« (*Haetbyeot jeongchaek,* 햇볕정책) zu geben. Fünfzig Jahre fruchtlose Eiszeit waren für ihn Grund genug, das Verhalten Südkoreas gegenüber dem Norden einer gründlichen Revision zu unterziehen. Oberstes Ziel sollte nun nicht mehr zwingend das Erreichen eines Regimewechsels in Nordkorea und die dann anstehende Wiedervereinigung sein. Zunächst einmal stehe die friedliche Koexistenz beider Staaten auf dem Plan, so Kim in seiner berühmten Rede an der Freien Universität Berlin. Die Wiedervereinigung sei zwar langfristig erstrebenswert, kurzfristig aber müsse man pragmatischer denken. Über Wirtschaftshilfe und engere Kontakte beabsichtigte er, die starre Haltung Nordkoreas gegenüber dem Süden aufzuweichen und die Wahrscheinlichkeit einer militärischen Konfrontation zu verringern.

Wirtschaftshilfen für den Norden

Kim hoffte, dass die Reform der Beziehungen auf Wechselseitigkeit beruhen würde. Familienzusammenführungen gegen Wirtschaftshilfe, so sah es die Regierung in Seoul anfangs eigentlich vor. Doch da machten die Nordkoreaner nicht mit. Also nahm die Regierung Kim sich noch einen weiteren Schritt zurück und verkündete, man werde von nun an die Rolle eines »älteren Bruders« übernehmen und ganz im Sinne von Konfuzius selbstlos die »armen Verwandten« im Norden versorgen. Seitdem steigen jedes Jahr die Ausgaben für wirtschaftliche und humanitäre Hilfe. Allein im Jahr 2006 wurden Güter im Wert von 1,3 Milliarden Dollar in den Norden gebracht. Aber bitte über den Seeweg, verlangte die Volksrepublik, denn die eigene Bevölkerung sollte im Ungewissen über den Ursprung der Versorgungsgüter bleiben.

Wirtschaftssonderzone Gaeseong

Dass die Wiedervereinigung eines Tages kommen wird, davon sind die Koreaner überzeugt. Es ist nur eine Frage des Wie und Wann. Auf Letzteres will sich keiner so recht festlegen. Lieber später, viel später, denken die meisten. Südkorea hat die Wiedervereinigung der Bundesrepublik genauestens verfolgt und geht nun wesentlich vorsichtiger mit eigenen Prognosen um. Die Wiedervereinigung der Halbinsel soll nicht mit einem derart großen Knall geschehen wie damals in Deutschland. Die Koreaner verfolgen hier lieber eine Politik der kleinen Schritte. Vorerst soll der Norden wirtschaftlich einigermaßen auf die Beine gestellt werden.

Nicht mit einem großen Knall

In Wirtschaftssonderzonen wie etwa dem Industriepark *Gaeseong* gleich hinter der Demarkationslinie wird schon einmal die Zusammenarbeit erprobt. Auf einem 60 km² großen Areal produzieren hier nordkoreanische Arbeiter in zumeist südkoreanischen Fabriken fleißig Exportprodukte. Das gesamte Gelände hat die *Hyundai Motor Company* für 50 Jahre »geleast«: ein kleines Stück kapitalistischen Südens auf nordkoreanischem Boden. Hier hängen keine Bilder des Ewigen Führers und des Geliebten Führers an den Wänden; Politpropaganda bleibt außen vor. Südkorea muss die Arbeiter aus dem Norden jedoch in harter amerikanischer Währung bezahlen – die Lohnkosten pro Mann pro Monat

Schrittweise Annäherung

Von einem Auto Marke Hyundai können die armen Verwandten im Norden nur träumen.

sollen sich zwischen 50 und 60 US-Dollar bewegen und fließen in Form von Devisen. Das kommt die südkoreanischen Unternehmen aber immer noch billiger, als ihre Produktionsstätten in andere Niedriglohnländer wie China oder Vietnam auszulagern.

Die Sache mit den Sonderwirtschaftszonen in Nordkorea hat nur einen Haken: Den Arbeitern selbst wird von ihrem Lohn nur ein jämmerliches Taschengeld monatlich ausbezahlt, der Rest verschwindet in undurchsichtigen Kanälen in der Volksrepublik. Diese Art von staatlicher Willkür hat bislang andere, nichtkoreanische Investoren davon abgeschreckt, sich im kommunistischen Nordkorea zu engagieren.

Für die Zukunft träumt der seit Februar 2008 amtierende südkoreanische Präsident Lee Myung-bak von einer künstlichen Insel im Westmeer. Mit Großprojekten kennt Lee sich aus. Bevor er Bürgermeister von Seoul war, hatte der konservative Politiker als Manager für *Hyundai Construction* gearbeitet. Auf einer solchen Insel, so die Idee, könnte mit Hilfe südkoreanischen IT-Know-hows und nordkoreanischer Billigarbeiter die nächste Stufe auf Koreas Weg an die wirtschaftliche Weltspitze angesteuert werden. Die Arbeitnehmer Südkoreas sollen 2020 ein durchschnittliches Jahreseinkommen von 30 000 US-Dollar erreichen, ihre nordkoreanischen Brüder immerhin 3000 US-Dollar. Anfang 2008 lagen sie noch unter 1000 US-Dollar. Utopia? Wie sagte doch der einstige Gründer von *Hyundai,* als das Ausland seine kühnen Wirtschaftsvorhaben Anfang der 1970er Jahre noch äußerst zurückhaltend beurteilte: »Wissen Sie denn nicht, dass derjenige, der die Arbeit für machbar hält, sie auch erledigen kann?«

Familienzusammenführung

Wie in Berlin? Fuhr man in den 1970er Jahren nach West-Berlin, gehörte ein Besuch der Mauer selbstverständlich dazu. Man stand auf einer kleinen Aussichtsplattform und schaute nach »drüben«. Da war er, der gespenstische Todesstreifen; weiter hinten patrouillierten Soldaten mit Schäferhunden. Schilder warnten vor Minen und Selbstschussanlagen. Die Unheimlichkeit hielt nur ein paar Minuten an, dann drehte man der Grenze wieder den Rücken zu, Pflichtprogramm beendet. Trennungsschmerz empfanden wir Kinder der »Nachkriegskinder« kaum noch; schließlich gab es ja die gelegentlichen Verwandtenbesuche und viele beruhigten ihr schlechtes Gewissen, im »Goldenen Westen« leben zu dürfen, mit immer größeren Weihnachtspaketen.

Vermisste Verwandte Anders in Korea. Seit 1953 besteht keine Möglichkeit privaten Kontakts zwischen den beiden Staaten. Weder Briefe noch Anrufe sind möglich. So leben in Südkorea nach wie vor Tausende von Familien in der Ungewissheit, ob vermisste Verwandte den Koreakrieg in Nordkorea überlebt haben. Allein 80 000 Einwohner der Stadt Seoul wurden 1950 in den Norden verschleppt. Fünf Millionen Koreaner verloren durch den Bruderkrieg ihre Heimat, eine Million Kinder wurden zu Waisen. Nordkorea verweigert dem Internationalen Roten Kreuz Namenslisten

INFO
Hyundai – Geschäfte mit dem Norden

Als kleiner Junge wollte Chung Ju-yung weg aus seinem armen Dorf Asan im heutigen Nordkorea. Seine Leute waren arme Reisbauern ohne Perspektive. In seiner knapp bemessenen Freizeit lernte er beim Großvater in der Tempelschule, denn er wollte mehr aus seinem Leben machen. Chung träumte vom Leben in der Stadt, das Handeln auf dem Markt lag ihm im Blut. Damit wollte er sein Geld verdienen und nicht als Reispflanzer im Kreis seiner Familie schuften.

Zweimal rannte er mit einem Freund davon. Doch zweimal brachte ihn der Vater ganz schnell wieder nach Hause zurück. Beim dritten Versuch klauten die beiden Jungen eine Kuh und verkauften sie für zwei Bahnfahrkarten nach Seoul. Der Vater fand sie trotzdem und nach zwei Monaten arbeitete Chung wieder daheim auf den Feldern. Der vierte Versuch brachte dann endlich die ersehnte Freiheit. Chung war inzwischen 18 Jahre alt, es war das Jahr 1931. Er fand eine Anstellung in einem Reisladen in Seoul und nach vier Jahren übernahm er das gesamte Geschäft.

So begann eine der berühmtesten Aufstiegsgeschichten Südkoreas, denn Chung Ju-yung ist der Gründervater des *Hyundai*-Konzerns. Die geklaute Kuh übrigens brachte er 1998 zurück in den Norden, zusammen mit weiteren 500 Zuchtrindern als Zugabe. Bis zu seinem Tod im Jahr 2001 folgten noch zusätzliche fünfhundert Rinder, außerdem 50 000 Tonnen Getreide und – 20 *Hyundai*-Limousinen.

Im Gegenzug unterzeichneten Nordkoreas Machthaber Kim Jong-il und der *Hyundai*-Chef Verträge zum Aufbau eines Touristenzentrums für Südkoreaner in den Diamantenbergen (*Geumgangsan*, 금강산), einer wunderschönen Gegend an der Ostküste der Halbinsel.

Chung erhielt für sechs Jahre die Monopolrechte für das Geschäft mit den Besuchern aus dem Süden. Das brachte Nordkorea noch einmal rund 900 Millionen US-Dollar an Devisen ein. Diese Geschäfte waren von langer Hand vorbereitet worden. Schon 1988 hatte Chung erste heimliche Kontakte zur nordkoreanischen Regierung geknüpft. In Präsident Kim Dae-jung und seiner Sonnenscheinpolitik fand er die volle Unterstützung seines Lebenstraumes, den Norden wirtschaftlich nach Südkorea zu öffnen und auf diese Weise eine friedliche Wiedervereinigung anzubahnen.

Übrigens bemühte sich auch Reverend Moon, der Gründer der Moon-Sekte (vgl. S. 85), sehr um das Monopol und reiste 1991 eigens zum Besuch nach Pyeongyang. Moon stammte wie Chung aus dem Norden und hätte auch gerne mit dem ansonsten so verteufelten »Reich des Bösen« Geschäfte gemacht. Doch mit den Angeboten *Hyundais* konnte Moon nicht mithalten. Das kann anscheinend niemand. Sollte es jemals zur Wiedervereinigung kommen, hat *Hyundai* schon vorgesorgt: Das Monopol zum Aufbau der Infrastruktur für die ersten dreißig Jahre hat das riesige Unternehmen bereits in der Tasche.

*Nachge-
bauter
Ticket-
schalter
des Grenz-
bahnhofs
mitten in
Seoul*

*Menschliche
Tragödien*

damaliger Kriegsgefangener oder verschleppter Personen; eine Überprüfung mit Vermisstendaten ist immer noch unmöglich.

Das Ausmaß dieser menschlichen Tragödie konnte man 1983 live im koreanischen Fernsehen miterleben. KBS, der staatliche Fernsehsender, brachte ein einstündiges Programm, um Leuten bei der Suche nach ihren vermissten Verwandten aus dem Koreakrieg zu helfen. Jeder Teilnehmer durfte für zehn Sekunden seine Suchmeldung in die Kamera halten. Das Programm löste eine Lawine aus. Geschwister, die sich seit dreißig Jahren nicht mehr gesehen hatten, fielen sich in die Arme, Mütter erhielten ihre für tot erklärten Söhne zurück. Das Programm lief vierzig Stunden ununterbrochen und wurde erst fünf Monate und 10 180 glückliche Familienzusammenführungen später gänzlich eingestellt. Dabei handelte es sich nur um Trennungen infolge der Kriegswirren innerhalb Südkoreas.

*Wettlauf
mit dem
Tod*

Wenn auch in den letzten Jahren Tempo und Umfang der zwischen Nord und Süd ausgehandelten Familienzusammenführungen effektiver wurden, so läuft doch den inzwischen alt gewordenen Betroffenen die Zeit davon. Zwar konnten seit dem ersten Gipfeltreffen beider Staatsführer im Jahr 2000 über 15 000 Menschen bei 15 Gelegenheiten ihre Verwandten wiedersehen, für die Hochbetagten aber sind derlei Aktionen zu strapaziös. Für sie, die zu alt oder zu krank für anstrengende Treffen sind, gibt es seit zwei Jahren die Möglichkeit zur Kontaktaufnahme via Video-Telefonie. 400 Familien haben auf diesem Weg ihre Angehörigen wenigstens noch einmal sehen und sprechen können. Doch es ist nicht einfach, auf die Listen des Roten Kreuz zu gelangen. Viele der etwa 90 000 immer noch suchenden Südkoreaner werden sich wohl damit abfinden müssen, ihre Verwandten, falls sie überhaupt noch leben sollten, niemals wieder zu sehen.

Will Korea wirklich die Wiedervereinigung?

Wenn diese kriegsversehrte Generation langsam ausstirbt, verlangt das korea-nische Volk dann immer noch so heftig nach einer Wiedervereinigung? Es sind nun über 50 Jahre vergangen und beide Seiten haben sich in vollkommen ge-genläufige Systeme entwickelt. Auch wenn wir die immensen Kosten außer Acht lassen – Experten schätzen sie auf das Dreifache im Vergleich zur deutschen Wiedervereinigung ein –, haben wir es eigentlich mit zwei Nationen zu tun. Lebens- und Denkweise, Sprachgebrauch, alles liegt so extrem weit auseinander, dass kühl kalkulierende Köpfe einer Wiedervereinigung der beiden Koreas mit großer Skepsis entgegensehen.

Wie groß ist das Verlan-gen?

Obwohl die Nordkoreaner in sehr ärmlichen Umständen leben, glaubt das Volk an soziale Gleichheit, auch wenn das letztendlich nur »gleiche Armut für alle« bedeutet. Wie soll es mit dieser Auffassung die großen Unterschiede zwischen Arm und Reich akzeptieren, sowie den damit einhergehenden, niedrigen sozi-alen Status der Armen? Sollte Nordkorea sich im Zuge der Wiedervereinigung dem kapitalistischen System des Südens beugen, so hat das Folgen für die ge-samte Arbeiterschaft. Die wäre dann der »Macht der Firmenbosse« ausgeliefert, wenn sie in »Lohn und Brot« bleiben will. Schwer zu ertragen für ehemalige Kommunisten; früher oder später würden soziale Unruhen die Folge sein.

Soziale Un-ruhen sind zu befürch-ten.

Es steht zu befürchten, dass eine überstürzte Wiedervereinigung in organisierte Protestbewegungen und Demonstrationen mündet, die die Halbinsel innerhalb kürzester Zeit in Chaos versinken ließe. Beide Seiten wissen das. Beide Seiten gehen daher mit Samthandschuhen an die Frage der Wiedervereinigung heran. Dass die Volksrepublik Korea aber ihren Kurs nicht mehr ewig durchhalten kann und aufgrund ihrer wirtschaftlichen Isolation eines Tages kollabieren muss, ah-nen die Menschen im Süden. »Die Nordkoreaner sind unsere Brüder, Nordkorea aber ist unser Feind«, so lautet die Auffassung vieler Südkoreaner. Der Wille zur Wiedervereinigung scheint gegeben, aber die Zeit dafür noch nicht reif.

Nur mit Samthand-schuhen an eine Lösung

Die lieben Geister und andere Glaubensformen

Supermarkt der Religionen

»Kommen einige Chinesen zusammen, eröffnen sie ein Restaurant. Versammeln sich ein paar Japaner, machen sie Geschäfte. Die Koreaner aber gründen eine neue Kirche!«, so brachte es meine zum Thema befragte koreanische und presbyterianische Freundin zutreffend auf den Punkt.

Glaubt man den Statistiken, dann behauptet knapp die Hälfte der Südkoreaner, sich keiner Religion zugehörig zu fühlen. 23 Prozent glauben an Buddha und die Christen machen ein Viertel der Bevölkerung aus (Quelle: *The World Factbook 2009*). Islam, Judentum und Hinduismus sind im Großraum Seoul zwar ebenfalls vertreten, führen aber ein Nischendasein. Kein Wunder, sie konkurrieren mit dreihundert weiteren Religionsgemeinschaften. Darunter sind rein koreanische Glaubensrichtungen wie zum Beispiel *Cheondogyo*, eine Mischung aus Buddhismus, Daoismus, Konfuzianismus und Christentum. Oder auch *Taejonggyo*, die Verehrung von Dangun, dem Gründer der koreanischen Nation.

Eigenwillige Interpretationen

Aus Korea stammen auch ganz besonders eigenwillige Interpretationen des christlichen Glaubens: Wer erinnert sich nicht an die Massenhochzeiten der »Moonies«, den Anhängern der umstrittenen Vereinigungskirche des Reverend Moon Sun-myung? Bilder davon gingen um die ganze Welt.

Der Religionswissenschaftler An Byong-ro bezeichnet sein Land als »Supermarkt der Religionen«. Wie beim Einkaufen nehmen sich viele Koreaner mal hier ein wenig Religion aus dem Regal oder probieren dort eine neue Sorte Glauben aus. Kommt der Tod, braucht man Buddha. Steht die Frage nach den besten Geschäftsräumen an, empfiehlt sich der Ruf nach einer Schamanin. So ist es kein Zufall, dass die Antworten nach der Religionszugehörigkeit regelmäßig die Zahl der Bevölkerung übersteigen. Die Koreaner sehen das nicht so eng; sie denken pragmatisch und geben vorsichtshalber lieber gleich zwei an. Wer weiß denn schon mit Gewissheit, was wirklich hilft? Ob nun Konfuzianismus beispielsweise eine reine Moralethik oder doch eine Religion sei, ist mehr eine Frage für akademische Diskurse; den Alltag berührt sie nicht. Auch *Pungsu*, bei uns eher unter *Feng-Shui* oder Geomantie bekannt, gilt nicht als Scharlatanerie und steht in keinem Widerspruch zu anderen Glaubensrichtungen. Bekennende Daoisten werden Sie in Korea kaum treffen, dafür aber viele Koreaner, die fest an ihr *Ki*, die alles umfassenden Lebensenergie, und die Kräfte von *Yin* und *Yang* glauben. Die Grenzen verschwimmen in Korea, Elemente der einen Religion finden wir in der anderen wieder.

Die Grenzen verschwimmen.

Am Anfang waren nicht nur das Feuer, sondern auch Himmel und Erde und die zwölf Götter der Unterwelt. Das Universum teilte sich in drei Regionen, die Erde bestand aus den fünf Richtungen Ost, West, Nord, Süd und Zentrum. Alle Dinge hatten eine Seele, alle Vorkommnisse galten als Werk der Götter. An diese Schöpfungsgeschichte glauben viele Koreaner seit frühesten Zeiten. Sie hoffen, von Krankheiten und Katastrophen verschont zu bleiben, wenn sie nur den himmlischen Willen der Götter befolgen. Diesen herauszufinden, ist die Aufga-

Christlicher Heilsverkünder

be der *Mudang* (무당), der koreanischen Schamanin. Durch den Kontakt zur unsichtbaren Welt kann sie um Schutz und reiche Ernte bitten, sie kann Krankheiten bannen und die Zukunft vorhersagen. In anderen Ländern sind Schamanen zumeist Männer; nur in Korea scheinen die Frauen einen wesentlich besseren Draht zur Geisterwelt zu haben. Hier gibt es nur wenige männliche Schamanen, *Baksu* (박수) genannt, die meisten davon auf der Insel Jejudo, dem Zentrum des koreanischen Schamanismus.

Guter Draht zur Geisterwelt – Schamanismus

Herzstück der Glaubenswelt

Verlor der Schamanismus seit dem 4. Jahrhundert mit der Einführung von Buddhismus und Konfuzianismus auch seine zentrale Stellung, so blieb er doch das Herzstück der koreanischen Glaubenswelt. Auch heute sind die meisten Koreaner fest davon überzeugt, sich die Welt mit unsichtbaren Geistern zu teilen. Neue Büroräume werden mit einer *Kosa*-Zeremonie eingeweiht, chronischen Krankheiten wird mit einem *Gut* zu Leibe gerückt. Studenten beginnen ihre Demonstrationen immer wieder mit einer schamanistischen Zeremonie, viel Trommelmusik und Tanzeinlagen. Politiker rufen die *Mudang* zu sich, um vor wichtigen Wahlen einen Blick in die Zukunft zu werfen. Anverwandte eines unlängst Verstorbenen beauftragen sie, nach der Seele des Toten Ausschau zu halten, um so vielleicht noch seinen letzten Wunsch in Erfahrung zu bringen und ihn sicher ins Jenseits zu geleiten.

Geisterkult

An die dreihundert Geister soll es im Pantheon des *Musok* (무속), des koreanischen Schamanismus, geben. Unter den Göttern finden sich Könige, Generäle, hohe Beamte und ehemalige Schamanen. Der Volksglauben besagt, dass sie alle

Aufmarsch der Buddhistenmönche: Tempel in Daegu

von menschlicher Gestalt sind, nur könne man sie genau wie Wind und Luft einfach nicht sehen; doch existierten sie ganz bestimmt!

Bis in die Zeit der Drei Königreiche (37 v.Chr.-668 n.Chr.) waren die Schamaninnen hoch verehrt und geachtet. Doch mit der Ausbreitung von Buddhismus und Konfuzianismus verlor der Glauben an die Geisterwelt immer mehr an Bedeutung, obwohl gerade der Buddhismus ausgesprochen liberal damit umging. Anders hingegen in der Yi-Dynastie (1392-1910), als der Neokonfuzianismus zur Staatsdoktrin erklärt wurde. Schamanismus galt nun offiziell als Aberglauben des einfachen Volkes. Unter japanischer Herrschaft wurden die *Mudang* dann vollends verboten. Ihr Wissen gaben sie trotzdem weiter und heute sind weite Teile der Bevölkerung stolz auf ihr schamanisches Kulturerbe.

Seit Ende der 1980er Jahre erlebt der Schamanismus als urkoreanische Religion ein regelrechtes Revival. Der Staat erklärte sogar einige der *Mudang* zu »Lebenden Kulturdenkmälern«. Heute kann sich jeder Tourist eine *Gut*-Zeremonie auf der Bühne ansehen. Ob die Geister da aber auch mitmachen, ist fraglich. Obwohl die *Mudang* also kein geheimnisvolles Schattendasein mehr führen, sondern wieder verstärkt ins Licht der Öffentlichkeit gerückt sind, übernehmen nur wenige Frauen diese Rolle freiwillig, etwa von ihren *Mudang*-Müttern. Die meisten Schamaninnen glauben, durch übersinnliche Kräfte in diese Funktion »gezwungen« zu werden: Ein »Geist« ergreift Besitz von ihnen, was wahrlich kein beneidenswerter Prozess ist.

Revival

Zumeist beginnt alles mit der »Geisterkrankheit« (*Sinbyeong*, 신병). Angefangen von Appetitlosigkeit bis hin zu schweren mentalen Problemen kann dieser Zustand über Jahre andauern. Die Betroffene begegnet in ihren Träumen Geistern und Göttern; schließlich verfließen die Grenzen zur Realität und Hal-

Mittlerinnen zwischen Diesseits und Jenseits

Leicht zu erkennen, hier haust eine Mudang.

INFO
Einmal Kaffee und die Zukunft bitte!

»Liebe: 10 000 Won, Eheglück: 10 000 Won.« Was unbedarften Touristen auf den ersten Blick als besonders teure Getränkekarte exotischer Kaffeespezialitäten erscheinen mag, ist in Wirklichkeit die Preisliste eines Wahrsagers. »Wahrsager im Café« – seit einigen Jahren erfreut sich diese Geschäftsidee in Seoul und anderen Großstädten Südkoreas großer Beliebtheit, so in etwa nach dem biblischen Motto: Kommt der Prophet nicht zum Berg, so muss der Berg zum Propheten kommen. Nachdem den Wahrsagern in ihren dunklen Hinterzimmern immer mehr Kunden abhanden kamen, zogen sie aus und hinein in die Welt der hellen Kaffeehäuser. Saß man früher ernsten alten Männern gegenüber, plaudern und schwatzen heute junge Wahrsager mit ihren ebenfalls jungen Kundinnen und Kunden in entspannter Atmosphäre.

In die Zukunft blicken wollen alle. Spätestens vor der Eheschließung wird ein Wahrsager befragt, ob die Brautleute nun auch wirklich zusammenpassen. Er muss die Verbindung unbedingt absegnen, ansonsten wird so lange an seinen Aussagen gedeutet, bis alles rosig erscheint. Anders als beim klassischen Wahrsager früherer Zeiten muss das Wahrsagen heutzutage schnell gehen, spaßig sein und darf nicht allzu düster ausfallen. Die Kaffeehaus-Wahrsager erfüllen diese Ansprüche; hier geht alles eine Nummer flotter zu. Unterschiedliche Methoden kommen dabei zum Einsatz. Einige schwören auf die Schnellanalyse mittels Computer. Dabei werden die alles entscheidenden vier Eckdaten einer jeden asiatischen Existenz, nämlich Jahr, Monat, Tag und Stunde der Geburt, in den Rechner eingegeben. Man hat kaum im Kaffee gerührt, schon weiß man um seine Erfolgschancen bei der nächsten Prüfung. Diese Art von Schicksalsbestimmung nennt sich auf Koreanisch *Saju* (Vier Säulen, 사주); der Ort, wo solches stattfindet, heißt entsprechend *Saju*-Café.

Manche Wahrsager lesen inmitten des Trubels in aller Seelenruhe aus der Hand oder aus den Gesichtszügen; andere bevorzugen Karten. Auch sie haben ihre Anhänger. Junge Frauen wollen wissen, ob ihr Freund ehetauglich ist. Andere erkundigen sich nach den Risiken eines Stellenwechsels. Kichernd sitzt die Freundin daneben und hört zu. Liebe und Geld, das sind die ewigen Themen der Wahrsager, ob nun im Hinterzimmer oder an der Panoramascheibe des Teehauses. Die Einstellung der Kunden ändert sich ebenso wenig: Wir sind in Asien, das Schicksal ist uns ohnehin vorbestimmt, da muss ein bisschen Parapsychologie wohl erlaubt sein.

luzinationen setzen ein. Herkömmliche Medizin erzielt keinerlei Besserung. Den Angehörigen dämmert allmählich, dass diese Frau in ihrer Mitte wohl zum Medium zwischen der Welt der Menschen und der der Geister bestimmt ist. In einem genau festgelegten Ritual, einem besonderen *Gut* (굿), identifiziert und geleitet dann eine erfahrene *Mudang* den »Quälgeist« in die Frau. Damit ist diese von ihren diffusen Leiden befreit, muss nun aber selbst zur *Mudang* werden.

Den Geist, der die Frau in die Rolle der Mudang gezwungen hat, nennt man *Momchu*, »Herr des Körpers«, (몸주). Diesem »Herrn« wird sie nun einen Hausaltar bauen und seine Bilder an die Wand hängen; ihn wird sie anbeten und ihm Opfergaben darbringen. Dafür wird *Momchu* ihr die nötigen übersinnlichen Kräfte verleihen, um zwischen Geistern, Göttern, den Seelen Verstorbener und dem Diesseits zu vermitteln.

Profanes Ambiente: Wahrsager in Seouls Fußgängerzone

Religion der Erleuchtung – Buddhismus

Ostasien ohne Buddhismus, das ist wie das Abendland ohne Christentum – schwer vorstellbar. Seit 2000 Jahren gilt die »Religion der Erleuchtung« als die Essenz ostasiatischer Kunst und Kultur. Als der Buddhismus im frühen Mittelalter nach Korea bzw. in das damalige Königreich Baekje kam, war er noch eine fremdländische Glaubenslehre. Heutzutage wird aber kein Koreaner den Buddhismus als fremdländisch oder gar exotisch empfinden. Typisch für den Buddhismus ist seine Offenheit gegenüber anderen Glaubensrichtungen. Auch in Korea verschmolz er sehr schnell mit der vorhandenen Kultur. Die drei wichtigsten Geister des Schamanismus zum Beispiel, Sansin, Toksong und Chilsong, absorbierte der Buddhismus kurzerhand und errichtete ihnen eigene Tempel. Da die Tempel der neuen Religion bevorzugt in den Bergen standen, genoss der Berggeist Sansin ganz besondere Verehrung. Hinzu kam ein starkes Lokalkolorit: Je nach Region entwickelten sich unterschiedliche Formen des Buddhismus. Dabei verlor er aber niemals den Bezug zum Mahayana-Buddhismus, der »Lehre des großen Fahrzeugs«, die in ganz Ostasien und Vietnam das Fundament des buddhistischen Glaubens bildet. *(Offen für andere Lehren)*

Als zweite Besonderheit des koreanischen Buddhismus gilt seine verbindende Kraft beim Aufbau zu einer Nation. Als sich die Halbinsel unter der Herrschaft der Silla erstmals einte, fand die Bevölkerung der drei Reiche über den gemeinsamen Glauben zusammen. Damit begann die erste Blütezeit des koreanischen Buddhismus. Die Herrscher der Silla ließen unzählige Tempel erbauen und Kunstwerke schaffen, erhofften sie sich doch auf diese Weise himmlischen Beistand. Die Bronzestatuen des Maitreya-Buddha und die Seokguram-Grotte in Gyeongju sind dafür wohl die berühmtesten Beispiele. *(Einende Kraft)*

Niedergang In der folgenden Dynastie der Goryeo (918–1392) stiegen Macht und Reichtum der buddhistischen Klöster dank wohlwollender Unterstützung des Herrscherhauses nahezu ins Uferlose. Die Klöster besaßen riesige Ländereien, kontrollierten ein Heer von Sklaven und knöpften den Bauern hohe Zinsen ab. Übermäßige Habgier und Einmischung in die Innenpolitik kosteten den Buddhismus aber letztendlich die Vormachtstellung. General Yi Seong-gye führte zu Beginn seiner Herrschaft 1392 den Neokonfuzianismus als Staatsdoktrin ein, reduzierte die Zahl der buddhistischen Klöster von über 700 auf 36 und verbannte sie in die Abgelegenheit der Berge. Buddhistische Beerdigungsrituale durften nicht mehr praktiziert werden, das traditionelle »Betteln« der Nonnen und Mönche fiel ebenfalls unter Strafe.

Japanischer Einfluss Erst unter japanischer Herrschaft (1910–1945) brachen wieder bessere Zeiten für den koreanischen Buddhismus an. Doch dafür musste er sich nun den Regeln der japanischen Spielart unterwerfen. Der größte Einschnitt war wohl die Abschaffung des Zölibats: Japanische Priester durften heiraten und eine Familie gründen und die Koreaner sollten es ihnen gleichtun. Ebenso verlangten die Japaner, dass Mönche und Nonnen sich wieder frei in den Städten bewegen durften; der 500 Jahre währende Bann wurde aufgehoben.

Nach Kriegsende 1945 spaltete die Frage des Zölibats die buddhistische Gemeinschaft. Die unverheirateten Mönche des *Jogye*-Ordens setzten alles daran, gegenüber den verheirateten Mönchen eine Mehrheit zu erreichen. Jeder, der

INFO

Zen auf Koreanisch

Eine neue Epoche des Buddhismus begann gegen Ende der Silla-Dynastie mit der Gründung der *Seon*-Schulen (*Seon bulgyo*, 선불교). In China kennt man diese Schulen als *Ch'an,* in Japan bezeichnet man sie als Zen. *Seon* ist ursprünglich eine Verschmelzung von *Mahayana*-Buddhismus, Daoismus und Yoga. Der indische Mönch Bodhidharma brachte die neue Lehre im 6. Jahrhundert nach China, von dort fand sie dreihundert Jahre später ihren Weg nach Korea. Die ersten Zen-Schulen in Korea benannte man nach den ersten neun Schulen *Gusan,* »Neun Berge«. Eine der bedeutendsten *Seon*-Lehrer war Jinul (1158-1210); er führte in Korea die *Koan*-Übungen ein. *Koan* (kor.: *Gongan* 공안) sind Aussagen eines Zen-Meisters, sie dienen bei den so wichtigen Meditationsübungen als Konzentrationshilfe. Jinul gilt auch als Gründer von Songgwansa im Süden Koreas. Bis heute gilt dieses Kloster als Zentrum des koreanischen Zen- bzw. Seon-Buddhismus. Seit Jinuls Zeiten ist der *Jogye*-Orden (*Jogye Jong,* 조계종) der größte buddhistische Orden in Korea. Er zählt ebenfalls zum *Seon*-Buddhismus. Auch wir im Westen kennen und bewundern vor allem diese Schule des Buddhismus. Dabei verbinden wir besonders Japan mit dem Zen-Buddhismus und vergessen darüber, dass koreanische *Seon*-Mönche Lehrmeister der Japaner waren und dort die ersten Zen-Klöster gründeten.

sich nur irgendwie berufen fühlte, Mönch zu werden, konnte auf Aufnahme hoffen. Auch besonders finstere Gestalten lehnten die Ordenshüter nicht ab. Im Gegenteil, ihre »schlagkräftigen Argumente« bei Auseinandersetzungen mit den japanisierten Mönchen, die partout nicht die Kontrolle über die Klöster abgeben wollten, waren besonders gefragt. Am Ende schädigten die buddhistischen Orden sich mit dieser Praxis selbst am meisten. Sie verloren zahlreiche Anhänger und müssen heute oftmals mit Mönchen und Priestern zusammenarbeiten, die intellektuell kaum in der Lage sind, sich gegen die permanent erstarkenden christlichen Gemeinden in Korea durchzusetzen.

Am Jogyesa-tempel, Zentrum des Zen-buddhismus in Korea

Dennoch finden gerade die traditionellen *Seon*-Schulen in den abgelegenen Bergregionen wieder vermehrt Zulauf: Als Inseln im hektischen Alltag unserer heutigen Zeit liegen sie voll im Trend – und die koreanische Tourismusbranche macht sich das zu Nutze. Viele Reiseagenturen bieten einen »Kurzurlaub im Tempel« an. Eine gute Gelegenheit, um einen Einblick in den Alltag eines buddhistischen Mönches zu bekommen. Aber verlegen Sie Ihren Trip besser in die warme Jahreszeit – Katzenwäsche bei Minusgraden ist nicht jedermanns Sache.

Kurzurlaub im Tempel

Die perfekte Gesellschaft – Konfuzianismus

Betrachten sich auch nur 0,2 Prozent der Bevölkerung als Konfuzianer, hat der Konfuzianismus (*Yugyo,* 유교) im koreanischen Alltag unbestritten den stärksten Einfluss auf das menschliche Miteinander. Er ist seit 1600 Jahren unverrückbarer Bestandteil der koreanischen Kultur; seine Wertschätzung ist, wenn auch oft unbewusst, immer noch sehr hoch. Seit seiner Einführung im 4. Jahrhundert, ungefähr zeitgleich mit dem Buddhismus, prägte er maßgeblich die Verwaltungs- und Bildungsstruktur des Landes. Sein »Goldenes Zeitalter« sollte allerdings erst mit dem Niedergang des Buddhismus im 14. Jahrhundert beginnen.

Goldenes Zeitalter

Spricht man heute in Korea vom Konfuzianismus, meint man in der Regel den Neokonfuzianismus (*Seong Yuhak,* 성유학). Er beruht auf den Lehren des chinesischen Philosophen Zhu Xi (1130–1200) und kombiniert die Morallehren der klassischen Philosophen Konfuzius (551–479 v.Chr.) und Menzius (372–289 v.Chr.) mit daostischen und buddhistischen Elementen.

Neokonfuzi-anismus

Im Mittelpunkt des Konfuzianismus sowie auch des Neokonfuzianismus steht die »Erschaffung der perfekten Gesellschaft«. In ihr soll sich die natürliche Ordnung des gesamten Kosmos widerspiegeln. Wie diese aussieht und wie sie zu erreichen ist, haben die konfuzianischen Gelehrten genau festgelegt. Setzt der Einzelne die Regeln korrekt in die Praxis um, kann er damit eine Art spirituelle Vereinigung mit dem Himmel erreichen. Dafür muss er jedoch seinen Platz in der Hierarchie kennen und sich entsprechend verhalten. Oberstes Ziel ist die harmonische Integration des Einzelnen in die Gruppe, nur darin zeigt sich die Erfüllung der natürlichen Ordnung. Es ist jedoch nicht entscheidend, ob das Individuum Glück und Zufriedenheit dabei gewinnt.

Ordnung der Fünf Beziehungen

Die »Fünf Beziehungen« (*O Ryun,* 오륜) des Konfuzius sind der Schlüssel zum Verständnis der koreanischen Gesellschaft: »Zwischen Sohn und Vater soll kindliche Ehrerbietung und Gehorsam herrschen, zwischen Fürst und Untertan Loyalität. Mann und Frau unterscheiden sich in der Gesellschaft durch Status und Aufgaben, Jüngere haben den Älteren Respekt zu erweisen. Zwischen Freunden aber herrscht Vertrauen.« Nur die Beziehung zwischen Freunden basiert auf Gleichheit, alle anderen Verbindungen sind vertikal strukturiert und gründen auf Autorität und Unterordnung. Gehorsam allein genügt aber im Konfuzianismus nicht; der jeweilige »Chef« hat auch die Pflicht, als moralisches Vorbild zu dienen. Ob nun Herrscher des Volkes oder der Familie, er selbst muss sich die Tugenden der Menschlichkeit, Liebe und Moral zu eigen machen und so zu einem »wahren Gentleman« werden. Erst dann sind ihm Respekt und Loyalität sicher.

Nach der Auffassung von Konfuzius sind diese »edlen« Eigenschaften nicht angeboren, sie sind aber allesamt erlernbar – zu seinen Zeiten äußerst revoluti-

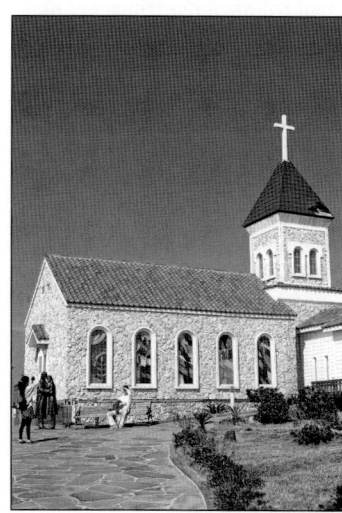

Europäisch
angehaucht:
Kirchlein
auf Jejudo

Missionars-
bombastik:
Kathedrale
in Daegu

Richtungs-
weisend
und für
jeden ver-
ständlich

Bequem
gekleidet:
Gläubige
im Beo-
meosa
Tempel,
Busan

onäre Gedanken. Sie stellten die Machtansprüche der damaligen chinesischen Feudalreiche in Frage und legten den Grundstein für die überragende Bedeutung des Bildungssektors im heutigen Ostasien. Denn nur der Gebildete sollte im konfuzianischen Sinne das Recht zum Herrschen haben. Folglich wurden die zukünftigen Beamten über ein Prüfungssystem ausgewählt, zu dem theoretisch ein jeder Untertan Zugang hatte, praktisch aber dann doch wieder nicht. Die koreanische Gesellschaft unterschied nämlich sehr genau zwischen dem in neokonfuzianischen Lehren bewanderten Gentleman und dem einfachen Mann auf der Straße. Die meisten Menschen hatte keinerlei politische Rechte; diese waren allein den gelehrten Beamten vorbehalten. Sie sollten allerdings das Volk so regieren, wie ein guter Vater seine Kinder behandeln würde – ein Leitbild, das in den Schriften von Konfuzius und Menzius immer wiederkehrt.

Durch Bildung zur Macht

Demokratische Elemente werden wir im Konfuzianismus nicht finden, antiautoritäre Einstellungen sind jedoch nicht ungewöhnlich. Menzius etwa lehrte, dass Herrscher und Regierungsbeamte für das Wohlergehen des Volkes verantwortlich sind: Ein König, der seine Macht missbrauche, habe das Recht zum Herrschen verwirkt, das Himmelsmandat dürfe ihm entzogen werden. Klare Worte. Nicht nur in China, auch in Korea gab es eine Anzahl von in diesem Sinne »aufrichtigen« Staatsmännern. Unerschütterlich traten sie der Korruption entgegen und bezahlten dann häufig dafür mit dem Leben. Die politischen Protestbewegungen an Südkoreas Universitäten gehen nicht allein auf demokratische und marxistische Ideen aus dem Westen zurück, sie basieren ganz entscheidend auf konfuzianischem Gedankengut. Erfüllt ein Herrscher nicht die Pflichten gegenüber seinem Volk, so taugt er nichts und hat abzutreten! Eine Forderung, mit der Koreas Politiker auch heute noch regelmäßig konfrontiert werden.

Antiautoritäre Züge

Mehr Kirchen als Tempel – Christen in Korea

»Korea ist ein christliches Land, aber immer sind es nur die Tempel, mit denen es um ausländische Besucher wirbt. Dabei gibt es bestimmt mehr Kirchen als Tempel, doch wer weiß das außerhalb unseres Landes schon?« Entrüstet schimpft Herr Kim auf die Tourismusstrategien seiner Heimat, die allein auf Exotik setzen. Buddhistische Tempel faszinieren westliche Besucher nun einmal mehr.

Seoul dem Allmächtigen?

Aber Herr Kim muss sich keine ernstlichen Sorgen machen. Seit dem Geiseldrama in Afghanistan 2007 hat auch der interessierte Zeitungsleser in Deutschland vom Glaubenseifer koreanischer Christen erfahren. Er hat gelesen, dass Megakirchen nicht nur im Bibelgürtel Amerikas stehen, sondern auch am Han. Er weiß, wie verärgert die Buddhisten über Seouls ehemaligen Bürgermeister und derzeitigen Präsidenten Lee Myung-bak waren, als der seine Stadt dem Allmächtigen der christlichen Kirche überantwortet hat. Laut Statistik machen die Christen nur ein Viertel der Bevölkerung aus, aber sie haben enormen politischen Einfluss. Wie kommt es, dass der christliche Glaube gerade in Südkorea so erfolgreich ist?

Bekehrung im Ausland

Andere Länder werden von außen missioniert; die Koreaner missionierten sich von Anfang an selbst. Durch den regen Kontakt mit dem chinesischen Hof kam es im 18. Jahrhundert zu ersten Begegnungen mit der bislang unbekannten Religion. Die katholischen Priester am Hofe des chinesischen Kaisers hatten nicht nur eine neue Religion im Gepäck, sondern auch westliches Know-how. Über das Christentum erhofften sich die Koreaner Zugang zu diesem Wissen. Koreanische Gelehrte beauftragten daher den Sohn eines Gesandten, sich näher mit der neuen Lehre zu befassen. Das führte der junge Mann anscheinend so gründlich und konsequent aus, dass er sich taufen ließ und 1784 als erster katholischer Koreaner in seine Heimat zurückkehrte.

Katholiken

Dort gewann die neue Religion rasch viele Anhänger. Es geschah dies in der Tat so schnell, dass der Staat um die alte Ordnung zu fürchten begann. Mit den gesetzlich verankerten Moralvorstellungen nicht vereinbar war etwa, dass die Katholiken jegliche Form der Ahnenverehrung ablehnten. Der Tod des toleranten Königs Chongjo 1863 beendete die Zeit relativer Glaubensfreiheit. Die folgenden einhundert Jahre brachten den koreanischen Katholiken Verfolgung und oftmals auch den Tod. Dennoch breitete sich das Christentum bis zum Ende des 19. Jahrhunderts in ganz Korea und von hier bis weit hinein in die Mandschurei aus. Die neue Religion sprach besonders die Unterprivilegierten an: Erstmals erfuhren auch Menschen, die ganz unten in der gesellschaftlichen Hierarchie Koreas standen, Respekt und Beachtung. Zu Beginn der japanischen Besatzungszeit 1910 zählte die Katholische Kirche in Korea 73 000 Gläubige.

Protestanten

Die Protestanten erschienen genau einhundert Jahre nach den Katholiken an Koreas Küste. Der große Lerneifer koreanischer Studenten hatte evangelische Missionare aus Japan angezogen. Sie erhofften sich hohe Erfolgsquoten beim

Missionieren; die Aufgeschlossenheit gegenüber dem Westen machte ihren Glauben für viele Koreaner attraktiv.

Die Japaner also hatten den Anstoß für die protestantische Missionarsarbeit gegeben. Aber es waren die evangelikalen Erweckungsbewegungen Amerikas, die dann so richtig für Furore sorgten. 1894 sendeten die presbyterianische und die methodistische Kirche zeitgleich ihre ersten Missionare aus. In Begleitung von Ehefrauen und Müttern machten diese sich daran, nicht nur mit Worten, sondern auch mit Taten das Wort Gottes in Korea zu verbreiten. Denn sie wollten unbedingt die Fehler ihrer Vorgänger, der Katholiken, vermeiden. Da das

Evangelikale

Zeitgemäßer Draht zum Himmel: Nonne beim Shopping

Predigen christlicher Lehren immer noch eine politisch riskante Sache war, beschlossen sie, sich zunächst durch gute Werke einen ebensolchen Ruf zu verschaffen. Evangelische Missionare bauten Krankenhäuser und versorgten insbesondere Arme, Alte und Frauen. Zügig folgten die ersten Schulen, wohl wissend um die hohe Wertschätzung einer guten Ausbildung in den Reihen ihrer potentiellen Anhängerschaft. Bis 1910 wurden über 800 Schulen gegründet, darunter auch heutige Universitäten wie beispielsweise die *Ehwa Womans University* in Seoul. Diese Form vernünftiger Fürsorge machte den Protestantismus in den ersten Jahren des 20. Jahrhunderts extrem populär.

Koreanische Christen gerieten auch nicht länger in Gewissensnot: Die protestantischen Kirchen erklärten gemeinsam, dass die traditionelle Ahnenverehrung keineswegs in Konflikt mit dem christlichen Glauben stünde. Praktischerweise entdeckten sie weitere Parallelen wie Fleiß und Gehorsam gegenüber der Obrigkeit. Selbst die Art des Gottesdienstes, den die evangelikalen Freikirchen Amerikas praktizieren, ist so ganz nach dem Geschmack vieler Koreaner: Lautes Anrufen von Gott, lange und emotionsgeladene Gebete bis hinein in Trancezustände und Ohnmachtsanfälle erinnern stark an die *Gut*-Zeremonien des Schamanismus. Diese vertrauten Elemente erleichterten vielen den Eintritt in die christlichen Kirchen.

Vertraute Elemente

Begann mit der japanischen Kolonialzeit auch das nationale Verhängnis, den protestantischen Gemeinden verschaffte sie einen immensen Zulauf. Denn nun stellte sich heraus, dass die von Anfang an praktizierte Loslösung von den amerikanischen Mutterkirchen einen starken Nationalismus förderte. Die Mehrheit

Synonym für Vaterlandsliebe

Alles klar mit Koreas Wertesystem?

Buddhismus, Schamanismus, Christentum und der alles umfassende Neokonfuzianismus – es schwirrt Ihnen sicherlich der Kopf beim Gedanken an die vielen Religionen, die auf die Gesellschaft Koreas Einfluss nehmen. Da geht es kreuz und quer mit den Interpretationen und jeden Tag scheint irgendwo eine neue Sekte Ausschau nach Jüngern zu halten. Mein Tipp: Vergessen Sie die klaren Trennungen, schätzen Sie die Menschen nicht nach ihrer Glaubenszugehörigkeit ein! Erinnern Sie sich: Ein Mensch kann mehr als nur eine Religion haben. Also ist der Konfuzianismus doch der Kitt, der alles zusammenhält? Schon richtig, aber es wäre trotzdem ein Fehler, das Wertesystem Koreas ausschließlich über die autoritären Ansprüche des Konfuzianismus zu definieren. Der Konfuzianismus ist nur ein Ideal, das die Gesellschaft perfekt strukturieren will. Moderne Koreaner nehmen sich die Freiheit heraus, die ihnen eigene Widersprüchlichkeit zu leben: Immer präsent ist die Spannung zwischen rigider Selbstkontrolle und Ernsthaftigkeit auf der einen Seite und explosionsartigen Gefühlsausbrüchen andererseits. Ebenso der Kontrast zwischen dem rigorosen, konfuzianischen Familienleben voller Regeln und Vorschriften und den exstatischen, wilden, schamanischen Zeremonien.

Irritiert Sie auch die so augenfällige männliche Dominanz in der koreanischen Gesellschaft? Tatsächlich genießen die Männer im heutigen Korea noch auf vielen Ebenen eine uneingeschränkte Vormachtstellung. Doch Vorsicht! Moderne Koreanerinnen wissen sich mit »versteckten« Methoden und »heimlicher« Macht durchaus zu behaupten. Hierarchische Strukturen im Einklang mit Gleichheitsvorstellungen? Gegensätze bestimmen in Korea jeglichen Umgang zwischen den Geschlechtern, den Generationen und am Arbeitsplatz. Der schon an Unterwerfung grenzende Gehorsam gegenüber Vorgesetzten und Autoritäten paart sich mit der spontanen Lust am Widerstand, die sich in gewalttätigen Demonstrationen bei entsprechenden Gelegenheiten Luft macht – wir halten den Atem an. Rational lässt sich das kaum erklären. Aber Verständnis haben dafür alle, der katholische Priester wie auch der buddhistische Mönch. »So sind wir Koreaner nun einmal!«, heißt es dann begeistert. Sie schütteln mit dem Kopf? Da hilft nur eines: Weiterlesen!

der führenden Persönlichkeiten der Unabhängigkeitsbewegungen von 1911 und 1919 (vgl. S. 41) waren Protestanten. Das hinterließ beim koreanischen Volk einen tiefen Eindruck. Der koreanische Protestantismus galt auf einmal als Synonym für Vaterlandsliebe. Folglich verschärften die Japaner ihren Druck. Doch trotz Verhaftung und Folter widersetzten sich die protestantischen Glaubensgemeinschaften. Sie entgingen, wenn auch nur ganz knapp, einer Annexion durch den Japanischen Kirchenbund. Es lag bereits ein Befehl der japanischen Machthaber vor, die Priester der letzten koreanischen Gemeinden am 18. August

1945 hinzurichten, als die Rettung in buchstäblich letzter Sekunde kam: Japans Kapitulation am 15. August, drei Tage zuvor.

Nach den Schrecken des Koreakrieges lief dann eine gewaltige Hilfsmaschinerie der christlichen Kirchen an. Ohne die Garküchen, Kinderheime und Krankenhäuser aus amerikanischen Spenden hätte so mancher Koreaner die Nachkriegsjahre nicht überlebt. Aus Dankbarkeit traten daher viele zum christlichen Glauben über. In den 1960er Jahren begannen die christlichen Gemeinden in Korea, politisch aktiv zu werden. Besonders die katholische Kirche forderte gleiches Recht für alle und setzte sich an die Spitze der neuen Demokratiebewegung. Wieder wurden die Christen zu den Gegnern der Staatsmacht und damit zum Symbol von Gerechtigkeit und Freiheit. Kim Dae-jung, Katholik auch er, ist wohl ihr prominentester Vertreter.

Ruf nach Demokratie

Und ewig lacht er sich ins Fäustchen: Glücksbuddha am Jogyesa-Tempel

Gesellschaftliche Momentaufnahmen

Familienleben – Konfuzius mischt mit

Wie lebt es sich einem Land, in dem es vor hundert Jahren noch keinerlei moderne Infrastruktur gab, das aber heute mit atemberaubendem Tempo an die Spitze der führenden Industrienationen drängt? Die derzeitige koreanische Großelterngeneration musste noch den japanischen Kaiser als Gott verehren, während Enkel und Urenkel heute in den Tiefen des Internets ein Zweitleben führen. Warum herrscht in dieser Gesellschaft kein Chaos? Warum zerbricht sie nicht an ihrer Schnelllebigkeit? Wie schafft sie den Balanceakt zwischen Tradition und Fortschritt derart reibungslos? Ein Blick auf das Zusammenspiel zwischen Mann und Frau, Alt und Jung, gibt Aufschluss über so manches Unbekannte »im Land der Morgenstille«. *(Zwischen Tradition und Fortschritt)*

Den Kern bildet wie in jeder Gesellschaft auch in Korea die Familie als kleinste strukturelle Einheit: Dabei ist die moderne Kleinfamilie bestehend aus Vater, Mutter und ein bis zwei Kindern eine noch relativ neue Erscheinung. Die Generation jenseits der vierzig, die Menschen also, die in diesen Tagen Koreas Politik und Wirtschaft bestimmen, wuchsen noch in Großfamilien mit vier oder mehr Geschwistern auf. Sie lebten als Kinder mit Großeltern sowie Onkeln und Tanten zusammen unter einem Dach.

Es waren neokonfuzianische Wertvorstellungen, die die Kindheit derer prägten, die heute die Geschicke des Landes lenken, die Koreas Jugend in den Schulen erziehen. Dort lernen die Kinder beispielsweise immer noch – ganz im Sinne altehrwürdiger Moralethik – ihre Verwandten je nach Verwandtschaftsgrad korrekt zu benennen und anzusprechen. (vgl. S. 194) Dort bringt man ihnen ebenfalls bei, sich niemals auf die für Senioren und körperlich Gebrechliche reservierten Plätze in der U-Bahn zu setzen. Respekt und Gehorsam gegenüber Älteren und Ranghöheren haben trotz aller modernen Einflüsse einen unverändert hohen Stellenwert in der koreanischen Gesellschaft. *(Werte)*

Die Veränderung hin zur Kleinfamilie begann mit der Industrialisierung in den 1960er und 1970er Jahren. Die jungen Leute zog es in die Großstädte und die Regierung propagierte Familienplanung. Erfolgreich, denn angepasst an die neuen Verhältnisse kamen weniger Kinder zur Welt. In der Stadt leben die Menschen in kleinen Wohnungen, in denen kein Platz für Oma, Opa und die unverheiratete Tante ist. Die werden seitdem nur noch an Neujahr und an Chuseok, dem Erntedankfest im September, besucht. Ansonsten konzentriert sich das moderne Familienleben auf Eltern und Kind. *(Brüche)*

Abschied von den Patriarchen

Auch das koreanische Recht hat den modernen Zeiten endlich Rechnung getragen. Gegen den hartnäckigen Widerstand der Konservativen und Traditionalisten fielen mit dem Läuten der Neujahrsglocken 2008 Koreas letzte Patriarchen vom Sockel: Das alte Familien-Registrierungssystem, das ausschließlich Männer als *(Zwei im Glück: Absage an die Großfamilie)*

*Familien-
ausflug*

*Das Recht
wird ange-
passt.*

Familienoberhaupt (Hojuje, 호주제) anerkannte, ist seitdem vollständig aus dem Zivilrecht gestrichen. Ahnenforscher werden es künftig in Korea schwerer haben; doch das alte System war einfach nicht mehr zeitgemäß und rief nur ständigen Missbrauch hervor.

*Die alten
Regeln*

Schon seit Jahrhunderten hielten die führenden Familien des Landes die Namen ihrer Vorfahren schriftlich fest: Die so entstandenen Abstammungsbücher stellten den größten Familienschatz dar; mit ihrer Hilfe konnten die Nachfahren ihre vornehme Herkunft bis ins letzte Glied nachweisen. Die Bücher wurden gut gehütet und bei Gefahr immer als Erstes in Sicherheit gebracht. Später dann mussten Männer aller sozialen Stufen stets Täfelchen mit Namen und Abstammung bei sich tragen. Eine allgemeine Registrierung begann erst mit dem Ende des 19. Jahrhunderts. 1896 führte die damalige Regierung die bislang gültige Form des koreanischen Familienregisters ein. Darin wurden Name, Alter, Beruf und Herkunft des Familiennamens sowie vier Generationen von Ahnen des männlichen Familienoberhauptes festgehalten. Weitere Familienmitglieder fanden hier ebenfalls mit Angabe von Namen, Alter und Verwandtschaftsbeziehung zum Oberhaupt ihren Eintrag. Bei Eheschließung strich man die Braut aus dem Register des Vaters und trug sie in das Familienregister ihres Bräutigams ein. Konsequenterweise wurden hier auch die Kinder aus dieser Ehe aufgeführt. Im Fall einer Scheidung verlor die Mutter den Platz im Register des Ex-Mannes, die Kinder aber blieben, paradoxerweise selbst dann, wenn die Mutter das Sorgerecht erhielt.

*Der Mann
entscheidet.*

Mittlerweile hat jedoch auch für Korea das 21. Jahrhundert begonnen. Die neuen Zeiten brachten es zwar mit sich, dass Männer ihre Frauen nicht mehr so einfach wie früher verstoßen konnten und diese ihre Kinder verloren. Die Kontrolle über die Familienverhältnisse aber mussten die Herren der Schöpfung im Scheidungsfall nicht aufgeben. Alle öffentlichen Belange der Kinder hingen auch weiterhin von der Zustimmung des Vaters ab, ob es nun um die Schulanmeldung oder die Beantragung eines Reisepasses ging. Trotz Scheidung blieb er uneingeschränkter Chef der Familie. Nichts konnte gegen seinen Willen entschieden werden. Mit anderen Worten: Das alte System sprach also einzig und allein dem Familienoberhaupt Rechte als Individuum zu, alle anderen hatten sich unterzuordnen. Sie waren von ihm abhängig.

Für Ämter, Behörden und Verwaltungen war die private Situation des Einzelnen und seiner Familie jederzeit einsehbar. Da jedes Mitglied der koreanischen Gesellschaft bei allen wichtigen Gelegenheiten etwa in Schule und Arbeitswelt immer wieder einen Auszug aus dem Familienregister vorlegen musste, waren Änderung des Familienstands, Adoption oder gar Herkunftsregion nicht lange zu verheimlichen. Die Informationen waren praktisch allen zugänglich, wodurch vor allem die von Scheidung betroffenen Frauen und Kinder schnell stigmatisiert wurden: Sie hatten es bei einem Neuanfang besonders schwer.

Das hat nun hoffentlich ein Ende. Jeder Koreaner erhält seit 2008 bei seiner Geburt ein eigenständiges Register. Er selbst wird sowohl beim Vater als auch bei der Mutter eingetragen; sogar die Wahl seines Nachnamens ist ihm später freigestellt. Detaillierte Angaben über seine Eltern, Großeltern und Vorfahren finden in sein Register keinen Eingang mehr. Sollten sich seine Eltern scheiden lassen, wird dies nur in deren Dokumenten vermerkt. Ebenso werden Daten über Adoptionen nicht mehr der Öffentlichkeit zugänglich gemacht. Auf diese Weise will der Staat die Diskriminierungsmöglichkeiten der Vergangenheit ausschließen. Genau wie bei uns werden auch im heutigen Korea Scheidungen immer selbstverständlicher. Galt eine Trennung noch bis in die 1980er Jahre als Familientragödie, die die Geschiedenen fortan zu einem Leben im stillen Kämmerlein zwangen, so heiratet heutzutage gut ein Viertel der Betroffenen zum zweiten Mal – oftmals mit Hilfe großer Partnerschaftsagenturen.

Das neue Register

So ganz gesellschaftsfähig ist das Thema Scheidung allerdings immer noch nicht. Außerhalb des Privatbereiches sollte es möglichst niemals angesprochen werden. Dasselbe gilt für die Themenkomplexe »Alleinerziehende« und für »Ehen ohne Trauschein«, obwohl letztere auch in Korea immer mehr Anhänger finden. Die ältere Generation missbilligt diese in ihren Augen skandalöse Lebensform junger Menschen noch, ignoriert die Ungehörigkeit allerdings schlichtweg, und geht auf diese Weise Streitereien aus dem Weg.

Tabuthemen nach wie vor

Heiratsverbot für Herrn und Frau Kim

Herr Kim lernte Frau Kim auf einem Betriebsfest kennen. Es war Liebe auf den ersten Blick, der Himmel hing voller Geigen. Die beiden beschlossen, zu heiraten und Herr Kim begab sich zum Antrittsbesuch bei den Eltern seiner Angebeteten.

Absurde
Inzestregeln
...

Das Glück der verliebten Kims währte danach nicht lange. Schon nach kurzer Zeit fand Brautvater Kim heraus, dass beide Familien einen gemeinsamen Ahnensitz (*Bon-gwan,* 본관) hatten. Der Vergleich der beiden Familienregister belegte das in aller Eindeutigkeit. Wie vier Millionen weitere Kims stammten auch unsere beiden Kims von einem Ahnen aus der Region Gimhae ab. Direkte Verwandte gab es zwar nicht, aber dieser gemeinsame Ahnensitz reichte aus, um die Eheschließung nach Artikel 809 des Bürgerlichen Gesetzbuches als Inzest zu bewerten. Die Heiratspläne der jungen Kims fanden ein abruptes Ende. Das war 1995.

... fördern
illegale
Ehen.

Es scheint absurd, dass ein jahrhundertealter gemeinsamer Stammsitz Eheschließungen im Hier und Jetzt verbieten sollte. Aber alten Moralvorstellungen, die obendrein solide im Gesetzbuch verankert sind, ist nicht so leicht beizukommen. Die hohen moralischen Ansprüche, die der Konfuzianismus an die Familie stellt, sind fester Bestandteil der koreanischen Kultur, unverrückbar auch heute noch. So gelten Menschen mit einem gemeinsamen Ahnen als Verwandte. Und folglich begeht, wer trotzdem heiratet, Inzest. Eine üble Situation, denn die Vorschriften wurden natürlich umgangen; immer mehr Paare riskierten eine illegale Verbindung. Sie heirateten zum Beispiel im Ausland, wo sie keinen Auszug aus dem Familienregister vorzulegen brauchten. Bei ihrer Rückkehr nach Korea galten sie zwar als Ehepaar, konnten sich aber nicht im heimatlichen Familienregister eintragen lassen.

Schlimme
Folgen

Das hatte besonders für die Kinder aus diesen Ehen unangenehme Konsequenzen. Solange ihre Mutter nicht als Ehefrau des Vaters im Familienregister stand, konnten auch sie nirgends eingetragen werden. Offiziell war der Nachwuchs also überhaupt nicht existent und konnte folglich auch an keiner Schule angemeldet werden. Für die absurde Situation fand sich eine absurde Lösung: Auf Druck von Bürgerinitiativen erlaubte die Nationalversammlung regelmäßig ohne großes Aufsehen Amnestien (1978, 1988 und 1996) für Verstöße gegen das Inzestgesetz. Später wurde das Gesetz trotz heftiger Proteste des konservativen Lagers dahingehend geändert, dass Paare ab dem dritten Verwandtschaftsgrad heiraten dürfen. Nach einer Schätzung des *Korea Legal Aid Center for Family Relations* wurden damit weitere 60 000 Ehepaare aus der Illegalität geholt. Vielleicht gehören unsere beiden Kims ja auch zu den Glücklichen, die es danach in einem zweiten Anlauf in die legale Ehe schafften.

Zuhause die Zügel fest in der Hand

Einen Sohn
zu gebären,
...

Wie in vielen anderen modernen Ländern hat sich auch die Rolle der Frau in Korea in den letzten Jahrzehnten erheblich verändert. Im alten Korea hatten Frauen nicht so sehr viel zu lachen. Ihr Lebensstil erinnerte noch in der Yi-Dynastie bis 1910 eher an das Leben in einem Harem, allerdings ohne dessen Annehmlichkeiten. Erst mit dem Ausrufen der Republik 1948 erreichten Koreanerinnen gesetzliche Gleichstellung gegenüber dem Mann. Bis dahin galt als oberste Aufgabe der Frau, Söhne zu gebären, sowie ihrem Mann und den Schwiegereltern bedingungslos zu gehorchen und für sie zu arbeiten. Versagte sie in einer ihrer Pflichten, so genügte das als Scheidungsgrund.

Ganz besonders litten die koreanischen Ehefrauen unter dem gnadenlosen Druck, für einen männlichen Erben sorgen zu müssen. Den Familien früherer Zeiten war nahezu jedes Mittel recht, dieses Ziel zu erreichen. Auf das Leben der Mutter kam es dabei nicht an: Manche gingen sogar soweit, die Ehefrau von einem unbekannten Zeugungsfähigen schwängern zu lassen und sie dann nach dem erfolgreichen Abstillen des auf diese

... galt früher als oberste Pflicht.

Mit Visor und Enkelin: die klassische Ajuma

Weise gezeugten Knaben zum »Selbstmord aus Schande« zu zwingen.

Außerdem genossen Frauen früher kaum persönliche Freiheiten. Sie waren in der Regel an ihre heimische Umgebung gebunden und lebten hinter hohen Mauern. Nur bei Dunkelheit, in weite Mäntel gehüllt und auch dann nur in Begleitung durften sie hin und wieder das Haus verlassen. Es heißt, dass vor dem Hintergrund dieser Isoliertheit ein besonderes weibliches Gartenvergnügen zu erklären ist: Schaukeln an hohen Bäumen im Garten und das Spiel auf der Wippe erfreute sich großer Beliebtheit. Es ermöglichte den Eingesperrten zumindest einen kurzen Blick auf das Leben jenseits der Mauern.

Inzwischen liegen die Dinge grundlegend anders. Frauen sind aus dem öffentlichen Leben nicht mehr wegzudenken. Derzeit sind 80 Prozent eines Studentenjahrgangs an einer Hochschule Frauen und auch im Beruf stehen sie »ihren Mann«: Weit über die Hälfte der Kandidaten für den höheren Dienst und den Auswärtigen Dienst sind mittlerweile weiblich. Auch in der freien Wirtschaft sind knapp 20 Prozent der leitenden Positionen erfolgreich von Frauen besetzt (Quelle: *Facts about Korea, 2009*). Ein Wirtschaftsunternehmen genießt heute nur dann einen guten Ruf, wenn es nachweisen kann, dass über die Hälfte der Belegschaft aus Frauen besteht.

Heute ist Girl Power angesagt.

Was aber tun die jungen Karrieredamen, wenn die biologische Uhr zu ticken beginnt? Sie heiraten und bekommen (in der Regel) Kinder. Der allgemein hohe Bildungsstand der Koreanerinnen führt zwar dazu, dass sie später heiraten als noch ihre Mütter (das Durchschnittsalter liegt für Frauen bei 27,3 und für Männern bei 30,1 Jahren) und dass sie auch später und weniger Kinder ha-

Spätes Mutterglück

ben. Mit der Familiengründung aber setzt für die meisten Frauen automatisch das Ende der beruflichen Laufbahn ein. Frauen, die nicht unbedingt arbeiten müssen, tun es auch nicht und konzentrieren sich lieber auf die Erziehung des Nachwuchses. Mit dieser Wahl haben die wenigsten Koreanerinnen ein Problem. Selbstzweifel und Minderwertigkeitsgefühle, die so oft an ihren westlichen Hausfrauen-Schwestern nagen, kennen sie in der Regel nicht. In Korea ist Heirat und Muttersein nicht mit Statusverlust verbunden. Im Gegenteil: Frauen übernehmen die Chefrolle im Haus und die Verantwortung für Familie und Finanzen. Die koreanische Hausfrau managt selbstständig alles Pekuniäre rund um die Haushaltsführung und die Gesellschaft zollt ihr dafür Respekt und Achtung.

Fleißige Väter

Da eine arrangierte Ehe in Korea in über der Hälfte aller Fälle immer noch gängig ist (heute lässt man sich bis zur Heirat allerdings mehr Zeit, lernt seinen Partner auch über Internet und Agenturen kennen und posaunt die Hilfe Dritter bei der Partnersuche nicht mehr so hinaus), suchen sich die Damen ganz bewusst einen Ehemann mit gutem Einkommen aus. Es soll schließlich für eine hübsche Wohnung reichen. Von keiner Frau wird erwartet, dass sie nach der Eheschließung weiterhin arbeitet. Das Arbeitsleben in Korea ist anstrengend und mit viel Stress verbunden. Es gilt trotz des steigenden Frauenanteils als eine von Männern dominierte Welt. So sehen Koreanerinnen lieber zu, dass ihre Männer fleißig arbeiten; den Rest der Pflichten übernehmen sie dann in ihr heimisches Ressort. Dazu gehört die Kindererziehung. Betrachtet man im Westen Kinder als Ergänzung einer glücklichen Paarbeziehung, so gilt die Beziehung zwischen Eltern und Kind in Korea als mindestens ebenbürtig. Eltern zögern nicht, sich

Aufs richtige Pferd gesetzt?

INFO   **Frauen im besten Alter**

Woran erkennt man eine *Ajumma* (아줌마), eine verheiratete Koreanerin »im besten Alter«? Sie hat eine Kurzhaarfrisur mit Dauerwelle, denn das ist praktisch und täuscht Fülle vor, wo keine mehr ist. Im Sommer schützt sie ihr Gesicht mit einem Visor vor unerwünschter »Bauern«-Bräune. Sie liebt bunte, schrille Kleidung und tritt zumeist in Gruppen mit vielen *Ajumma*-Freundinnen auf. Um ihnen zu begegnen, müssen Sie nur einmal mit der U-Bahn fahren. Sie sind allesamt recht laut, rechthaberisch und rücksichtslos. Obwohl sie – wie die meisten Koreanerinnen – von kleiner Statur sind, wissen sie ihre Ellenbogen im Gedränge und in der Warteschlange gezielt einzusetzen! Zurückhaltung gilt nicht mehr; sie haben ihre Familienpflichten hinter sich, die Kinder großgezogen, dem Mann beim Aufbau seiner Karriere geholfen. Die Gesellschaft zollt ihnen dafür ganz im Sinne der Tradition Respekt. Auf der anderen Seite geben sie eine beliebte Projektionsfläche für Witzeleien ab. Das stört sie aber nicht im Mindesten: Sie brauchen niemandem mehr zu gefallen. Männer haben für sie ihre Anziehungskraft verloren, am liebsten verbringen sie ihre Zeit mit ihresgleichen, mit anderen *Ajumma* genießen sie das Leben in vollen Zügen!

Liebevolle Frühförde-rung durch die Mutter

für ihre Kinder finanziell zu verausgaben. Sie nehmen gelassen in Kauf, auch einmal für eine Weile getrennt zu leben, wenn das für eine bessere Ausbildung des Nachwuchses notwendig ist. Denn davon sind alle Koreaner überzeugt: Bei der Ausbildung der Kinder handelt es sich um eine Investition in die Zukunft, die sich – ganz im Sinne der alten Chinesen – immer lohnt.

Kinder, Kinder

Man kann noch so viel von Examensnöten, verzweifelten Teenagern und all den anderen negativen Eindrücken ostasiatischer Erziehungsmethoden sprechen, nirgends werden die Kinder in ihren ersten Lebensjahren so geliebt und umsorgt wie in Korea und seinen Nachbarländern. Bis das Kind sieben Jahre alt wird, gehört es – nach Meister Konfuzius' Lehren – zur Mutter. Immer im Radius dieser Quelle unendlicher Geduld und Zuneigung wächst es in den ersten Jahren mit der Gewissheit heran, dass die Mutter niemals weit ist. Keine Koreanerin käme auf die Idee, ihren Säugling zum Schlafen ins Nebenzimmer abzuschieben, geschweige denn, ihn zur Stärkung der Lungen vor sich hin brüllen zu lassen. Und so sind die Kleinen im Allgemeinen außerordentlich zufrieden; ungezogene Plagegeister sind eine Seltenheit. Falls aber doch einmal Erziehung sein muss, etwa weil das Kind trotzt, ist Ignorieren das Mittel der Wahl und auch schon die strengste Form elterlichen Ermahnens. Eine kalte Dusche Liebesentzug bringt es meist schnell wieder zur Raison.

Zufriedene Babys

Im Kindergarten, den beinahe alle Kinder ab dem Alter von vier Jahren besuchen, lernen sie das Verhalten in der Gruppe. Schon die Kleinsten sind erstaunlich diszipliniert und so kann eine einzige Erwachsene mit einer Gruppe von 15 Kleinkindern spielend Museumsbesuche bewältigen. Im Gänsemarsch tippeln sie alle hinter ihr her und bleiben brav in der Nähe der Erzieherin. Sollte doch

Im Kinder-garten

einmal eines der Kinder vom Weg abkommen, werden sie dank Uniform und Namensschild schnell wieder in die Gruppe zurückfinden. Uniformen haben übrigens keinen schlechten Ruf in Korea. Sie stehen für Gruppenzugehörigkeit und die wird als schön empfunden.

Grundschul-
zeit

Spielen Kleinkinder noch ungezwungen miteinander, hat sich das Geschlechterverständnis mit dem Eintritt in die Grundschule gefestigt. Jungen spielen typische Jungenspiele mit anderen Jungen, kleine Mädchen bleiben – zumeist rosa gekleidet – unter sich. Jungen geben als Hobby *Taekwondo* und Fußball an, Mädchen lernen Klavier spielen. Wilde und freche Mädchen gibt es eigentlich nicht; die meisten Grundschülerinnen sind modisch und adrett gekleidet. Die Jungen sehen – wie überall auf der Welt – schon in der ersten Pause leicht zerrupft aus. Alles in allem sind koreanische Kinder fröhlich, neugierig und aufgeschlossen und scheinen immerfort zu lächeln.

Mit 12
beginnt der
Ernst des
Lebens.

Mit dem Ende der sechsjährigen Grundschulzeit passiert allerdings etwas Merkwürdiges: Die Kinder verschwinden aus dem Straßenbild. Erst Jahre später tauchen sie als Studenten wieder auf: Nach einer harten Schulzeit sind sie erwachsen geworden. Denn nach der Grundschule ist für die mittlerweile 12-jährigen Koreaner Schluss mit lustig, Rumhängen mit Freunden ein Ding der Unmöglichkeit. Der Alltag eines Schülers kennt nur noch eins: Lernen, Lernen, Lernen. Die Mutter wird nun zum Wächter ihres Kindes. Es ist ihr Ehrgeiz und ihr Konkurrenzdenken, die das Kind bis spät in die Nacht tagtäglich zum Lernen zwingen.

Aber es sind auch die Mütter, denen die Koreaner später Liebe und Dankbarkeit zeigen. Die Väter erhalten Respekt, spielten aber doch nur eine Randrolle während der Kindheit. Früher wurden die Jungen mit sieben Jahren noch dem Vater zur Erziehung überlassen. Mütter hätten sie nur verweichlicht, dachten

Uniformiert und diszipliniert: Teenager haben nicht viel zu lachen.

SKY – Alle wollen in den Himmel   INFO

SKY steht für die Initialen der drei renommiertesten Universitäten Koreas: **S**eoul National University, **K**orea University und **Y**onsei University. Hat man es erst mal in diesen »Himmel« geschafft, steht einer erfolgreichen Karriere in einem großen Unternehmen oder Ministerium nichts mehr im Weg. Dafür schicken die Eltern ihren Nachwuchs schon im zarten Vorschulalter in eine *Hagwon* (학원), eine koreanische Nachhilfeschule. Pünktlich zum Schulanfang können die Kleinen dann lesen und schreiben. Das muss so sein, der Konkurrenzkampf ist hart.

Seit 1949 besteht in Korea Schulpflicht: Sechs Jahren Grundschule folgen drei Jahre Mittelschule und nochmals drei Jahre Oberschule. Obwohl die letzten drei Jahre nicht verpflichtend sind, besuchen 97 Prozent aller Jugendlichen die Oberschule, das ist die höchste Rate unter allen OECD-Ländern. Geht man allein nach den Ergebnissen der PISA-Studie, ist Südkorea ein Land von Schlaubergern. Aber glücklich sind die Schüler dabei nicht: Die Mehrheit empfindet ihre Schulzeit als Albtraum. Für einen Oberschüler ist es nicht ungewöhnlich, seinen Tag um sechs Uhr morgens zu beginnen und ihn regelmäßig um ein Uhr nachts in einer *Hagwon* zu beenden. Alle zwei bis vier Wochen stehen Prüfungen an, Entspannungsphasen sind nicht vorgesehen.

Immer mehr Eltern wollen ihren Kindern diesen knüppelharten Weg durch das koreanische Bildungssystem ersparen und bevorzugen einen Schulbesuch im Ausland. So zieht Mutter mit den Kindern nach Amerika oder Australien. Vater kommt einmal im Jahr zu Besuch und ist ansonsten für das Geldverdienen in der Heimat zuständig. Reformen für eine humanere Bildungsstruktur stehen an. Trat früher die große Entspannung mit dem ersten Studienjahr ein (das Ziel war erreicht und das Leben wieder wunderbar), müssen heute die frischgebackenen Studenten unter Umständen ein weiteres Jahr um begehrte Fachbereiche innerhalb einer Fakultät kämpfen.

---

die alten Konfuzianer. Die heutigen koreanischen Mütter können es locker mit den Vätern der letzten Jahrhunderte an Disziplin und Durchsetzungsvermögen aufnehmen. Ihre Methoden erscheinen sanfter, führen aber ebenso effektiv ans Ziel: die Aufnahme an eine prestigeträchtige Universität. Ein Studium gilt als Schlüssel zu einem erfolgreichen Leben. Dass ihr Kind zur Elite gehört, ist die Krönung der mütterlichen Karriere; hier liegt sie im Wettbewerb mit Nachbarn und Bekannten. Darauf konzentriert sie ihre Kräfte, finanziell wie emotional.

Wollen junge Paare nur das Beste für ihren Nachwuchs, ist eine ganze Kinderschar nicht mehr drin. Sie können sich allerhöchstens leisten, zwei Kinder durch das koreanische Erziehungssystem zu schleusen. Damit steigen natürlich die Erwartungen an das Kind und der auf ihm lastende Druck. Viele junge Menschen sind dem nicht gewachsen. Hatte Japan noch in den 1990er Jahren die höchsten Selbstmordraten bei Teenagern zu verzeichnen, ist es jetzt leider Südkorea.

Von Vogelvätern und koreanischem Sexappeal

Die Bedeutung der Männer für die Familien? Diese Frage löst bei verheirateten Koreanerinnen nur unverständliche Heiterkeit aus. Na, die arbeiten doch und sorgen für den finanziellen Unterhalt. Ansonsten leben sie in ihrer Männerwelt, haben mit Frau und Kindern nicht allzu viel gemeinsam.

Adler und Wildgänse

Den idealen koreanischen Vater beschrieben die Medien noch vor einigen Jahren als »Adler«. Hoch oben kreist er stolz in den Lüften; distanziert und mit scharfem Blick wacht er über seine kleine Schar. Doch in letzter Zeit sind einige Väter spöttisch zu »Gänsen« degradiert worden. »Gänseväter« finanzieren dem Sprössling und seiner Mutter ein Leben im Ausland, damit Junior eine bessere Schulbildung (auf Englisch!) erhält. Wie eine Wildgans fliegt Vater nur ein- oder zweimal im Jahr zu Besuch, um nach dem Rechten zu sehen. Ansonsten führt er in Korea das Leben eines Junggesellen.

Familienservice am Wochenende

Natürlich kümmern sich viele junge Väter am Wochenende vermehrt um ihre Lieben; aber auch das ist eher Pflicht als reine Freude. Die modernen Koreanerinnen verlangen von ihren modernen Ehemännern sonntäglichen Familienservice, und so folgen diese um des lieben (Familien-)Friedens willen und »weil die anderen das auch so machen«. Je älter sie allerdings sind, desto lauter fordern sie im Gegenzug auch Respekt und Höflichkeit ein. Ganz so radikal haben sich die Zeiten also noch nicht geändert, der Konfuzianismus lässt mal wieder grüßen. Vaters Vater verlangte Ehrerbietung und so fordert es auch der moderne Vater von seinem Sohn.

Die größten Egoisten unter der Sonne? Gruppe im Seoraksan Nationalpark

Respekt und Verehrung ist in jungen Jahren meist kein Problem, Mutter leitet schließlich an. Aber je älter der Bursche wird, desto mehr schlägt der Respekt in Furcht um. Denn Vater kann durchaus wütend werden und neigt dann auch zu körperlicher Gewalt. Nervös halten alle Ausschau nach den kleinsten Anzeichen für einen Stimmungsumschwung. Erwachsen geworden, ändert sich das Verhalten wenig, der Sohn kann nicht aus seiner Kindesrolle herausschlüpfen. Er würde sich niemals erlauben, in Anwesenheit des Vaters etwa zu rauchen (Mutter hat da mehr Verständnis) oder gar zu trinken. Trinkt man gemeinsam, verlangt die Etikette vom Sohn, sein Gesicht abzuwenden und dann erst zu schlucken. Kommt Vater nach Hause, gilt es, ihn ohne Umschweife zu begrüßen. Da murmelt der Nachwuchs auch nicht nur irgendeinen Gruß dahin, schlampige Wortwahl wird nicht geduldet. Egal, was einer tut, beim Vater muss er sich immer an die Regeln halten. Egal, wie alt der Sohn ist, eine freundschaftliche und gleichberechtigte Vater-Sohn-Beziehung wird sich niemals einstellen.

Mutter-söhnchen…

Ganz anders ist da die Mutter-Sohn-Beziehung. Koreanische Jungen lieben ihre *Eomma* (엄마), sie bildet das absolute Gegengewicht zum Vater und liebt ihre Söhne mit aller Leidenschaft und Hingabe. Keine andere Frau kann ihr in den Augen des Sohnes jemals das Wasser reichen. Und auch die Mütter können es nur schwer ertragen, wenn sich ihre Söhne von ihnen lösen. Schwiegertöchter haben es da schwer, besonders, wenn sie mit unter einem Dach leben. So empfehlen koreanische Ehe-Ratgeber, den »Feind Schwiegermutter« genau zu beobachten, um geschickt mit ihm umgehen zu können.

… und Sexy Rowdy

Trotz der bisweilen sehr engen Beziehung zu ihren Müttern gelten koreanische Männer im asiatischen Ausland als besonders männlich. Zumeist sind sie hochgewachsen, strahlen viel Selbstbewusstsein aus, sind voller Energie und verstehen es, sich modisch zu kleiden. Die vielen koreanischen Fernsehfilme, die von China bis zu den Philippinen einen wahren Korea-Boom ausgelöst haben, trugen wohl gehörig dazu bei. Besonders den Japanerinnen haben es die gutaussehenden Koreaner angetan. Doch Vorsicht, warnt Bestsellerautor Kim Jiu, koreanische Männer seien die größten Egoisten unter der Sonne und dächten nur an ihre persönlichen Vorteile. Laut seines Ratgebers »36 Gründe, sich nicht in einen Koreaner zu verlieben« müsse man sich nur das Verkehrsverhalten der Koreaner ansehen und schon wüsste man, wie sie sich als Liebhaber verhielten. Rücksichtslos seien sie allesamt! Doch sollte dieser Vergleich wirklich zutreffen, scheint nicht alles verloren: Die Manieren der Autofahrer in Seoul und andernorts haben sich jedenfalls enorm verbessert, inzwischen können Fußgänger überall sicher die Straßen überqueren. Vielleicht besteht ja auch Hoffnung auf wachsendes Zartgefühl.

Im Alter ein sicheres Ehrenplätzchen

Im Kreis der Familie

Trotz der Veränderungen in der koreanischen Gesellschaft, konnten sich die Senioren ganz im Sinne neokonfuzianischer Tradition ihr Ehrenplätzchen in Familie und Öffentlichkeit bewahren. Seit Jahrhunderten steht die Ahnenverehrung im Zentrum der koreanischen Kultur. Alten Menschen, die nur noch eine begrenzte Zeit von »der Welt der Vorfahren« trennt, gebührt daher selbstverständlich allergrößte Achtung. So verbringt nur ein winziger Bruchteil der pflegebedürftigen Alten seine letzten Jahre in einem Heim (0,4 Prozent, in Deutschland 31 Prozent); die meisten Koreaner sterben zu Hause im Kreis ihrer Familie.

Silver Society

Es fragt sich, wie lange sich diese Lebensweise noch aufrecht halten lässt. 2007 waren 9,6 Prozent der Bevölkerung über 65 Jahre alt, spätestens bis 2018 werden 14 Prozent zu den Alten gehören. Damit wird dann auch Korea zu einer *Silver Society,* wie es die meisten OECD-Länder schon lange sind. Und die Menschen leben immer länger: Gegenwärtig liegt die Lebenserwartung einer koreanischen Frau bei 82 Jahren, bei Männern sind es 75 Jahre. Angesichts der niedrigen Geburtenrate von 1,08 Kindern pro Koreanerin wird es bald schon allein zahlenmäßig an Ehefrauen mangeln, die ihrer traditionellen Verpflichtung nachkommen und neben den eigenen alten Eltern auch noch die gebrechlichen Schwiegereltern bei sich daheim mitbetreuen.

Altersarmut

Die Regierung hat daher die Anzahl der Pflegeheime aufgestockt und 2008 erstmals eine Pflegeversicherung eingeführt. Vorbild und dabei gleichzeitig abschreckendes Beispiel sind Länder wie Deutschland. Angesichts unserer Kostenexplosion im Gesundheitswesen legte Korea von Beginn an den Schwerpunkt auf die kostengünstigere Pflege durch Angehörige. Die koreanischen Familien stehen also weiterhin in der Pflicht, die alten Verwandten zu versorgen.

Auch wenn das seit 20 Jahren existierende nationale Rentensystem 2008 eine niedrige Basisrente eingeführt hat – 60 Prozent der Bürger über 65 Jahren erhalten eine monatliche Rente von 84 000 Won, was derzeit (wechselkursabhängig) 55 Euro entspricht – , ist das erst ein Anfang. Das Land erwartet künftig weitere Reformen in der Rentenversicherung. Mit der Basisrente allein ist das Problem drohender Altersarmut nicht gelöst.

Roboter als Altenpfleger

Die fortschreitende Überalterung der Bevölkerung steigert auch die Kosten des koreanischen Gesundheitswesens. Bei der Lösung dieser Probleme setzt Korea voll auf seine technische Innovationskraft, insbesondere auf dem Gebiet der Robotik. Hier versucht das rohstoffarme Korea schon seit geraumer Zeit, einen Spitzenplatz einzunehmen. Gegenwärtig arbeiten Hunderte von Wissenschaftlern an einem »Pflegerroboter«. Roboter als Altenpfleger? Für uns eine absurde, wenn nicht sogar gruselige Vorstellung. Die technikbegeisterten Koreaner haben da weitaus weniger Berührungsängste. Menschliche Nähe soll nicht durch Roboter ersetzt werden, Roboter sollen den pflegenden Menschen entlasten. Ein humanoider Roboter kann zum Beispiel auf regelmäßige Tabletteneinnahme und Mahlzeiten achten. Bei Altersdemenz, in Korea ein sehr großes Problem, kann ein Roboter vielleicht noch ein bisschen Restfreiheit bieten, wenn er die be-

Rentner beim Brettspiel

Seniorenknast INFO

Sogar Gesetzesbrecher erfreuen sich in Korea einer besonderen Fürsorge, wenn sie zur älteren Generation gehören. In Gyeongju hat kürzlich das erste Gefängnis für Häftlinge im Seniorenalter seine Gittertüren geöffnet. Dort gibt es nun für rund 350 pflegebedürftige Gefangene Rollstuhlrampen, Handläufe und Fahrstühle. Und auch das Internet kommt hier zum Einsatz: Mit Hilfe von Bildschirmdiagnostik soll eine optimale medizinische Betreuung rund um die Uhr und ohne persönliche Krankenvisite möglich gemacht werden. Denn jeder Arztbesuch ist ein Sicherheitsrisiko; es handelt sich auch in diesem Fall noch um ein vollwertiges Gefängnis mit vielen Schlössern und Riegeln. Die neue Einrichtung soll nicht nur den von Alter und Krankheit geplagten Straftätern zugute kommen, es soll vor allem die Aufsichtspersonen entlasten. Denn die mussten im Regelvollzug immer häufiger aus der Rolle des Justizbeamten in die des Altenpflegers schlüpfen. In der Spezialeinrichtung in Gyeongju übernimmt nun geschultes Fachpersonal diese Aufgaben – bis hin zur Sterbehilfe.

---

troffene Person automatisch überwacht. Bei schweren Pflegefällen wird das Personal dankbar für elektronische Unterstützung sein.

Irgendwann ist es soweit, der Mensch stirbt und muss beerdigt werden. In vergangen Zeiten, noch bevor Buddhismus und Konfuzianismus in Korea Fuß fassten, war eine Beerdigung ein großes soziales Ereignis mit Musik und Tanz. Die Seele des Verstorbenen kehrte in die Welt vor seiner Geburt zurück; die Schamaninnen sorgten für eine sichere »Reise« ins Jenseits. Doch mit Einführung des Neokonfuzianismus als Staatsdoktrin erstarrten die Beerdigungsrituale, von der Trauerkleidung bis zur Gebetshaltung bestimmten genaue Regeln den Ablauf dieser letzten Ehrerbietung auf Erden. Frauen waren von den Abschiedszeremonien ausgeschlossen.

Tod und Beerdigung

Heute führt immer noch der älteste Sohn des Verstorbenen die Trauergemeinde an, die Familie wäscht den Leichnam und richtet ihn mit dem Kopf Richtung Osten aus. Frauen dürfen auch wieder am Abschied teilhaben. Während der folgenden dreitägigen Totenwache können Freunde und Anverwandte von dem Verstorbenen Abschied nehmen. Westliche Modeeinflüsse finden sich auch hier: War früher Weiß die Farbe der Trauer, tragen die Koreaner heute Schwarz. Brachte man früher dem Toten Speise und Trank dar, sind es heute weiße Chrysanthemen.

Ruhestätte in Hanglage

Die Grabstätte hat der Verstorbene sich möglichst noch zu Lebzeiten ausgesucht, denn das ist eine äußerst diffizile Angelegenheit. Die älteren Koreaner überlassen das nur ungern den Jüngeren. Es gilt, die Regeln der Geomantie *(Pungsu)* zu beachten und die verlangt für die perfekte letzte Ruhestätte eine Hanglage in der Nähe eines fließenden Gewässers, in Optimallage mit Blick auf die aufgehende Sonne.

Kleiner Knigge
für Geschäftsreisende

West stößt auf Ost

Hinkten die asiatischen Länder lange wirtschaftlich hinter dem Westen her, fand Ende des 20. Jahrhunderts ein radikaler Umbruch statt. Heute zweifelt niemand mehr an der ökonomischen Stärke Japans und Chinas. Wollen kleine Länder wie Südkorea mithalten, so müssen sie sich an neue Gegebenheiten anpassen und dürfen nicht stur auf alten Methoden beharren. Koreaner haben das verinnerlicht. Sie sind offen für Fremdsprachen und verfügen über genügend Sensibilität, um Kundenwünsche auf der ganzen Welt zu befriedigen. Der riesige Erfolg koreanischer Produkte auf den internationalen Märkten spricht für sich. Koreanische Führungskräfte haben ihr Geschick bei der Führung multikultureller Unternehmen oder Organisationen unter Beweis gestellt. Anscheinend liegt es ihnen im Blut, auf die unterschiedlichsten Menschen einzugehen und auf unerwartete Situationen adäquat zu reagieren. Wenn wir sie als Geschäftspartner oder Kollegen vor uns haben, möchten wir nicht nachstehen. Wir möchten in Verhandlungen mit ihnen Stärke beweisen. Das geht jedoch nur, wenn wir die Worte des chinesischen Kriegsstrategen Sun Tsu beherzigen: »Wenn du dich und den Feind kennst, brauchst du den Ausgang von hundert Schlachten nicht zu fürchten« (Sun Tsu, *Die Kunst des Krieges*).

Lernen wir den Feind kennen!

Gruppenzugehörigkeit und Individualismus

Werfen wir vorab einen kurzen Blick auf die Thesen des Anthropologen Edward T. Hall. Ihm verdankt die interkulturelle Kommunikationslehre zwei interessante Begriffe: Er unterteilt die Kulturen in solche mit hohem Kontext *(High context culture)* und andere mit niedrigem Kontext *(Low context culture)*. Soziale Beziehungen innerhalb einer Kultur mit hohem Kontext zeichnen sich demnach durch klar definierte Gruppenzugehörigkeiten aus. Der Einzelne hat mit einer relativ kleinen Anzahl von Mitmenschen eine sehr enge und langfristige Beziehung, seine »Gruppe« zeichnet sich durch gemeinsame Erfahrungen und Erwartungen aus. So besuchte man zum Beispiel dieselbe Universität oder begann im selben Jahr bei einer bestimmten Firma seine berufliche Laufbahn. Arbeits- und Privatwelt überschneiden sich in diesen Fällen. Kollegen sind auch Freunde, als »Insider« verstehen sie einander ohne viele Worte. Das gilt auch auf nationaler Ebene. Koreaner empfinden eine starke nationale Gruppenzugehörigkeit; den Gruppennormen unterwerfen sie sich gern, ohne das als unangenehmen Zwang zu empfinden.

Wo liegen die kulturellen Unterschiede?

Kulturen mit niedrigem Kontext betonen dagegen Individualität und Unabhängigkeit. Hier bevorzugt man lockere Verbindungen zu möglichst vielen Menschen, die auch zeitlich recht begrenzt und oft nur sehr oberflächlich sind. Intensive Beziehungen pflegt der Einzelne nur mit wenigen. Eine einvernehmliche Lösung lässt sich nur finden, wenn zuvor ausgiebig kommuniziert, erklärt, definiert, und wiederholt wurde. Personen aus einem Kulturkreis mit hohem Kon-

Elegant und locker zum nächsten Termin

Typisch koreanisch

text sind zurückhaltender. Sie tendieren dazu, vorsichtige Fragen zu stellen, und bevorzugen dann innerhalb der Gruppe ausgelotete Konsenslösungen. Jemand aus einem Kulturkreis mit niedrigem Kontext versucht stattdessen, individuell die Antwort auf ein Problem zu finden. Wo erkennen Sie sich selbst wieder? Korea können Sie sicherlich auf Anhieb der ersten Kulturkategorie zuordnen. Westeuropa und Nordamerika rechnet Hall zu den Kulturen mit niedrigem Kontext. Die Unterschiede beider Kulturen sollten Sie sich immer wieder vor Augen halten, wenn Sie geschäftlich oder auch privat mit Koreanern zu tun haben. Haben Sie sich zusätzlich noch mit ein paar typisch koreanische Eigenschaften vertraut gemacht, wie *Hwa* (화, Harmonie), *Gibun* (기분, Gefühl), *Nunchi* (눈치, Intuition zum Zweck der Anpassung) und *Han* (한, Groll), dann sind Sie auf dem besten Wege, Korea zu verstehen.

Frühwarnsystem der Sinne

Harmonie

Auch Notlügen sind ein probates Mittel.

Die Zugehörigkeit zu einer Gruppe bestimmt das Leben des koreanischen Individuums. So steht *Hwa,* die Harmonie, innerhalb der Gruppe an oberster Stelle der sozialen Spielregeln. Um des lieben Friedens willen gilt auch der Einsatz von Notlügen als probates Mittel. Nie würde ein Koreaner auf die Idee kommen, einem Vorgesetzten eine Frage mit Nein zu beantworten. Der Chef wird immer nur das reinste Einverständnis zu hören bekommen. Ebenso fragt man wieder und wieder nach, um jegliche Unklarheit zu beseitigen und so geduldig eine für alle annehmbare Konsenslösung zu finden. Vertreter des westlichen Kulturkreises probieren es erst einmal mit einer individuellen Problemlösung und legen diese direkt auf den Tisch, Missverständnisse sind da vorprogrammiert.

Im Einheitslook der Firma: ein Loyalitätsbeweis

Korrektes Verbeugen, die Höflichkeitsabstufungen der Sprache, das alles lässt sich noch bewältigen; aber das Ablehnen jedweder offenen Diskussion ist ein harter Brocken für jeden Okzidentalen. Konstruktive Kritik an der Arbeit eines Kollegen zu üben, bedeutet für uns nicht, dass wir ihn deshalb persönlich ablehnen. In Korea wird das aber genau so verstanden werden, der Betroffene wäre tödlich beleidigt. Ein Koreaner trennt nicht zwischen der Person, neben der er acht Stunden gearbeitet hat, und der, mit der er dann später sein Feierabendbier trinkt. Er macht keinen Unterschied zwischen dienstlich und privat bei ein und derselben Person.

Offene Kritik vermeiden!

Gefühl

Es gilt also in Korea, unbedingt die Harmonie innerhalb der Gruppenhierarchie zu erhalten. Dem Älteren, dem Vorgesetzten, dem höher Gebildeten wird Respekt gezollt. Weiß man auch selbst die bessere Antwort, kann man die nicht einfach äußern, sondern muss das sehr diplomatisch angehen. Unter keinen Umständen darf das *Gibun* (Gefühl) des Gegenübers verletzt werden. Er würde sonst sein Gesicht verlieren und bloßgestellt. So wird gelobt, wo es nichts zu loben gibt und dem Vorgesetzten Leistungen zugeschrieben, die eigentlich ohne seine Mithilfe zustande gekommen sind. Der Vorgesetzte sonnt sich so im Ruhm seines Angestellten und dieser kann nichts dagegen ausrichten, geschweige denn, den Mann zu einer Stellungnahme zwingen.

Gesicht wahren!

Es wird Sie befremden, wenn Sie eine solche Situation als Außenstehender erleben. Die Gruppe selbst aber weiß genau, wer die Leistung in Wirklichkeit erbracht hat und wem Lob und Ehre eigentlich zustehen. Ein moralisch integrer Chef wird das innerhalb der Gruppe auch offen aussprechen und bei der nächsten Gelegenheit für eine Beförderung oder Gehaltserhöhung des betreffenden Mitarbeiters plädieren. Doch nach außen hin fungiert er als das Gesicht der ganzen Gruppe, ihm allein gebührt die Ehre. Halten sich alle an diese Spielregeln, gerät das *Gibun* der Beteiligten auch nicht in Gefahr.

Intuition

Doch wie weit kann ein Mitarbeiter seinem Vorgesetzten wirklich vertrauen? Hier muss ein Koreaner sich auf sein *Nunchi,* die Intuition bei der Einschätzung seiner Mitmenschen, verlassen. Natürlich passiert es manchmal, dass der Chef das Lob für sich beansprucht und auch intern die Leistungen seiner Mitarbeiter nicht respektiert. In dem Fall hat das *Nunchi* des Mitarbeiters schlicht versagt, er hat seinen Chef falsch eingeschätzt. Hätte er als in der Hierarchie tiefer Stehender auf die feineren Nuancen der Arbeitsbeziehung geachtet, den Chef genau beobachtet und analysiert, hätte er dessen Verhalten vielleicht verhindern können. »*Nunchi* sehen« (*nunchi boda,* 눈치 보다), das ist ein schwieriger Balanceakt zwischen Gehorsamkeit und Überlebenskunst. Waisenkinder sollen

Antennen ausfahren!

Könnte auch in New York sein: Mittagspause in Seoul

besonders viel *Nunchi* haben, heißt es in Korea. Sie sind auf sich selbst gestellt und müssen ständig versuchen, die Absichten der Anderen richtig zu deuten. Inneralb der Familie ist *Nunchi* überflüssig. Man kennt sich und weiß, wie wer wann reagiert. *Nunchi* hilft, in einer feindlichen Umgebung zu überleben. Als Überbleibsel kriegerischer Zeiten fungiert es wie ein Frühwarnsystem der Sinne.

Groll

Kollektive Melancholie

Hwa, Gibun und *Nunchi* sind Begriffe, die in der westlichen Welt als typisch asiatisch gelten. Alle drei beziehen sich auf die Kommunikation, sei es nun mit reichlich Worten oder allein durch das Erfassen subtiler Signale. Je tiefer Sie in die koreanische Gesellschaft einsteigen, desto besser funktionieren die eigenen Antennen, auch wenn Sie vielleicht als Ausländer niemals ganz dazugehören werden. Das ist nicht immer schlimm, denn die koreanische Seele hat auch ihre depressiven Seiten. Das kommt in dem kurzen Wort *Han* zum Ausdruck. Seit der Zeit der japanischen Besatzung beschreibt dieses Wort den kollektiven Seelenzustand der Koreaner. Sein chinesisches Schriftzeichen besteht aus den Teilen »Herz« plus »stehen bleiben«. »Das Herz verharrt«, lautet die direkte Übersetzung. Unfähig, sich selbst aus der Fremdbestimmung zu befreien, hegt die koreanische Seele kollektiv einen Groll gegen sich selbst. Doch immer schwingt auch eine zarte Spur von Hoffnung mit: Jedes vermeintliche Ende birgt einen Neubeginn in sich. In der Armut liegt trotz allem die Hoffnung auf ein besseres Leben, wenn nicht jetzt, so doch in der Zukunft. Traurigkeit und Ärger über die gegenwärtige Misere, leise Hoffnung auf kommende Chancen – es ist ein komplexes Gefühl, dieses koreanische *Han*. Bis in die von Armut geprägten 1960er Jahre zog es die Menschen immer wieder herunter. *Han* wurde in der Literatur behandelt und in Liedern besungen. Erst mit der Industrialisierung setzte sich wachsender Lebensmut durch. Versanken die Eltern und Großeltern der heutigen jungen Generation noch regelmäßig in Melancholie, so haben die Jungen diesen emotionalen Klotz erfolgreich abgeschüttelt. In den Augen der Alten haben sie damit jedoch zugleich einen Teil ihrer koreanischen Identität verloren.

Wie man im Gespräch Fettnäpfchen umschifft

Wozu Koreanisch lernen? Auch wenn jetzt einige Leser aufstöhnen: »Sprache ist für mich kein Thema. Ich spreche ausreichend Englisch und die Koreaner doch auch!«, – keine Angst, Sie müssen nicht fließend Koreanisch sprechen, um erfolgreich Geschäfte machen zu können. Doch machen Sie sich einmal bewusst, was unsere Sprechweise, unsere Wortwahl und die Struktur unserer Sätze über unsere Mentalität aussagen. Das geht los mit Begriffen wie »Biergartenwetter«, »Feierabendlaune« oder »Arbeitnehmermitspracherecht« und endet bei der Art und Weise, wie wir uns begrüßen. Sagen Sie zu einem Deutschen: »Sie sehe ich hier aber das erste Mal!«, kann das von »Das ist ja nett, Sie hier kennen zu lernen.« bis hin zu »Was haben Sie hier eigentlich verloren?« alles bedeuten. In Korea ist das jedoch die allgemein höfliche Standardfloskel zur Begrüßung eines bislang Unbekannten (*Cheoeum boepgetseumnida,* 처음 뵙겠습니다).

Sprachkenntnisse

Weichen wir bei der Verhandlung auch auf eine gemeinsame Fremdsprache – zumeist Englisch – aus, werden wir dadurch nicht alle automatisch zu Engländern. Wir stehen uns immer noch als Deutsche bzw. Koreaner gegenüber und bleiben unseren gewohnten Sprach- und Verhaltensmustern treu. Trotz einer gemeinsamen Verhandlungssprache sind daher nicht alle Missverständnisse automatisch aus dem Weg geräumt. Um Ihre Sinne dafür zu schärfen, wollen wir uns ein paar klassische Fehldeutungen anschauen.

Höflichkeit

»Je länger, je lieber«, das könnte in Korea gut auf den Sprachgebrauch passen. Ihnen als Gast stehen lange und komplizierte Anreden und Formulierungen zu, oftmals noch in Passivsätzen verpackt unter Weglassen des Subjekts, da eine direkte Anrede als besonders grob gilt. Beim Dolmetschen tut sich nun regelmäßig ein Dilemma auf. Die koreanische Seite spricht lang und blumig, die Übersetzung dagegen fällt frustrierend kurz aus. Was ist passiert? Der Dolmetscher hat den Inhalt korrekt wiedergegeben, aber die umständlichen Formulierungen kurzerhand gestrichen und die koreanische Seite so davor bewahrt, sich mit sprachlichen Plattitüden im Deutschen lächerlich zu machen. Misstrauen über die unterschiedliche Länge der Übersetzung ist hier also nicht angebracht.

Umständliche Floskeln

Lang und umständlich spricht auch der Untergebene zum Chef. Beobachten Sie hingegen die Reaktion des Chefs, wenn ihm sein Angestellter eine Mitteilung macht! Kurz und barsch fällt da oft die Antwort aus, alles andere als höflich! Denn Höflichkeit kennt in Korea nur eine Richtung: von unten nach oben. Er-

Vortrages ganz geschlossen – nervtötend für westliche Besucher: Ist er aus Langeweile sanft entschlummert? Oh nein, im Gegenteil. Der koreanische Geschäftsmann ist hochkonzentriert und innerlich hellwach.

Doppelte Welt

Wechsel-
bäder

Bei Verhandlungen ist diese hohe Körperkontrolle selten zu durchbrechen, kaum ein Lächeln schleicht sich über die koreanischen Lippen. Doch dies gilt nur gegenüber Außenstehenden, die nicht zum direkten Zirkel gehören. Hinter verschlossenen Türen fällt dann die Zurückhaltung, ist es mit der Selbstbeherrschung der Koreaner vorbei. Da wird getobt und gedroht und nicht selten geht es auch richtig handfest zu: Das gute Hemd muss für den Rest des Tages ohne Knöpfe auskommen.

Wenn dann nach einem langen Arbeitstag auch noch Alkohol ins Spiel kommt, gibt es manchmal gar kein Halten mehr. Jetzt benötigen Sie keinen Dolmetscher, um die Gefühle Ihrer Gastgeber richtig zu interpretieren. Lautstark wird gesungen und gelacht, die Mimik ist sehr rege. Man umarmt sich und hat alle Zurückhaltung verloren. Gestandene Männer beweinen verlorene Freundschaften; oft ist das zu viel an Emotionen für die kühle Seele eines Nordeuropäers.

Am nächsten Morgen, pünktlich zu Arbeitsbeginn, wird der Schalter der Emotionen wieder umgelegt.

Officelady,
allein dem
Chef ver-
pflichtet

Egal, wie persönlich der weinselige Abend verlaufen ist, Sie stehen wieder vor dem »Ehrenwerten Abteilungsleiter« und nicht etwa vor ihrem neu gefundenen Freund Yong Sam. Hatten Sie sich gestern Abend noch geduzt und die besten Optionen versprochen? Das war im Vollrausch und zählt somit nicht. Vergessen Sie alle Verbrüderungen und Geständnisse des Vorabends und machen Sie keinerlei Anspielungen auf die Ereignisse der vergangenen Nacht. So will es der koreanische Verhaltenskodex. Spielen Sie das Doppelspiel geschickt mit und verbuchen Sie einen Pluspunkt!

Was erwartet Sie am Verhandlungstisch?

Ungern wird Ihr koreanischer Gesprächspartner die Diskussion eröffnen. Er bevorzugt es, erst einmal Ihren Standpunkt zu hören und dann darauf zu reagieren. Konzentriert wird er Ihren Ausführungen lauschen und Sie auch sehr selten unterbrechen. Eine Reaktion auf Ihr Gesagtes folgt nicht sofort, erst einmal herrscht Schweigen. Werden Sie nicht nervös! Sie wissen, Sie müssen geduldig bleiben. Schweigen zeigt Ihnen gegenüber Achtung, eigene Anmerkungen müssen wohl überlegt sein. Zum Auftakt gleich Kritik, das ist nicht koreanischer Stil. Stattdessen folgen weitere Fragen. Die koreanische Seite möchte damit möglichen Missverständnissen vorbeugen. Lieber wird jeder einzelne Punkt noch einmal und wenn es sein muss, auch ein drittes Mal, genauestens erörtert.

Geduld trägt Früchte.

Die Bedeutung von Verträgen

Kommt es nun zum Vertrag, sind die Entscheidungen gefallen und man kann zu Taten schreiten. Von wegen! Nur wir glauben das, Koreaner sehen es nicht so. Für sie ist der Vertrag ein Dokument, welches den Beginn einer geschäftlichen Beziehung markiert. Und auch die kann sehr schnell wieder zu Ende sein, sollte sich woanders ein besserer Deal auftun. Vertrauen Sie daher nicht allzu sehr auf Versprechungen, schauen Sie auf bisherige Leistungen ihrer zukünftigen Partner. Mit der Wahrheit halten sie es oft nicht so genau; Wahrheit ist für Koreaner eine relative Sache, die man dehnen und strecken kann. Insbesondere unangenehme Wahrheiten behalten sie lieber für sich. Hinzu kommt noch eine Portion Misstrauen gegenüber Außenstehenden, ein altes Erbe vergangener Kriegszeiten. Schneller Profit, ebenso ein Kind aus Zeiten der Not, zählt oft mehr als der Aufbau langjähriger Beziehungen. Unmoralisch ist das Biegen und Ändern von Vertragsinhalten oder mündlichen Abkommen in Korea nicht, jeder ist sich eindeutig immer selbst am nächsten.

Wahrheit ist eine relative Sache.

Arbeitsmoral

Zum Ausgleich für den etwas unsicheren Faktor Vertrag verfügen Koreaner über eine hohe Arbeitsmoral. Koreanische Angestellte sind sehr loyal und bereit, für ihren Chef hart und lange zu arbeiten. Verwechseln Sie dies bitte nicht mit Loyalität und Treue gegenüber dem Unternehmen! Einer gesichtslosen Firma getreulich zu dienen, das passt nicht in das koreanische Arbeitsverständnis. Das koreanische Arbeitsverhältnis besteht in erster Linie mit dem direkten Vorgesetzten und nicht so sehr mit der Firma an sich. Mitarbeiter fühlen sich persönlich dem Firmenpräsidenten oder dem Chef ihrer Abteilung verpflichtet, nicht jedoch dem Unternehmen als Ganzes. Dies gilt auch für koreanische Angestellte in ausländischen Unternehmen. Als ausländische Führungskraft in Korea sollten Sie sorgsam die persönliche Beziehung zu ihren einheimischen Mitarbeitern pfle-

Fleiß gilt dem Chef.

gen. Kehren Sie in Ihre Heimat zurück, verlieren die Mitglieder direkt unter Ihnen den oft gerühmten Fleiß und Arbeitseifer. Allgemeine Lustlosigkeit bis hin zu Kündigungen sind wohlbekannte Konsequenzen eines Führungswechsels. Ein solches Dilemma lässt sich nur durch Kontinuität auf der Führungsebene vermeiden.

Führungsstrukturen

Patriar-
chalisch

Führungsstrukturen koreanischer Unternehmen sind entscheidend vom Konfuzianismus geprägt. Der Chef ist der Herrscher und gleichzeitig der Vater seiner Angestellten. Arbeiter haben die Pflicht, ihrem Boss zu gehorchen und fleißig zu sein. Überstunden ohne Extrazahlung gelten als Selbstverständlichkeit. Als Gegenleistung ist der Chef dazu verpflichtet, sich um seine Leute und deren Familien zu kümmern. Er hilft bei Krisen wie Krankheit und Todesfall, unterstützt die Ausbildung der Kinder und bezuschusst Wohnung und Fahrtkosten. Moralische Verpflichtung von oben nach unten steht der Loyalität von unten nach oben gegenüber. Nur so kann in einem klassischen koreanischen Unternehmen die Ordnung harmonisch aufrecht erhalten bleiben.

Motivation zur Entscheidung

Bezie-
hungen

Die persönliche Beziehung spielt auch beim Aufbau von neuen Geschäftsbeziehungen wie zum Beispiel im Vertrieb eine zentrale Rolle. Ausländische Vertreter verfolgen in Korea häufig die falsche Strategie. Sie meinen, exzellente Produkte sprächen für sich und sollten sich wie daheim logischerweise gegenüber der Konkurrenz durchsetzen und prima verkaufen lassen. Doch auch hier ebnen persönliche Beziehungen einem neuen Produkt den Weg auf den Markt. Man kauft das Produkt bei dem Hersteller, den man persönlich am besten kennt. Das ist nicht unbedingt die Firma mit der besten Qualität zum günstigsten Preis bei schnellster Lieferung. Ähnliches gilt auch für neue Geschäftsideen. Am Ende setzt sich eben die Idee durch, welche in bester koreanischer Manier präsentiert und diskutiert wurde.

Zeit ist Geld

Schaffens-
pausen

Noch ein Wort zum Zeitverständnis während der Arbeit: Koreaner verbringen viele Stunden im Büro, ein langer Arbeitstag ist die Norm. Dabei sitzen sie jedoch nicht nur am Schreibtisch oder im Konferenzraum. Das allein macht nicht die Arbeit aus. So bietet ein ausführlicher Schwatz auf dem Flur Informationen über die Hintertür, gemeinsames Teetrinken am Nachmittag verbessert das Klima der Arbeitsgruppe. Selbstverständlich hat der Chef auch Zeit für ein ruhiges Gespräch über Vorkommnisse in der Familie. Ein mit privaten Problemen belasteter Mitarbeiter kann keine gute Leistung bringen. Es liegt im Interesse der

Firma, dass ihm geholfen wird. Am späten Nachmittag, wenn die Firma sich langsam leert (Sekretärinnen und Teilzeitkräfte verlassen normalerweise pünktlich das Haus) und keine Besucher und Telefonate mehr erwartet werden, kehrt langsam Ruhe in die Großraumbüros ein. Nun kann aufgearbeitet werden, was liegen geblieben ist. Es sei denn, es ist mal wieder Partyzeit.

Was erwartet Sie im Restaurant?

Geselligkeiten wie ein Restaurantbesuch sind fester Bestandteil der koreanischen Arbeitswelt. Wer miteinander arbeitet, isst und trinkt auch regelmäßig zusammen. Jede größere geschäftliche Besprechung, jeder Besuch von außen endet mit einem guten Essen. Auch hier gilt die goldene Regel von Sun Tsu: Je mehr Sie darüber vorab wissen, desto besser können Sie den Abend für Ihre Interessen nutzen.

Sitzordnung

Lädt man Sie ein, führen Ihre Gastgeber Sie höchstwahrscheinlich in ein exklusives Restaurant. Oftmals speisen Geschäftsleute in einem abgetrennten Raum. So lassen sich vertrauliche Gespräche in einer entspannten Atmosphäre fortsetzen. Beim Besuch eines traditionellen koreanischen Restaurants finden Sie sich auf dem angenehm warmen Fußboden wieder. Man sitzt auf Kissen um einen niedrigen Tisch. Achten Sie auf die Sitzordnung: Die wichtigste Person sitzt immer mit dem Gesicht zur Tür; der Rangniedrigste muss sich mit dem Platz gleich neben dem Eingang begnügen.

Tischmanieren

Der Gastgeber wird zumeist für Sie bestellen. Bei den Speisen gibt es keine festgelegte Reihenfolge, immer wieder werden neue Gerichte in kleinen Schalen hübsch angerichtet serviert. Mit den Essstäbchen nehmen Sie sich etwas davon, essen die Häppchen entweder direkt oder legen sie auf Ihren Reis. Dann nehmen Sie den Löffel, mischen Reis und Beilage ein wenig und essen. Auch die Suppe essen Sie mit dem Löffel, sie wird nicht direkt aus der Schale getrunken. Es gehört sich nicht, die Reisschale oder einen der

Und abends dann hierhin!

vielen Teller hochzuheben. Verwenden Sie auch nicht den Löffel, um sich von den verschiedenen Speisen zu bedienen! Um nicht zu viel zu kleckern, empfiehlt es sich, vorher den Umgang mit Essstäbchen (in Korea aus Metall) zu üben. Auch wenn Sie manche Speisen gewöhnungsbedürftig finden, gehen Sie immer davon aus, dass Ihr Gastgeber Ihnen nur das Beste vorlegen wird. Sie sollten so weit wie irgend möglich alles einmal probiert haben. Loben Sie die Schönheit des Essens, die Farbkombination, etc. Heben Sie Ihr Glas, wenn Ihnen eingeschenkt wird. Schenken Sie sich nicht selbst ein! Nachdem ihr Glas gefüllt ist, schenken Sie Ihrem Tischnachbarn ebenfalls nach. Das ist auch eine Art der Kommunikation!

Wer zahlt?

Zahlen tut grundsätzlich immer nur eine Person, egal, wie teuer der Abend ausfällt. Eine Teilung der Kosten kommt einer schweren Beleidigung gleich. Diese ungeschriebene Regel gilt nicht nur bei offiziellen Einladungen, sondern auch, wenn Sie mit den Kollegen privat unterwegs sind. Grundsätzlich zahlt einer für alle. Beim nächsten Mal wird ein anderer die Kosten übernehmen. Über einen längeren Zeitraum findet so eine gerechte Verteilung der Ausgaben auf die gesamte Gruppe statt. Weiß man von den finanziellen Schwierigkeiten eines Kollegen, wird er geschickt von der Zahlpflicht ausgeklammert. Es gilt aber als Ehrensache, dass er sofort die Rechnung übernimmt, wenn er wieder bei Kasse ist. Tut er das nicht, wird er ganz schnell zur Unperson und künftig von den Feierabendaktivitäten ausgeschlossen.

Die Gegeneinladung

Nach einer Einladung folgt von Ihrer Seite unbedingt eine Gegeneinladung. Erweisen Sie sich dabei als so großzügig wie möglich, es wird sich später auszahlen. Lassen Sie Ihren Gast nicht selbst das Menü zusammenstellen, er wird das günstigste auf der Karte bestellen. Bestehen Sie darauf, gemeinsam das Beste zu wählen. Damit kommt der eigentliche Zweck Ihrer Einladung zum Ausdruck: die Wertschätzung Ihres koreanischen Geschäftspartners zu beweisen.

Wie wird gezahlt?

Geht es ans Bezahlen, nehmen Sie die Rechnung (meist liegt sie schon auf dem Tisch) und gehen damit zur Kasse im Eingangsbereich. Am Tisch wird in Korea nicht bezahlt. Sollte keine Rechnung vorhanden sein, hat der Wirt an der Kasse alles notiert und nennt Ihnen die Summe. Bezahlen Sie ohne Trinkgeld, das ist in Korea verpönt. Anschließend kehren Sie an ihren Tisch zurück. Damit ist die Sache erledigt und die Gesellschaft kann sich nun dem Hauptteil des Abends zuwenden: dem Trinken.

Die Absacker

Nachdem die Grundlage im Restaurant geschaffen worden ist, geht es nun in die nächste Bar. Angefangen von den einfachsten Stehkneipen am Straßenrand (*Pojangmacha,* 포장마차) bis hin zu *Wine Bars* und *Gay Clubs,* die Auswahl wächst mit jedem Jahr. In Seoul findet sich mittlerweile alles, was das Großstadtherz höher schlagen lässt. Bei den teureren Lokalen kommen oftmals Servicepauschalen zu dem eigentlichen Verzehr hinzu. Andere Bars bieten Festpreise pro Tisch an. Jedem Geldbeutel wird heutzutage etwas geboten.

Haben Sie es mit ausdauernden und trinkfesten Kollegen zu tun, kann sich der Abend bis zur Morgendämmerung hinziehen: Vier Kneipen in einer Nacht sind für Koreaner nichts Ungewöhnliches. Wenn der Chef will, geht es einmal in der Woche auf die Piste, doch normal ist eher ein Trinkgelage pro Monat. Es ist natürlich selbstverständlich, dass alle Mitarbeiter am nächsten Tag wie frisch aus dem Ei gepellt pünktlich zur Arbeit erscheinen. Um das Trinken von Alkohol kommen Sie in Korea nicht herum. Immerhin bleibt Ihnen das bei Studenten so beliebte Wetttrinken mit »Dynamit-Alkohol« (*Poktanju,* 폭탄주) erspart: In einer großen Schüssel wird jeglicher Alkohol gemixt und dann auf ex getrunken. Das ist Komasaufen auf Koreanisch, Todesfälle inklusive.

Das stille Örtchen **INFO**

Das viele Trinken hat doch etwas Gutes: Die nächste Toilette (*Hoajang sil,* 화장실) ist in Korea niemals weit! Kaufhäuser, Hotels und bessere Restaurants verfügen über sehr saubere Toiletten im westlichen Stil. Anders bei den kleinen

Kneipen oder öffentlichen Klos. Hier gibt es manchmal noch die alte koreanische Variante, das Toilettenbecken ist in die Erde eingelassen und es gilt, sich darüber zu hocken. Das erfordert Geschicklichkeit, da Sie sich aus hygienischen Gründen besser nicht mit den Händen an Boden oder Wand abstützen. Führen Sie immer ausreichend Toilettenpapier mit sich, daran herrscht grundsätzlich Mangel. Werfen Sie das Papier nach Gebrauch in den abgedeckten Eimer und nicht direkt in die Toilette. Die Abwasserrohre sind sehr eng und verstopfen schnell. Wundern Sie sich nicht, wenn jemand an die Tür klopft. Das ist nur die höfliche Anfrage, ob auch wirklich besetzt ist. Ein kurzes Klopfen zurück genügt. Das Kleingeld können Sie beim Gehen stecken lassen, Toiletten sind fast überall kostenlos.

Was erwartet Sie bei einer privaten Einladung?

Feuchtfröhlichkeit mit Übernachtung

Bei Einladungen im privaten Rahmen geht es zumeist gesitteter zu. Trotzdem wird auch bei Familienfeiern viel und gern getrunken. Es ist durchaus üblich, dass alle Besucher zu spontanen Übernachtungsgästen werden. Doch lädt man Sie als ausländischen Gast zu einem Abendessen oder Cocktailempfang ein, wird erwartet, dass Sie später auch brav wieder heimgehen!

Nicht darauf drängeln!

Es ist schon etwas Besonderes, wenn Sie in ein koreanisches Heim eingeladen werden. Einladungen nach Hause kosten die meisten Koreaner noch immer etwas Überwindung. Koreaner betrachten ihr Heim als zu klein und unwürdig, um dort zu feiern. Auch die Ehefrauen, falls sie internationalen Umgang nicht gewohnt sind, fühlen sich der Aufgabe, einen Ausländer ordentlich zu unterhalten, nicht gewachsen. Neutraler Boden und garantiert guter Service erweisen sich besonders zu Beginn einer Freundschaft als die bessere Lösung.

Mit Frau oder ohne?

Die erste Frage stellt sich gleich nach dem Erhalt der Einladung, wer ist denn nun eigentlich eingeladen? Können Ehemänner ihre Frauen mitbringen? Bei Einladungen im Rahmen von Geschäftsangelegenheiten werden Ehefrauen grundsätzlich nicht erwartet. Im Klartext: Frauen stören hier und sind nicht erwünscht! Bei privaten Einladungen zum näheren Kennenlernen ist das etwas komplizierter. Fragen Sie nun den Gastgeber, wird er nicht sagen können, dass Sie Ihre bessere Hälfte zu Hause lassen sollen. Erkunden Sie vorher, wie es die anderen Gäste halten. Ansonsten kann es passieren, dass Ihre Frau der einzige weibliche Gast in der Runde ist und sich nicht sonderlich amüsieren wird. Es gehört sich nicht, mit der Frau eines anderen allzu intensiv Konservation zu betreiben. Auch die Dame des Hauses erscheint vermutlich nicht am Tisch. Sie wird den Großteil des Abends in der Küche verbringen. Bringen die anderen

INFO

Noch ein Tipp ...

... zur Dame Ihres Herzens: Unverheiratete Lebensgefährtinnen sind offiziell nicht existent und daher leider noch nicht allzu gut angesehen. Reisen Sie gemeinsam, tarnen Sie sich als Ehepaar. Alles andere wäre ein herber Gesichtsverlust für Sie beide (und damit automatisch für alles, was Sie in Korea repräsentieren).

Gäste ihre Frauen mit, ist alles einfach und klar. Ob Ihre Kinder erwünscht sind, erfahren Sie genauso. Oftmals ist die ganze Familie eingeladen und trägt so zu einem lockeren Abend bei.

Pünktlichkeit

Tag und Uhrzeit der Einladung stehen nun fest. Es ist durchaus üblich, dass sich die Gäste vorab treffen und sich dann gemeinsam auf den Weg machen. Bemühen Sie sich um Pünktlichkeit, eine halbe Stunde Verspätung gehört nicht mehr zum guten Ton. Vorsicht bei eigenen Einladungen: Es kann Ihnen

Frauen bleiben unter sich.

passieren, dass Ihre lieben Gäste schon eine Viertelstunde vor der abgemachten Zeit erscheinen. Berücksichtigen Sie das unbedingt in Ihrem Zeitplan.

Begrüßung

Haben Sie nun das Heim Ihres Kollegen oder Vorgesetzten erreicht, begrüßen Sie Gastgeber und Gastgeberin an der Tür. Ziehen Sie höflicherweise Ihre Schuhe aus, angebotene Besucher-Hausschuhe müssen Sie jedoch nicht annehmen. Sie können den Abend entspannt in Socken verbringen. Denken Sie aber unbedingt an saubere Socken! Vor einigen Jahren geisterte ein komisches Foto durch die koreanische Presse. Ein ausländischer Politiker besichtigte mit Löchern in den Strümpfen einen Tempel!

Gastgeschenk

Haben Sie sich Ihrer Schuhe entledigt, überreichen Sie Ihr hübsch verpacktes Gastgeschenk. Dafür eignen sich besonders Mitbringsel aus der Heimat, angefangen vom Bildband bis hin zu Schokolade oder Schnaps. Sollte Ihr Vorrat an heimischen Souvenirs schon aufgebraucht sein, sind essbare Geschenke immer willkommen. Ein Kuchen aus einer berühmten Bäckerei, besonders gute Äpfel oder die ersten Trauben der Saison zählen ebenfalls zu beliebten Geschenken. Blumengebinde oder Dekorationsgegenstände sind hingegen weniger angebracht. Die zweideutige Bedeutung einiger Gegenstände verursacht vielleicht ungewollten Ärger.

Lächelnd wird die Dame des Hauses das Geschenk annehmen und es dann zur Seite legen. Es gehört sich nicht, vor den Augen des Gebers ein Geschenk zu öffnen. Welch ein Gesichtsverlust für alle Beteiligten, sollte das Mitbringsel unpassend sein oder viel kleiner ausfallen als alle anderen Geschenke! Um sich solche Peinlichkeiten zu ersparen, öffnen die Gastgeber das Mitbringsel erst später »im stillen Kämmerlein«. Am nächsten Tag erhalten Sie dann umso ausführlicher ein persönliches Dankeschön. Und wahrscheinlich auch noch ein Gegengeschenk. Seien sie daher taktvoll bei der Auswahl Ihres Mitbringsels, Ihr Gastgeber ist immer gezwungen, eine ebenso teure Gabe zurückzuschenken.

Small Talk

Die Begrüßung ist überstanden, Ihnen wurden unbekannte Gesichter vorgestellt. Die Herren haben noch Ihre Visitenkarten ausgetauscht, sie korrekt mit beiden Händen entgegengenommen und sie gebührend lange bewundert, bevor sie sie in der Jackentasche verschwinden ließen. Die ersten Getränke sind verteilt und nun geht es um ein möglichst ungezwungenes Gespräch. Das ist manchmal richtige Schwerstarbeit.

Vom Allgemeinen tastet man sich langsam zum Individuellen vor. Sie werden nicht vermeiden können, über Ihre Familie zu sprechen, diese Kernzelle der konfuzianischen Gesellschaft. Entsprechend Ihres Alters erwarten Ihre koreanischen Partner die Erfüllung gewisser Standards: Ab Ende 20 sollten Sie langsam ans Heiraten denken. Mit Mitte 30 ist die Vaterrolle normal usw. Entspricht das nun so gar nicht Ihrer Lebensform, wird man Sie ganz offen und unschuldig nach den Gründen fragen. Besonders für junge westliche Frauen ist es dann schwer, an sich zu halten und nicht zu einem langen Vortrag über Karriere und Chancengleichheit auszuholen. Weisen Sie nun zu Recht (aber koreanisch unhöflich) darauf hin, dass Sie diese Frage unpassend finden, fügen Sie dem Fragenden einen schweren Gesichtsverlust zu und es entsteht eine richtig peinliche Situation. Denn Sie beide haben ja nur brav Ihr jeweils vertrautes Floskel-Standardprogramm bei Erstbegegnungen abgearbeitet. Die koreanische Seite hat dabei unbewusst die Linie der westlichen Höflichkeit überschritten und in Ihren Augen die Harmonie zerstört.

Reagieren Sie aggressiv, gelten Sie immer als Spielverderber. Antworten Sie auf persönliche Fragen daher gelassen und freundlich, machen Sie einen Scherz und stellen Sie eine Gegenfrage. Es ist vollkommen in Ordnung, mit ausweichenden Andeutungen zu kontern. Der Wink, bitte nicht weiterzubohren, wird in den meisten Fällen verstanden. Fällt es Ihnen schwer, aus dem Stand witzig zu sein, überlegen Sie sich schon im Vorfeld eine charmante Erklärung. Denn die Frage nach dem Familienstand kommt in Korea so sicher wie das Amen in der Kirche.

Tun und Lassen im Geschäftsleben

▶ **Zeit, Geduld** und ein gut gefülltes Spesenkonto gehören unbedingt in Ihr Reisegepäck! Gegenseitige Besuche, Abendessen und der Austausch von Gefälligkeiten werden Sie Einiges kosten. Großzügigkeit zahlt sich fast immer aus, da Koreaner ungern jemandem etwas schuldig bleiben.

▶ **Kleidung** sollte immer dezent modisch und korrekt sein. Das bedeutet Anzug und Krawatte für die Herren und Kostüm für die Damen. Auch bei privaten Einladungen drückt man seine Wertschätzung mit properer Kleidung aus. Kurze Hosen und Sandalen kommen daher auch im Hochsommer nicht in Frage!

▶ **Begrüßungen** sind höchst ritualisiert. Oftmals verbeugt man sich zuerst und schüttelt dann Hände. Zuerst verbeugt sich grundsätzlich der Rangniedrigere. Der Ranghöchste der Abordnung betritt jeden Raum zuerst. Sprechen Sie eine Person immer mit ihrem Titel an. Den Namen können Sie dabei weglassen, aber verwenden Sie bei der Anrede niemals nur den Namen. Das wäre äußerst unhöflich.

▶ **Visitenkarten** sind die Eintrittskarten zur koreanischen Geschäftswelt. Man nimmt sie stets mit beiden Händen an, liest in aller Ruhe den Text und wiederholt laut Namen und Titel der Person. Falten Sie niemals eine Visitenkarte oder benutzen Sie sie als Notizzettel. Verstauen Sie die Karte sorgfältig in einem Kartenetui. Respektvoller Umgang mit der Visitenkarte demonstriert Ehrerbietung für deren Besitzer. Stellen Sie schon vor der Abreise sicher, dass Ihre Karte zumindest auf Englisch korrekt Position und Titel wiedergibt. Eine zweisprachige Visitenkarte in Englisch mit einer koreanischen Rückseite ist die beste Wahl.

▶ **Persönliche Beziehungen** sind das A und O in jeder koreanischen Geschäftsbeziehung. Finden Sie unbedingt eine dritte Person, die Sie Ihrem zukünftigen Partner vorstellt. Es gilt als unseriös, direkt Kontakte zu knüpfen. Diese Person wird später auch bei Unstimmigkeiten vermitteln. Pflegen Sie Ihre persönlichen Kontakte intensiv. Koreaner unterscheiden nicht zwischen privaten und geschäftlichen Beziehungen.

▶ **Erste Treffen** dienen allein zum Kennenlernen. Beharren Sie nicht auf erste Entscheidungen.

▶ **Informationen** können Sie gar nicht genug über Ihren zukünftigen Geschäftspartner sammeln. Sie können sicher sein, dass er alle verfügbaren Informationen über Sie vorliegen hat. Lassen Sie Ihre Unterlagen soweit wie möglich auf Koreanisch übersetzen.

▶ **Kritisieren** oder verbessern Sie niemals in Anwesenheit Dritter.

▶ **Fragen** sollten nicht mit »Ja« oder »Nein« zu beantworten sein. Koreaner werden höflicherweise immer einem »Nein« ausweichen. Ein »Ja« bedeutet nicht unbedingt Zustimmung, hilft aber, nicht das Gesicht zu verlieren.

▶ **Verabschiedungen** erfolgen einzeln. Sie verabschieden sich von jeder Person im Raum individuell mit persönlichem Gruß und leichter Verbeugung.

Spannende Banalitäten –
Alltag in Korea

Jeder Reisende, der im Ausland über den Transitbereich des Flughafens hinauskommt, stößt auf unbekanntes Terrain vor; er findet sich im Alltag einer ihm fremden Kultur wieder. Manche zögern bei jedem Schritt, andere genießen jeden neuen Tag als Abenteuer. Das erste Mal Lebensmittel einkaufen, das erste Mal auf dem Amt, das erste Mal beim Zahnarzt! Diese Erinnerungen brennen sich viel tiefer ein, als jede noch so prächtige Tempelanlage. Hier entsteht Zuneigung oder auch Ablehnung für das Land. Konfrontiert mit den Banalitäten des koreanischen Alltags empfinden Sie den »Kulturschock« vermutlich am intensivsten.

Kulturschock

Wohnträume auf Koreanisch

Sei es Busan, Daegu oder Seoul, koreanische Großstädte bieten auf den ersten Blick nichts als Hochhäuser. Standen vor zwanzig Jahren südlich des Flusses Han nur kleine Häuschen, reiht sich heute ein Apartmentkomplex an den nächsten. Nur noch wenige Jahre und auch das letzte Feld wird zwischen der westlichen Hafenstadt Incheon und Seoul verschwunden sein. Schon heute grüßen den am Flughafen angekommenen Reisenden in der Ferne die ersten Baustellen; Seoul wächst unaufhaltsam in die Höhe und Breite.

Nichts als Hochhäuser

Apartmentkomplex bevorzugt

Die Hoffnung auf ein eigenes Haus haben die meisten Großstädter längst aufgegeben. Eine Eigentumswohnung (*Apateu,* 아파트) in einer der *Hyundai-, Samsung-* oder *LG*-Wohnanlagen ist der Traum der koreanischen Mittelschicht. Wohnraum ist teuer. Die Immobilienpreise Seouls haben schon lange die von Tokyo übertroffen, sie gelten als die höchsten weltweit. Noch halten Koreaner das Leben in Seoul für das Beste schlechthin, der Rest des Landes gilt als zweitklassig und wenig attraktiv. Also drängelt sich gut die Hälfte der Bevölkerung im Großraum der Landeshauptstadt.

Weltweit höchste Immobilienpreise

In Japan nehmen die Menschen außergewöhnlich lange Arbeitswege in Kauf, nur um sich ihren Traum von den eigenen vier Wänden im Grünen zu erfüllen. Ganz anders die Koreaner: Sie bevorzugen große Wohnkomplexe in möglichst verkehrsgünstiger Lage. Ein bisschen Natur vor der eigenen Tür? Solche Wünsche stoßen hier auf keine Gegenliebe. Wer zwischen Bäumen und Büschen entspannen will, fährt am Wochenende hinaus in die Berge. Auch Ausländer sollten es sich gut überlegen, bevor sie in Korea ein Haus mit Garten mieten. Egal, wie groß Ihre Ausdauer als Gärtner ist, das Klima Koreas macht aus dem geliebten Hobby ganz schnell einen Albtraum. Im schwül-heißen Sommer können Sie gar nicht so schnell das Unkraut jäten oder den Rasen mähen, wie das Zeug nachwächst. Ameisenstraßen ziehen sich plötzlich durch Ihre Küche, ganz zu schweigen von den Mücken, die Ihnen den lauschigen Abend auf der Terrasse vermiesen. Das Leben in einer Wohnung in einem der oberen Stockwerke erspart

Hauptsache verkehrsgünstig!

Hausmeister in Aktion: Geputzt wird in Korea überall.

Ihnen nicht nur unangenehmen sechsbeinigen Besuch, die Hoffnung auf eine erfrischende Brise steigt auch mit jeder Etage.

*Auf Tuch-
fühlung mit
den Nach-
barn*

Es kann außerdem nicht genug betont werden: Koreaner stört die Nähe zu den Nachbarn nicht. Die Kinder gehen gemeinsam in die Schule, die Mütter sind in den Nachbarschaftshilfen organisiert. Manche bestellen regelmäßig gemeinsam Lebensmittel, andere finden sich zum Gymnastikkurs im Mehrzweckraum ein. Zu den neuen und sehr gepflegten Anlagen gehören zumeist ein Spielplatz und ausreichend Parkplätze. Am Eingang gibt es eine Schranke, ein in der Regel älterer Wächter hat ein Auge auf alle Besucher. Andere Männer oder Frauen im fortgeschrittenen Alter putzen, wischen oder fegen den ganzen Tag.

*Die Woh-
nungsaus-
stattung*

Wohnungen kommen in allen Größen und Ausstattungen auf den Markt. Anders als bei uns in Quadratmetern werden koreanische Wohnflächen in *Pyeong* (평) gemessen; ein *Pyeong* entspricht 3,3 m². Oft werden Balkon und Parkplatz mit eingerechnet. Aufgepasst also bei Anzeigen: Die scheinbar große Fläche der angebotenen Wohnung kann täuschen. Bei der Ausstattung bietet sich dem künftigen Mieter eine Reihe von Optionen. Standard ist die berühmte koreanische Fußbodenheizung *Ondol* (온돌); traditionelle Fußböden mit geöltem Papier werden Sie heute nicht mehr finden (Trotzdem gilt immer: An der Haustür Schuhe aus!). Ebenso verfügen die meisten Wohnungen über Klimaanlagen, Wandschränke, Lampen und eine Einbauküche. Bei der einfachen Ausstattung gehören nur die Küchenmöbel dazu, es können aber auch Elektrogeräte und Gasherd vorhanden sein. Es hängt vom jeweiligen Vermieter ab, ob er Fernseher, Waschmaschine und Trockner stellt. Das Bad ist zumeist ebenfalls komplett eingerichtet. Für die erste Nacht im eigenen Heim genügen also eine Matratze und eine Zahnbürste!

*Tipps für
Expatri-
ates*

*Neubauten
in Mokpo*

Auf Wohnungssuche

Bevor Sie nun losziehen, Ihr neues Zuhause zu suchen, überlegen Sie einmal, ob es wirklich so wichtig für Sie ist, in einem der so genannten »Ausländer-Viertel« zu leben. Sollte Ihr Aufenthalt in Korea auf ein Jahr begrenzt sein, macht es Sinn, in der Nähe von Landsleuten, Schulen und Supermärkten vertrauter Couleur zu wohnen. Bleiben Sie jedoch länger, sollten Sie sich einen Ruck geben und es mit einer koreanischen Nachbarschaft versuchen. Sie möchten Ihre neue Heimat schließlich kennen lernen und dafür sollten Sie schon richtig in den koreanischen Alltag eintauchen. Studenten brauchen über diesen Schritt gar nicht erst lange nachdenken: Die Mieten der Ausländer-Viertel sind für sie ohnehin unerschwinglich, sie müssen den Sprung ins unbekannte Leben ganz einfach wagen.

Bei der Wohnungssuche selbst hilft immer ein Makler. Vermietung direkt von privat ist so gut wie unbekannt. Haben Sie sich

Old Style meets new Style: Hanok Village, Jeonju

für ein Wohnviertel entschieden, dann suchen Sie dort das Büro eines *Budongsan* (부동산, Makler) auf. Er wird Ihnen Fotos und genaue Lagepläne einiger Wohnungen oder Häuser zeigen und Sie auf den Besichtigungstouren begleiten. Den Vermieter werden Sie in der Regel nicht persönlich antreffen. Sollte es zum Mietvertrag kommen, bleibt der *Budongsan* weiterhin Ihr Ansprechpartner und regelt nötige Reparaturen etc. Es ist daher wichtig, den Makler sorgfältig auszuwählen. Hören Sie auf Empfehlungen von Arbeitskollegen und lassen Sie sich gegebenenfalls von einem Koreaner begleiten. Das gilt vor allem für junge Singles. Die Anwesenheit eines älteren Koreaners wertet Sie als künftigen Mieter auf und man wird Ihnen eine bessere Auswahl an Angeboten vorlegen. Der Makler erhält seine Provision nur nach erfolgreichem Abschluss eines Vertrages. Es ist also durchaus üblich, parallel mehrere Büros zu beauftragen.

Ohne Makler geht nichts.

Ist die Wohnung ausgesucht, stellt sich nun die Frage: Kauf oder Miete? Oder vielleicht doch Mietkauf? Die Antwort hängt vom Vermieter, Ihrem Zeitplan und Budget ab. Kauf kommt für Ausländer mit beschränkter Aufenthaltsdauer kaum infrage. Bei der Mietzahlung gibt es nun verschiedene Varianten. Standard ist, die Miete für die gesamte Vertragsdauer vorab zu bezahlen.

Kauf oder Miete?

Oder Sie hinterlegen zu Beginn des Mietverhältnisses gute 60 Prozent des Kaufwerts der Immobilie. Der Vermieter legt das Geld an und behält die Zinsen. Wenn Sie ausziehen, erhalten Sie Ihre ursprüngliche Summe komplett wieder zurück. Dieses System nennt man *Cheonse* (auch: *Jeonse*, 전세) oder *Key Money*. In beiden Fällen sind die laufenden monatlichen Kosten gering. Wenn die zu hinterlegende Summe für Ihre Verhältnisse zu hoch sein sollte, gibt es auch

Kult um die Mülltrennung

Koreaner trennen Müll und sind dabei so sorgfältig, dass jeder deutsche Hausmeister begeistert wäre! Es gibt Biomüll, Restmüll, wieder verwertbaren Müll und Sperrmüll. Soweit so gut; doch dann folgen die feinen Unterschiede. Regel Nummer eins für den Biomüll lautet: Was Tiere fressen können, ist Biomüll; alles andere kommt in den Sack für Restmüll. Nussschalen will keiner fressen, also Restmüll. Aber warum sind Knochen und Fischschuppen kein Biomüll? Stark riechende Essensreste wie Zwiebelschalen sollen ebenfalls nicht in den Biomüll. Was bitte, fragt sich hingegen die nicht-koreanische Nase, stinkt bei Biomüll, besonders im Sommer, *nicht?*

Müllmänner in Seoul

Recyceln ist Mode. Was irgendwie wieder zu verwenden ist, wird gesammelt. Noch weitaus penibler als bei uns heißt es bereits in den heimischen vier Wänden: Alles sorgsam trennen! Folienverpackungen kommen in die eine Tüte, Milchtüten in eine andere. Styropor verschwindet in diesem Sack, Plastikflaschen in jenem. Und wehe, man erwischt Sie beim Mogeln! Dann droht ein saftiges Bußgeld. Beruhigend nur, dass die Müllabfuhr mindestens zweimal in der Woche kommt und dass dann meistens in den Abendstunden, wo es schon dunkel ist …

Die Säcke für den Bio- und Restmüll gibt es im Supermarkt um die Ecke. Sie sehen in jedem Bezirk anders aus; also unbedingt in der direkten Nachbarschaft kaufen!

Sperrmüll melden Sie im Rathaus an, entrichten die fälligen Gebühren vorab und erhalten einen Aufkleber, den sie gut sichtbar anbringen, bevor sie die Teile draußen abstellen.

Überflüssige Wohnaccessoires können Sie auch den *Recycle Centern* überlassen. Dort werden sie aufgearbeitet und extrem günstig weiterverkauft. Diese Center sind für alte Pfennigfuchser wahre Fundgruben. Mit etwas Glück kann man richtig schöne koreanische Stücke dort finden.

Key Money   Zwischenlösungen mit einem höheren monatlichen Kostenanteil. Auch hier gilt: Suchen Sie sich koreanischen Beistand! Für Europäer sind Mietkautionen in solcher Höhe gewöhnungsbedürftig. Da kann es leicht zu Missverständnissen kommen. Sie wären nicht der erste gutgläubige Ausländer, der ohne sein *Key Money* in die Heimat zurückkehrte.

Shopping in Asiens Einkaufsparadies

Korea gilt als Einkaufsparadies. Die Seiten der Reiseführer sind gefüllt mit detaillierten Angaben, wo man was in Seoul zu günstigen Preisen erhalten kann. Nach Myeongdong zieht es die asiatische Jugend, immer den neuesten Trends in Sachen Mode auf der Spur. Den typischen Touristen begegnen wir in Itaewon, hier sprechen die Händler gutes Englisch. Außerdem haben sie die von Ausländern in der Regel gewünschten Übergrößen bei T-Shirts und Hemden im Angebot. Insadong ist bekannt als Antiquitäten-Viertel, ein angeblicher Geheimtipp. Allerdings müssen Sie unter Bergen von Souvenirkitsch sorgfältig nach etwas Edlerem suchen. Es macht Spaß, durch die unterschiedlichsten Gegenden zu bummeln, hier und da etwas zu erstehen und stolz nach Hause zu tragen.

Zwischen Lustgewinn …

Doch derart pure Lustkäufe haben so rein gar nichts mit dem alltäglichen Schrecken eines gähnend leeren Kühlschranks oder der verzweifelten Suche nach dem vertrauten Shampoo aus der Heimat zu tun. Das sind die Hürden, die den Alltag im Ausland so anstrengend machen. Sie können das Problem von vornherein umgehen, indem Sie – angefangen von A wie Apfelmus bis hin zu Z wie Zahnpasta – alles in den Umzugscontainer packen und mitbringen. In bestimmten Kreisen gilt das als selbstverständlich, ist aber grundsätzlich überflüssig. Ausnahmen bilden Allergiker, chronisch Kranke sowie Babys und Kleinkinder. Fertig zubereitete Babynahrung gibt es nicht in der Auswahl, die wir gewohnt sind. Koreanische Babys werden solange wie möglich gestillt; beginnend mit der ersten Kost wird ihnen das Essen dann stets frisch zubereitet. Für den Anfang oder bei kurzem Aufenthalt empfiehlt sich die vertraute Mahlzeit aus der Heimat, um Ihrem Kind den Übergang auf die ungewohnten Speisen zu erleichtern.

… und Albtraum

Einmal in der Woche in den Supermarkt

Egal, wie umsichtig Sie daheim vorausgeplant haben, frische Lebensmittel müssen regelmäßig eingekauft werden. Und das kann so einfach und bequem sein! Koreanische Familien besuchen gerne einmal in der Woche – möglichst abends, um sich das Wochenende freizuhalten – einen großen Supermarkt in der näheren Umgebung. Vater ist immer dabei, er muss die Tüten schleppen. Große Supermärkte sind wie kleine Kaufhäuser, in einer Ecke befinden sich Haushaltswaren, in der anderen Elektronik. Sogar Waschmaschinen und Kühlschränke sind im Angebot. Eine Spielzeug- und Schreibwarenabteilung fehlt ebenfalls nicht; in den meisten Fällen gelangt man dahinter in die Lebensmittelabteilung. Hier wird in blitzsauberer Umgebung eine Vielfalt an Gemüse, Obst, Fisch und Fleisch angeboten, sodass auch für Ausländer das Kochen nach vertrauten Rezepten nicht schwierig sein sollte. Die Auswahl an Käse und Wurst ist in gewöhnlichen Supermärkten etwas beschränkt, doch grundsätzlich vorhanden. Und probieren dürfen Sie fleißig – eine ideale Gelegenheit, um den kleinen

Vater muss die Tüten schleppen!

Obst und
Gemüse,
Namdae-
mun
Markt,
Seoul

Was die
Hände
tragen …

Hunger zu stillen. Sollten Sie Zweifel an Herkunft und Qualität der Waren haben, noch ein Tipp: Auch Koreaner achten in letzter Zeit verstärkt auf Biokost, sie ist fester Bestandteil der Produktpalette aller großen Supermärkte.

*Läden für
Kleinig-
keiten*

Früher gab es ihn auch in Korea an jeder Ecke: den kleinen Laden für den täglichen Bedarf. Von Gemüse, Süßigkeiten und Salatöl bis hin zu Schnaps und Zigaretten war hier alles zu bekommen. Doch heutzutage wollen die Kunden nicht irgendeine Sorte Sojasauce, sie wollen unter mindestens zehn verschiedenen Marken wählen können. So verschwinden die kleinen Läden leider aus dem Straßenbild. Sterben die alten Besitzer, wollen ihre Kinder nur noch selten übernehmen – das Geschäft lohnt sich einfach nicht mehr. Die Supermärkte haben sie überflüssig gemacht.

*Märkte für
Frisches*

Günstiger als in den meisten Geschäften können Sie auf den Märkten einkaufen. Jede Gegend hat an einem bestimmten Wochentag Markt. Dort verkaufen die Bauern oftmals ihre Produkte direkt an die Kunden und das drückt den Preis. Meerestiere schwimmen in großen Plastikwannen bis sich ein Käufer findet. Absolute Frische ist garantiert, wohingegen es damit an den Metzgerständen bisweilen hapert. Damit der Kulturschock in puncto Hygiene ausbleibt, empfiehlt sich hier – zumindest für den Anfang – die gut gekühlte Ware aus dem Supermarkt.

*Fahrende
Händler*

Sie mögen Ihre Tüten nicht so weit schleppen? Dann warten Sie doch einfach auf die »Fahrenden Händler«. Da gibt es den Eiermann, den Apfelsinenmann, den Gemüsehändler und den Reisverkäufer. Der eine verkauft Brot, der nächste vielleicht nur Tofu. Manche der Händler haben eine feste Route und wissen, wo die Kunden auf sie warten. Sie breiten ihre Waren auf dem Gehsteig aus oder bieten ihre Produkte direkt von der Ladefläche ihrer Autos zum Verkauf. Beliebte Plätze sind die Treppenaufgänge der U-Bahnstationen und gerne würden alle Händler auch die großen Wohnanlagen ansteuern. Doch hier wachen die mächtigen Hausfrauenvereinigungen und bestimmen, wer hinein darf und wer draußen bleiben muss.

Sie haben keine Lust, die halbe Nachbarschaft beim Einkaufen zu treffen und möchten möglichst alles geliefert bekommen? Kein Problem in Korea! Umliegende Supermärkte bieten ihren Lieferservice regelmäßig in den Beilagen der Tageszeitungen an, Ihr Briefkasten wird wahrscheinlich mit Angeboten von den Händlern Ihres Viertels verstopft sein. Täglich frische Milch und frische Eier, zweimal in der Woche frischen Tofu; beinahe jeder koreanische Haushalt nutzt den grundsätzlich kostenlosen Lieferservice der Geschäfte. So kommen auch Toilettenpapier, Seife und besonders schwere Sachen wie Getränke und Reissäcke bequem ins Haus. Der Einkauf kann auf regelmäßiger Basis vereinbart werden oder man bestellt telefonisch – je nach Bedarf. Es gehört selbstverständlich zum Service, dass die Lieferung pünktlich zur gewünschten Zeit gebracht wird. Möchten Sie aber lieber vor Ort Ihre Waren im Supermarkt auswählen, können Sie sich das mühselige Nach-Hause-Schleppen ersparen und dies dem Supermarkt überlassen. Das ist besonders praktisch, so sind Sie auch bei Großeinkäufen nicht auf ein Auto angewiesen.

Lieferungen frei Haus

Mode nur für kleine Größen

Nicht ganz so praktisch und einfach stellt sich der Einkauf von Bekleidung dar. Das größte Problem ist dabei tatsächlich … die Größe. Falls Sie knapp über

Oftmals die letzte Rettung: der Kiosk um die Ecke

1,60 Meter groß sind und von zierlicher Gestalt: Herzlichen Glückwunsch und Willkommen in Asiens Modeparadies! Sie sind ein Glückspilz, Ihnen dürfte Größe L der koreanischen Bekleidungsindustrie gerade noch passen. Alle anderen Frauen mit einer Kleidergröße über 40 oder Männer ab Größe 50 brauchen sich mit Konfektionsware gar nicht erst aufzuhalten.

Schuhe nach Maß

Bei Schuhen tut sich Westlern der gleiche Abgrund auf: Ab Größe 40 gibt es für Frauen nichts mehr. Herrenschuhe sind keine gute Alternative. Nicht, weil sie modisch untragbar wären – ab einem gewissen Verzweiflungsgrad wird das zur Nebensache – sondern weil asiatische Männer zumeist extrem breite Füße haben und europäische Füße in koreanischen Schuhen keinen Halt finden. Nun bleibt Ihnen als Alternative eine Maßschneiderei oder Sie entsagen der Mode. Versuchen Sie Ihr Glück auf den Märkten; hin und wieder verkauft man dort größere Kleidungsstücke, die ursprünglich für den Export produziert wurden. Doch hier können Sie nichts anprobieren, das Risiko eines Fehlkaufs liegt allein bei Ihnen.

Kaufhäuser

Günstige Preise finden Sie in koreanischen Kaufhäusern kaum. In diesen Luxustempeln des Konsums stammt alles vom Feinsten; fast ausschließlich international bekannte Kosmetikfirmen und Spitzendesigner bieten hier ihre Marken an. Anders als auf den Märkten kann man sich auf die Qualität der Produkte verlassen. Da sich aber nur die wenigsten modebewussten Koreanerinnen Gucci und Ähnliches im Original leisten können, schauen sie sich hier gerne die neuesten Trends an, um dann anschließend nach Dongdaemun, dem großen Markt von Seoul, zum günstigen Shoppen zu gehen.

Doch allein der Bummel durch ein Kaufhaus kann ganz schön anstrengend werden. Kaum verlangsamt man seinen Schritt vor einem Regal, steht auch

Schuhe im Sonderangebot

Tipps zum Umgang mit koreanischem Geld

2009 war es soweit: Koreas Brieftaschen wurden entlastet, die dicken Geldbündel entschlackt. Die Regierung erweiterte die Banknotenpalette um 50 000 Won-Scheine, die zudem das Bild einer Frau tragen. Bei einem Umrechnungskurs von 1500 Won für 1 Euro (Stand 2010) wurde das auch höchste Zeit. Bisher gab es nur 1000, 5000 und 10 000 Won-Scheine. Und auch diese sind noch alle recht druckfrisch, denn erst kurz zuvor begann der Austausch der alten Banknoten durch die kleineren neuen Versionen. Es war einfach zu viel Falschgeld im Umlauf.

Bargeld ist wichtig, Bargeldzahlungen stehen in Korea immer noch an erster Stelle. Die kleinen Garküchen und Restaurants, die Stände auf den Märkten und die unzähligen Händler auf den Straßen kassieren nur in

bar. Ausnahmen sind einzig Kaufhäuser, Boutiquen und Hotels. Hier können Sie jederzeit mit Ihrer aus der Heimat mitgebrachten Kreditkarte bezahlen. Falls Sie eine koreanische Kreditkarte besitzen, können Sie diese eventuell im Großraum Seoul für das öffentliche Verkehrsnetz nutzen. Doch die Karte muss dafür extra »ausgerüstet« sein. Noch befindet sich dieses System im Versuchsstadium. Es gilt also, immer eine gute Menge Barschaft bei sich zu tragen.

Zum Glück gibt es an jeder Ecke eine Bank mit Geldautomaten. Halten Sie Ausschau nach einer *Eunhaeng* (Bank, 은행) und dem Zeichen »365 Days Corner«. Dieses Zeichen weist auf Geldautomaten hin, die praktisch immer zu benutzen sind. Viele der rund um die Uhr geöffneten Lebensmittelgeschäfte

Dicke Geldbündel gehören bald der Vergangenheit an.

wie *Family Mart* oder *Buy the way* verfügen über Geldautomaten. Sie können also Tag und Nacht Bargeld abheben.

Die Raten sind allerdings am regulär geöffneten Bankschalter günstiger und dort ist es auch sicherer. Daher sollten Sie sich gut überlegen, ob ein Geldautomat in einem überfüllten U-Bahnhof wirklich der ideale Platz zum Geldabheben ist. Wenn Sie Ihr Bargeld in koreanische Won umtauschen möchten, können Sie auch zu einer privaten Wechselstube oder zu einem großen Hotel gehen. Letzteres bietet allerdings wie überall auf der Welt den ungünstigsten Kurs an, es sollte also nur als Notlösung dienen.

Korea setzt Modetrends für ganz Asien

schon eine Verkäuferin da und preist Ihnen die ausgelegten Waren an. Sprachschwierigkeiten hindern sie nicht daran, Ihnen unbedingt etwas verkaufen zu wollen. Wenden Sie sich einem anderen Tisch zu, taucht die nächste Dame auf und redet lächelnd aber unerbittlich auf Sie ein. Jeder Stand und jedes Regal hat seine persönliche Verkäuferin und alle haben sie den Ehrgeiz, eine ordentliche Provision zu verdienen. Dieses Drängen ist lästig und unangenehm und hat schon so manchen Ausländer in die Flucht getrieben.

Zur Ehrenrettung der Kaufhausangestellten sei gesagt, dass es auch besonders fürsorgliche Seelen gibt. So wurde ich im Kaufhaus-Restaurant (ungefragt) vom Kellner bis zur Toilette am anderen Ende des Stockwerks begleitet. Dort wartete er dann und geleitete mich wieder sicher zurück. Nicht auszudenken, wenn die Ausländerin im Kaufhaus verloren gegangen wäre! Um sich Aufregung zu ersparen, marschierte er lieber hinter mir her.

Das Personal meint es gut.

Diese nette Art unerwarteter Hilfe, die in unseren Augen manchmal übertrieben scheint, aber nur gut gemeint ist, wird Ihnen beim Abenteuer Einkauf sicherlich begegnen. Auch wenn Sie eigentlich keine Unterstützung benötigen, zeigen Sie das nicht, sondern bedanken Sie sich. Ihr koreanischer Samariter würde sonst einen schweren Gesichtsverlust erleiden.

In Korea unterwegs – hier spricht die Erfahrung

Auch darüber grübelt der Reisegast womöglich schon vor Antritt seiner Reise und steht dann – auf koreanischem Boden angekommen – doch plötzlich vor lauter ungelösten Fragen: Wie finde ich mich transporttechnisch zurecht, wie gelange ich in einem Land, dessen Schriftzeichen mir keine Orientierung liefern, an mein Ziel? Wo geht es zu meinem Hotel, wie komme ich zum Markt, zur Arbeit, in den nächsten Park? Lohnt sich die Anschaffung eines eigenen Autos oder fahre ich lieber »öffentlich« mit Bus, Bahn oder Taxi?

Das eigene Auto

Ein eigenes Auto ist eine feine Sache. Ob knallige Sommerhitze oder bittere Winterkälte, der wöchentliche Großeinkauf ist kein Problem mehr, und auch der Ausflug in die Berge oder ans Meer kann jederzeit spontan entschieden werden. Auf dem flachen Land mit seinen ungünstigen Verkehrsanbindungen ist ein Auto auch in Korea von unschlagbarem Vorteil.

Für das erste Jahr Ihres Aufenthalts genügt der Internationale Führerschein (von zu Hause mitgebracht!), danach müssen Sie eine koreanische Fahrerlaubnis beantragen.

Das Vorhandensein eines Parkplatzes nachzuweisen, kann ebenfalls notwendig werden. Die neuen Wohnanlagen sind gesetzlich dazu verpflichtet, zu jeder Wohneinheit einen Parkplatz anzubieten. Das sind oftmals Tiefgaragen oder Autosilos. Dort stapeln sich die Autos dann Platz sparend in einem Paternoster-System in die Höhe. Schwierigkeiten bereitet der Parkplatz in engen Wohnsiedlungen. Da es immer wieder zu handfesten Auseinandersetzungen um den knapp bemessenen Parkraum kam, dürfen Anwohner nun mit amtlicher Erlaubnis ihren eigenen Parkplatz auf der Straße weiß markieren.

Parkplatznot

Es herrschen rüde Abschleppmethoden: Parken Sie irgendwo unerlaubt, wird sofort die Polizei geholt und Ihr Wagen abgeschleppt. Wohin, das erfahren Sie dann hoffentlich von einem kleinen Zettel, der in der Nähe an einem Pfahl oder Baum befestigt ist.

Rüde Abschleppmethoden

Die formelle Seite des Autofahrens bildet keine größeren Hindernisse. Sie sind überwindbar. Die Praxis ist dagegen nur etwas für Hartgesottene! Beherrschen Sie die koreanische Schrift? Wenn Sie diese Frage nicht ohne Zögern bejahen können, sollten Sie besser vorerst nicht Autofahren. Koreanische Straßenschilder sind logischerweise auf Koreanisch geschrieben; nur die großen Überlandstraßen weisen Schilder mit lateinischer Umschrift auf. Im innerstädtischen Verkehr können Sie mit dieser Hilfe eher nicht rechnen.

Harter Praxistest

Das Ki fließt, auch auf der Straße

Schleicher finden kein Verständnis.

Besonders perfide ist die Angewohnheit, bei mehreren Spuren die Richtung direkt auf den Asphalt zu schreiben. Die Buchstaben sind verzerrt, damit das Wort auf die schmale Spur passt, der Verkehr rauscht zügig darüber hinweg oder blockiert im Stau die Sicht. Lässt man eine Lücke um die Worte mühselig zu entziffern, drängelt sich garantiert ein anderes Auto in die Schlange. Koreaner sind extrem ungeduldige Fahrer. Sie drücken lieber aufs Gaspedal, haben kein Verständnis für Schleicher und überholen dann auch gerne einmal rechts.

Und doch ist alles so viel besser geworden! Mit den Olympischen Spielen 1988 hatte der Staat die Fahrer zur Ordnung gerufen. Damals waren tödliche Unfälle in Seoul an der Tagesordnung; niemand scherte sich um grüne Fußgängerampeln. Heute können Sie sicher sein, dass ordnungsgemäß angehalten wird.

Fahrverbote

Ebenso hat der Verkehr sehr abgenommen. Nicht, dass Koreaner ihr Herz für die Umwelt entdeckt hätten und nun freiwillig auf Bus und Bahn umgestiegen wären. Um den Großraum Seoul vom täglichen Verkehrskollaps zu bewahren, hat sich die Stadt etwas Geniales ausgedacht: Lautet die Endziffer Ihres Autokennzeichens zum Beispiel 5, dürfen Sie am 5., 15. und 25. eines jeden Monats Ihren Wagen nicht benutzen. Dieses System nennt man *Jadongcha Sib-bu Che* (자동차십부제, Auto-Zehner-System). Bei Großveranstaltungen wie der Fußballweltmeisterschaft 2002 gingen die Verkehrswächter noch einen Schritt weiter: Je nach Datum durften nur Autos mit geraden oder ungeraden Endziffern unterwegs sein. Bei der Anschaffung eines Zweitwagens achten die Besitzer daher ganz genau auf die Ziffern des Nummernschildes!

Polizeikontrollen

Da die meisten Pendler aus dem so genannten *Donut-Belt* mit den riesigen Wohnanlagen rings um Seoul kommen und eine der vielen Brücken oder Tunnels passieren müssen, fällt der Polizei eine regelmäßige Kontrolle nicht sonderlich schwer. Ebenso häufig wird abends nach alkoholisierten Fahrern gefahndet, die Grenze liegt in Korea bei 0,5 Promille. Dabei wird jedes Auto kontrolliert, ein Herauswinken auf gut Glück gibt es nicht.

INFO
Tankstellen – Wellness auf die Schnelle

Sie fühlen sich ein bisschen schlapp und deprimiert? Dann nichts wie auf zur nächsten Tankstelle! Dort heißt der Tankwart sie herzlich willkommen, fragt zuvorkommend nach Ihren Wünschen, betankt Ihren Wagen und wischt und poliert währenddessen unaufgefordert sämtliche Fensterscheiben. Eine Wagenwäsche gefällig? Auch das gibt es auf die Schnelle. Oft kostet das Ganze gerade mal so viel wie einen Euro. Sie können dabei in Ruhe sitzen bleiben oder sich eine Tasse Kaffee gönnen. Manche Tankstellen verteilen an bestimmten Wochentage sogar kleine Geschenke: eine Packung Eier oder Toilettenpapier, die Kinder bekommen einen Lolli. Überall verabschiedet man Sie mit einem strahlenden Lächeln und lauten Abschiedsgrüßen. Tankstellen sorgen in Korea für eine nette kleine Pause im Autofahreralltag.

Wenn Sie dann noch das Pech haben sollten, einem jungen Polizeibeamten in weißer Uniform gegenüberzustehen, bezahlen Sie lieber ohne Diskussionen. Er leistet bei der Polizei seinen Wehrdienst ab und gilt als besonders strikt. Bei seinem Kollegen in Blau – von der Berufspolizei – haben Sie mit einem freundlichen Auftreten möglicherweise mehr Erfolg. Die reguläre Polizei ist angehalten, bürgernah zu handeln und drückt schon eher mal ein Auge zu.

Taxis

Galt die Fahrt mit einem koreanischen Taxi früher als echte Herausforderung des Schicksals, können Sie heute den Fahrkünsten der Fahrer voll und ganz vertrauen. Mindestens sieben Jahre unfallfreies Fahren müssen die Anwärter eines Taxischeins vorlegen; das erfordert in den Großstädten schon wirkliches Geschick. Ebenso verzichten die Fahrer heute auf lautes Rufen durch das heruntergelassene Fenster. Das Taxi stoppt und Sie können ihr Ziel präzise benennen oder besser noch auf einem Zettel in *Hangeul* geschrieben hineinreichen. Die Unsitte, nach dem ersten Fahrgast weitere Kunden aufzunehmen, um so auf einer Strecke mehr Umsatz zu erzielen, ist heute illegal. Die meisten Fahrer halten sich auch wirklich daran und ersparen Ihnen eine unbequeme Fahrt mit einer Gruppe Fremder.

Die bequemste Art der Fortbewegung

Taxi fahren lohnt sich in Korea. Schon ab drei Personen sind Taxis billiger als eine Fahrt mit Bus oder Bahn. Je nach Region gibt es unterschiedliche Systeme; in Seoul unterteilt man Taxis grob in drei Kategorien. Da gibt es einmal die regulären Taxiunternehmen. Ihre Wagen sind zumeist weiß oder silberfarben. Auf dem erleuchteten Taxischild steht *Taeksi* (Taxi, 택시) oder klein der Name des Unternehmens samt Telefonnummer. Hinzukommen die selbstständigen Fahrer. Auf den Schildern ihrer Wagen und auch auf der Karosserie muss »Privat« (*Gae-in,* 개인) stehen. Ansonsten sind sie in Bezug auf Kosten und Service mit den Wagen der Unternehmen identisch. Beide Typen fordern für die ersten drei Kilometer 1900 Won und addieren dann in 100-Won-Schritten. Ab Mitternacht wird die Fahrt um rund 20 Prozent teurer.

Günstige Preise

Im Vergleich mit dem *Deluxe Taxi* (*Mobeon,* 모범) der dritten Kategorie, ist das sehr günstig. Hier verdreifacht sich der Fahrpreis, aber dafür ist Ihr Taxi nun schwarz mit einem gelben Streifen und die Sitze sind ein wenig bequemer. Die Fahrer sind ausgesprochen höflich und im Verkehr angeblich besonders umsichtig. Weitere Talente, wie zum Beispiel das Sprechen einer Fremdsprache, können Sie hier jedoch nicht erwarten. Das macht auch nichts, es gibt in vielen Taxis einen kostenlosen Dolmetscher-Service. Diese Wagen sind mit einem gelben Schild »Free Interpretation« gekennzeichnet. Wenn die Verständigung also gar nicht klappen sollte, nutzen Sie das Angebot und wählen Sie die angegebene Nummer. Auf den Visitenkarten der meisten Hotels, Restaurants, Bars oder Geschäfte findet sich zudem eine Wegbeschreibung mit einer skizzierten Karte. Das ist für den Taxifahrer vollkommen ausreichend. Außerdem verfügt jedes Taxi

Die elegante Variante

Taxistand

über ein Navigationssystem, dass uns vor Neid erblassen lässt. Parallel zur realen Welt sausen wir auf einem großen Bildschirm mit perfekter Auflösung durch die gleiche Häuserlandschaft in 3-D, eine tolle Erfahrung!

Egal, welchen Typ Taxi Sie bevorzugen, es gibt zwei Möglichkeiten, ein Taxi zu ergattern. Halten Sie Ausschau nach einem Taxistand. Ähnlich unseren Bushaltestellen finden Sie hier oft ein kleines Häuschen oder eine Überdachung neben einem recht großen Schild mit Taxisymbol und auf Koreanisch *Taeksi* (Taxi, 택시). Dort stellen Sie sich ordentlich an und warten, bis Sie an der Reihe sind! Das kann nach Feierabend lange dauern und gewiefte Taxikunden versuchen ihr Glück lieber an der vorigen Straßenecke. Denn Sie müssen sich nicht auf den Taxistand beschränken, Sie können überall ein Taxi heranwinken. Denken Sie daran, dass man in Korea beim Winken den Arm ausstreckt und mit der Hand kleine Schaufelbewegungen nach unten macht. Saust es trotzdem an Ihnen vorbei, war es vielleicht schon besetzt. Achten Sie beim nächsten Mal auf die kleine Leuchtschrift an der Windschutzscheibe: *Bincha* (빈차) bedeutet »Frei«. Leuchtet da nichts, hat der Fahrer vielleicht schon Feierabend.

»V« für doppelten Fahrpreis

Und noch ein Geheimtipp für den Kampf am Samstagabend: Halten Sie zwei Finger wie zum Victory-Zeichen in die Luft, wenn Sie die Konkurrenz ums Taxi ausschalten wollen. Damit versprechen Sie dem Fahrer den doppelten Fahrpreis. Versuchen Sie bitte nicht, den Chauffeur am Ende übers Ohr zu hauen, nur weil die Sache eigentlich illegal ist. Übermüdete koreanische Taxifahrer können sehr zornig werden.

Seit Jahren wird übrigens um die Freigabe der Taxipreise diskutiert. Bis zum Druck dieses Buches 2008 haben sich allerdings noch keine Änderungen ergeben, Taxigebühren sind immer noch staatlich reglementiert.

Busverkehr

Bürgernah ...

Früher wagten es nur die ganz mutigen Ausländer in Seoul einen öffentlichen Bus zu besteigen. Alle Busse sahen gleich aus und das Fahrziel stand nur in *Hangeul* angeschrieben. Kaum hatte man das Ziel mühsam am wartenden Bus entziffert, war der ungeduldige Fahrer auch meist schon wieder davongebraust. So blieben die Seouliter in ihren lauten, stinkenden und rasant fahrenden Bussen zumeist unter sich. Doch im Sommer 2004 war Schluss damit. Seoul sollte auf Wunsch des damaligen Bürgermeisters Lee Myun-bak – er ist mittlerweile zum Staatschef aufgestiegen – international attraktiver werden. Dazu gehörte nicht nur der Umbau des kleinen Flüsschens Cheonggyecheon (vgl. S. 22f.), sondern die Reform des öffentlichen Bussystems. Lees Anliegen war ein vereinfachtes System, in dem auch sprachunkundige Ausländer sicher ihr Ziel erreichen.

Heute erstrahlen Seouls Busse in buntem Glanz und fahren umweltfreundlich mit Flüssiggas, ein Segen für das Stadtklima und die Besucher. Sie machen nicht nur das Straßenbild fröhlicher, die vier Farben haben auch einen handfesten Zweck: Rote Busse verkehren als Expressbusse und fahren weit über die Randbezirke der Metropole hinaus. Gelbe Busse zirkulieren durch die Bezirke im Zentrum Seouls. Sie halten an den wichtigsten U-Bahnhöfen und an Haltestellen für blaue Busse. Dabei durchkreuzen sie die wichtigsten Geschäfts- und Vergnügungsviertel der Hauptstadt. Diese Busse werden besonders gern von Touristen genutzt. Blaue Busse fahren entlang der Hauptverkehrsadern zwischen den Vororten und dem Zentrum. Anders als die roten Busse verlassen sie das Stadtgebiet nicht. Die letzte Kategorie bilden die grünen Busse. Ihre Routen verlaufen quer zwischen den großen U-Bahnstationen und Bushaltestellen der blauen Linien.

… und umweltfreundlich

Um sich dieses Gewirr nun besser merken zu können, stellen Sie sich die blauen und roten Buslinien als strahlenförmige Strecken vor. Ihr Ausgangspunkt ist das Stadtzentrum. Die roten Linien halten weniger und fahren weiter hinaus. Zwischen diesen Linien kreisen die gelben Busse. Wie ein feines Aderngeflecht verbinden die grünen Buslinien die einzelnen Strahlen in blau und rot. Behalten Sie dieses Bild im Kopf und das Bussystem wird schon wesentlich verständlicher!

Farbsystem

INFO

Die ganz Flotten fliegen

Auch wenn Sie in Korea ein eigenes Auto besitzen, sollten Sie bei längeren Reisen den öffentlichen Fernverkehr in Anspruch nehmen. Expressbusse verkehren zwischen allen größeren Städten. Sie sind kostengünstig und kommen dank einer besonderen Busspur auf der (kostenpflichtigen) Autobahn zügig voran. Noch pünktlicher erreichen Sie Ihr Ziel mit einem Zug. Seit einigen Jahren gibt es den KTX *(Korea Train eXpress)*. Dieser Hochgeschwindigkeitszug fährt von Seoul nach Busan, Gwangju und Mokpo. Benötigen Sie an Wochenenden und Feiertagen mit dem Auto für die 550 Kilometer lange Strecke nach Busan manchmal 12 Stunden, schafft der KTX diese Distanz in gut zwei Stunden. Hinzu kommt ein dichtes Netz an Inlandflügen. Die hohe Anzahl an täglichen Flügen, die zumeist auch ohne Reservierung unkompliziert genutzt werden können, machen das Fliegen innerhalb Koreas immer noch zum Fortbewegungsmittel Nummer eins für Eilige und Vielbeschäftigte.

Nummern-
codes

Die Nummerncodes der Busse sind ebenfalls logisch aufgebaut. Bei allen Linien (außer bei roten Bussen, hier beginnen alle Linien mit 9) kennzeichnet die erste Ziffer den Kopfbahnhof und die zweite Ziffer das Ziel. Nachfolgende Ziffern geben den Streckencode an. Da sich niemand die Bedeutung aller Nummern merken kann, folgt hinter der Ziffernkombination nochmals der Name der ersten und letzten Haltestelle. Bei den gelben Bussen sind diese stets auch in Englisch angegeben. Während der Fahrt werden alle Haltestellen ebenfalls in Englisch angesagt, doch wegen der vielen Nebengeräusche sind die Ansagen oft unverständlich. Vom Fahrer können Sie leider keine große Hilfe erwarten, er spricht meist kein Wort Englisch und reagiert oft äußerst unwirsch. Sprechen Sie lieber einen jungen Mitfahrer an. Er wird wesentlich aufgeschlossener auf Ihre Fragen reagieren.

U-Bahn

Einfach und
schnell

Von allen Fortbewegungsarten ist das Fahren mit der U-Bahn wohl die einfachste und schnellste Lösung. Kein Stau, kein abruptes Bremsen, kein mulmiges Gefühl, ob man hier wohl richtig sei. Denn alle U-Bahnlinien sind farblich markiert, ebenso sind ihre Stationen in den entsprechenden Farben gehalten. Wechseln Sie die Linie, folgen Sie einfach den bunten Markierungen durch den Bahnhof. Der Name jeder Station ist dreisprachig angegeben: Koreanisch, Englisch und Chinesisch bzw. in der alten sino-koreanischen Schreibweise der Ortsnamen. Und jetzt das Bonbon: Jede Station hat, wie bei uns die Au-

---

INFO   **Bezahlen Sie mit der Smart-Card**

Mit Bargeld können Sie jederzeit Ihre Busfahrt direkt beim Einsteigen bezahlen. Doch eleganter geht es mit *T-money*. Diese Karte funktioniert wie eine *Prepaid-Card*, verbilligt die Fahrt und gibt beim Umsteigen Rabatt. Bezahlen Sie mit Bargeld, müssen Sie dagegen immer wieder eine neue Karte kaufen. Da die meisten Automaten nur Münzen annehmen, kann das bei häufigen Fahrten sehr schnell sehr lästig werden. Mit der Karte sparen Sie nicht nur Geld sondern auch Zeit, denn besonders im Busverkehr verzögert das Kramen nach Kleingeld regelmäßig die Abfahrt. Beim Einsteigen oder Passieren der U-Bahnsperre (auch die U-Bahn akzeptiert die *T-money-Card*) fährt man mit der Karte nur noch kurz über ein Magnetfeld und der entsprechende Betrag wird abgezogen. Das neue System ist bei der Bevölkerung so gut angekommen, dass in Kürze wohl auch Taxifahrten mit der *T-money-Card* bezahlt werden können. Besorgen Sie sich also in einem der 24-Stunden-Lädchen oder direkt am Schalter der U-Bahnstation eine *Smart T-money-Card* (*Smart T-money* 카드). Dort können Sie die Karten auch wieder aufladen lassen. Schon sind Sie dem Alltag wieder ein Stück auf die Schliche gekommen.

Leicht
gelernt:
U-Bahn-
Fahren

tobahnabfahrten, eine Nummer! Die erste Ziffer benennt die Linie, an der sich der Bahnhof befindet, die folgenden Ziffern den Bahnhof selbst. So können Sie praktisch nicht verloren gehen. Selbstverständlich gibt es auch hier Durchsagen und blinkende Anzeigentäfelchen, die Ihnen den Verlauf der Strecke während der Fahrt aufzeigen. Wundern Sie sich über das wiederkehrende Vogelgezwitscher über Lautsprecher? Dieses Geräusch kündigt nur den nächsten Umsteigebahnhof an. Sie bleiben jedoch einfach bei Ihren Nummern, dann kann nichts passieren.

Entspannen Sie sich und genießen Sie die Fahrt. Landschaftlich ist nicht viel zu sehen, umso mehr gibt es bei Ihren Mitfahrern zu entdecken. Da sitzt ein Grüppchen *Ajumma* (vgl. S. 104) in Wanderausrüstung für den Ausflug ins Grüne. Schüler machen Hausaufgaben und werden von einem alten Mann angemeckert. (Senioren fahren übrigens kostenlos.) Neben Ihnen sitzt eine Hausfrau und studiert eifrig die Bibel, Ihnen gegenüber schaut ein Pärchen gemeinsam auf einem winzig kleinen Bildschirm fern. Dann geht die Zwischentür auf, ein Mann schiebt flink seinen Koffer herein, schaltet einen CD-Spieler ein und preist die gute Qualität und den niedrigen Preis seiner Musik an. Er findet tatsächlich einen Käufer für seine sentimentalen Lieder. Kaum ist er weg, kommt der nächste Händler. Diesmal erleben wir die Vorführung eines multifunktionalen Schraubenziehers. Die eingebaute Taschenlampe fasziniert mehrere Männer und die Dinger verkaufen sich gut. Noch vor der nächsten Station ist der Mann wieder verschwunden. Er muss immer in Bewegung sein, eigentlich ist das Geschäft in der U-Bahn verboten. Doch ob nun Nylonstrümpfe oder Handschuhe für den ersten Wintereinbruch, alles wird hier an den Mann oder die Frau gebracht. Auch blinde Bettler nutzen die Zeit in der Bahn und tapsen

Menschengetümmel

durch den Wagen. Manche singen herzzerreißend falsch. Bettler und Händler können Sie ignorieren, Alten und Schwachen aber sollten Sie mit Höflichkeit und Respekt begegnen. Steht vor Ihnen eine schwangere Frau oder ein alter Mann, müssen Sie sofort aufstehen und Ihren Sitzplatz anbieten. Früher nahm man den Stehenden sogar das Gepäck aus der Hand, aber diese Sitte wird seltener.

Gelbe Sitze

In jedem Wagen (und auch im Bus) sind einige Sitze gelb markiert. Diese Sitze entsprechen unserem Behindertensitzplatz, ihre Anzahl ist nur wesentlich größer. So kommt es außerhalb der Hauptverkehrszeiten vor, dass sie vereinzelt frei bleiben. Obwohl vielleicht alle anderen Plätze besetzt sind und einige Mitfahrer sogar stehen, steuert niemand auf die gelben Sitze zu. Für gesunde und junge Menschen sind sie schlichtweg tabu. Es wäre äußerst respektlos, sich dort niederzulassen. Ruhen Sie sich lieber auf einer der vielen Bänke in der U-

Freie Fahrt auf dem Bürgersteig

Bahnstation aus, falls Sie eine leere finden. Sie haben sich nämlich zu beliebten Rentnertreffs entwickelt!

Fußgänger

Freud und Leid

Am meisten entdecken Sie, wenn Sie zu Fuß unterwegs sind. Selbstverständlich müssen Sie beim Überqueren von Straßen ohne Ampeln sehr vorsichtig sein, Vorfahrt hat grundsätzlich das Auto. Oftmals sind die Bürgersteige großzügig angelegt. Ein Grünstreifen trennt die Passanten sicher vom Straßenverkehr. Hier und da breiten Marktfrauen und fliegende Händler ihre Waren aus, kleine Supermärkte stellen Tisch und Stühle vor die Tür. Ältere Viertel bieten wunderbare Gelegenheiten für ruhige Spaziergänge, moderne Einkaufsstraßen wie Insadong und Myeongdong in Seoul sind als bequeme Fußgängerzone angelegt.

Vorsicht Motorrad!

Wären da nicht die Motorräder! Motorradfahrer in Eile nehmen gerne den Bürgersteig oder die Fußgängerzone, um Staus und andere Straßenhindernisse zu umgehen. Zügig fahren sie im Zickzack um die Passanten herum. Koreaner nehmen das gelassen hin, aber das plötzliche Auftauchen eines hoch beladenen Motorrades inmitten eines Menschenstromes ist nicht jedermanns Sache. Bevor Sie also Ihre Richtung ändern, werfen Sie sicherheitshalber einen Blick über Ihre Schulter. Ein Zusammenstoß kann sehr schmerzhaft sein.

Stolpersteine

Korea – und insbesondere Seoul – ist eine einzige Baustelle. Tag und Nacht wird gehämmert, gebohrt und gesägt. Nachts reißen Arbeiter die Straße auf, tragen das Kopfsteinpflaster des Bürgersteigs ab. Am nächsten Morgen klopfen sie die Steine geschwind wieder fest. Dieses Tempo geht leider auf Kosten der Qualität, die Steine wackeln und bilden Stolperfallen. An abschüssigen Lagen befestigt Asphalt die geflickten Stellen. So verwandelt sich der ursprünglich hübsch gemusterte Bürgersteig über die Jahre in einen Flickenteppich unterschiedlichster Materialien. Vorsicht ist auch bei den Treppenaufgängen der U-Bahnstationen geboten. Der Höhenunterschied der einzelnen Stufen kann beträchtlich sein und zu bösen Unfällen führen. Also, gutes Schuhwerk an die Füße, Augen auf und Ohren gespitzt! Nun können Sie losziehen, den koreanischen Alltag zu entdecken.

Feste, Freizeit und Vergnügen

Spagate zwischen Tradition und Moderne

Feiertage in Korea sind in den meisten Fällen Gedenktage an ein die ganze Nation betreffendes Ereignis. Ausnahmen bilden die alten, aus dem chinesischen Kulturkreis stammenden Festivitäten wie Neujahr und Erntedank. Sie werden nach dem Mondkalender begangen und stehen im Mittelpunkt jährlich wiederkehrender Aktivitäten. Als Korea noch eine Agrargesellschaft war, hatten auch die 24 Jahreszeiteinteilungen (*24 Jeolgi*, 24 절기) des alten chinesischen Kalenders jeweils ihren Ehrentag. Sie führten wie ein Bauernkalender durch das Jahr. An diese alten Bräuche erinnern heute allerdings nur noch besondere Speisen, die zu bestimmten Tagen auf den Tisch kommen. Zum Beispiel an *Hansik* (한식), dem 105. Tag nach Winteranfang, an dem Koreaner auch ihre Ahnengräber pflegen, oder an *Dongji* (동지), dem Winteranfang, dem Tag zur Abwehr böser Geister.

Bauernregeln aus China

Im modernen Korea bestimmt die industrielle Produktion mit ihren Anforderungen den Arbeits- und Feiertagsrhythmus. Die Zahl der offiziell arbeitsfreien Tage ist auf 14 gesetzliche Feiertage geschrumpft. Viele ehemalige gesetzliche Feiertage schaffte die Regierung ab, sie werden nur noch als »Gedenktage« im Kalender geführt. 2007 etwa fiel der »Tag der Verfassung« am 17. Juli dem staatlichen Rotstift zum Opfer; er ist nun ein regulärer Arbeitstag. Tröstlich dagegen, dass Montag automatisch arbeitsfrei ist, wenn einer der gesetzlichen Feiertage auf einen Sonntag fällt. Dann winkt ein langes Wochenende.

14 arbeitsfreie Tage

Feier- und Gedenktage

▶ **Neujahrsfest:** Das Jahr beginnt am 1. Januar mit dem westlichen Neujahrsfest (*Sinjeong*, 신정). Feierte man früher drei Tage, reduzierte die Regierung die Feiertage auf einen Tag, als sie 1989 das traditionelle Neujahrsfest nach dem Mondkalender (*Seolnal*, 설날) wieder einführte und dafür drei weitere arbeitsfreie Tage genehmigte. *Seolnal* findet Ende Januar/Anfang Februar statt und bringt das Land komplett zum Erliegen: Geschäfte haben geschlossen und die Innenstädte erscheinen verlassen und ausgestorben. (Bedenken Sie das bei der Planung Ihrer Reise!)

Neujahr ist ein Familienfest und so kehrt jeder Städter heim aufs Land, um den Eltern und den alten Verwandten Respekt zu erweisen. Zu Neujahr holen Koreaner – Männer wie Frauen – wieder häufiger ihre farbenprächtigen *Hanbok* (wörtlich: Kleidung der Han) aus den Schränken, die traditionellen Festtagsgewänder, die dem historischen Modestil der Ära der drei Königreiche (um die christliche Zeitenwende) nachempfunden sind. Einflüsse sollen auch von den Mongolenherrschern gekommen sein. Zu allen besonderen Anlässen und hohen Feiertagen, aber auch zu Schulfesten, werden sie mit Stolz getragen. (Als Reisegast können Ihnen auch in Museen und Palästen Touristenführerinnen in *Hanbok*-Tracht begegnen – dann aber in der Arbeitsvariante.)

Modische Trendsetter in Asien: Koreas Jugend

Am Morgen des Neujahrstages verbeugen sich die Jüngeren vor den Eltern und sprechen den traditionellen Neujahrsgruß: »Viel Glück zum Neuen Jahr! *Saebae bok manhi badeuseyo* (새해 복 많이 받으세요)«. Schon die ganz Kleinen lernen schnell die korrekte Grußformel, denn zur Belohnung winken rote Geldumschläge. Dieses »Glücksgeld« bekommt der Nachwuchs, bis er selbst heiratet und eine eigene Familie gründet. Danach wechseln junge Koreaner ins »Lager der Gebenden« und empfangen nunmehr ihrerseits von den jüngeren Familienmitgliedern die höflichen Verbeugungen.

Nach den Respektsbezeugungen gibt es Suppe mit Reiskuchen (*Ddoek guk* 떡국) und andere Neujahrsleckereien. Mit jeder Schale Suppe wird man an *Seolnal* angeblich ein Jahr älter. Erwachsene halten sich vornehm zurück, aber die Kinder wetteifern um die meisten Portionen! Überhaupt wird immerzu gegessen. Um sich wieder Appetit zu verschaffen, hilft Bewegung an der frischen Luft mit traditionellen Spielen wie Drachen steigen lassen oder dem Kräftemessen auf der Wippe. Die folgenden Tage verbringen alle mit Besuchen bei Verwandten und ehemaligen Lehrern. Auch ihnen schulden Koreaner Dank und Respekt und nehmen dieses Fest dazu wahr. Die Kinder gehen willig überall mit, für sie ist Neujahr in Korea wie Geburtstag und Weihnachten zusammen.

▶ **Unabhängigkeitstag:** Der 1. März (*Samiljeol*, 삼일절, 3.1절) folgt als nächster Feiertag. Er erinnert an die Unabhängigkeitsbewegung von 1919 unter japanischer Okkupation. Vielerorts wird heute die Nationalflagge Taegeugki (태극기) gehisst.

▶ **Tag des Baumes:** Der 5. April (*Sigmogil*, 식목일) gedenkt der Verwüstung der Natur durch die Kriege der letzten Jahrzehnte. Seit sich die Regierung um

Schulfest in Seoul

eine Aufforstung der Wälder bemüht, werden an diesem regulären Arbeitstag Bäume gepflanzt und Grünanlagen gesäubert.

▶ **Tag des Kindes:** Der 5. Mai gilt im chinesischen Kulturkreis seit Jahrhunderten als »Tag des Jungen«, wurde aber in Korea 1975 kurzerhand zum »Tag des Kindes« (*Eorininal*, 어린이날) erklärt. Kinder erhalten bei dieser Gelegenheit keine Geschenke, man unternimmt aber etwas besonders Schönes mit ihnen. Es ist ja ein nationaler Feiertag. Außerdem locken die Vergnügungsparks und Museen mit freiem Eintritt für die Kleinen. Rechnen Sie also an diesem Tag mit langen Warteschlangen.

▶ **Dano-Tag:** Sommeranfang – am fünften Tag des fünften Monats des Mondkalenders, ungefähr Mitte Juni, gedenkt man in Korea *Dano* (단오), auch *Surinal* (수리날) genannt. Dieses Fest zählt neben Neujahr und Erntedank zu den drei großen Festivals Koreas. Es stammt ebenfalls aus dem alten China und markiert den Beginn des Sommers. An diesem Tag wird traditionell für gutes Wetter und reiche Ernte gebetet. Die Frauen schaukeln zum Vergnügen bis hoch in den Himmel, die Männer üben sich im Ringkampf (*Ssireum*, 씨름). Der Tag endet mit Maskentanz, viel Wein und gutem Essen. Reiskuchen in den unterschiedlichsten Variationen dürfen dabei auf keinen Fall fehlen.

▶ **Tag der Eltern:** Ehemals »nur« Muttertag ist der 8. Mai nun auch gleichzeitig Vatertag geworden. Am Elterntag (*Eobeoinal*, 어버이날) überreichen die Kinder ihren Eltern Nelken und Selbstgebasteltes. Leider ist dieser Tag kein offizieller Feiertag.

▶ **Tag der Lehrer:** Nach den Eltern gebührt den Lehrern in Korea ein besonderer Ehrentag (*Seuseungeuinal*, 스승의날). Er findet am 15. Mai statt. Ist dieser Tag auch nicht schulfrei, so erwartet den Lehrer doch ein besonderes Programm. Geschenke von Schülern und Eltern sind heute allerdings verboten.

▶ **Buddhas Geburtstag:** Buddhas Geburtstag (*Bucheonim Oshinnal*, 부처 님 오신날), auch bekannt als »Laternenfest«, ist ein beweglicher Feiertag und findet Ende Mai statt. Schon Wochen zuvor werden die Tempel mit Papierlaternen in Lotusform geschmückt. Am Festtag selbst, dem achten Tag des vierten Monats des Mondkalenders, verteilen viele Tempel kostenlos Essen und Getränke.

▶ **Gedenktag der Gefallenen:** Seit 1956 begeht man am 6. Juni *Hyeonchung-il* (현충일), den Gedenktag für die Gefallenen des Koreakrieges und der im Dienst verstorbenen Polizisten. Um 10 Uhr vormittags ertönt in manchen Orten eine Sirene, die zu einer Schweigeminute auffordert. Gedenkfeiern werden unter anderem auf dem Nationalfriedhof in Seoul inszeniert.

▶ **Tag der Verfassung** (*Jeheonjeol*, 제헌절) war 2007 letztmals ein arbeitsfreier Feiertag und ist heute nur noch ein Gedenktag.

▶ **Tag der Befreiung:** Am 15. August 1945 kapitulierte Japan und Korea wurde frei. Zur Erinnerung an diesen bedeutsamen Augenblick in der koreanischen Geschichte ist der 15. August seit 1949 ein Feiertag: *Gwangbokjeol* (광복절).

▶ **Erntedank:** Neben dem Neujahrsfest wird besonders das koreanische Erntedankfest (*Chuseok*, 추석) groß gefeiert. Das Datum richtet sich nach dem Mondkalender (15. Tag des achten Monats) und findet daher Ende September/Anfang Oktober statt. Respektspersonen und Verwandte erhalten Geschenke und viele nehmen zusätzlich zu den drei Feiertagen oft noch Urlaub. Wieder zieht es die Menschen für einige Tage zurück in die Heimatdörfer und wieder werden für die Feiertage die traditionellen Gewänder angelegt. Der herbstliche Vollmond erscheint besonders groß und prächtig am Abendhimmel. Da die Nächte noch lau sind, betrachten fröhliche Runden gerne den Mond und essen und trinken dabei reichlich.

▶ **Tag der Streitkräfte:** 1992 ist aus dem ehemaligen Feiertag am 1. Oktober ein Gedenktag geworden. Heute finden auch am *Gukgunuinal* (국군의날) keine Militärparaden mehr statt.

▶ **Staatsgründungstag:** Zwei Tage später gibt es am 3. Oktober wieder einen gesetzlichen Feiertag, den Staatsgründungstag (*Gaecheonjeol*, 개천절). Dieser Tag zelebriert nun nicht die Gründung der Republik Korea sondern die Gründung des Königreich Koreas durch Dangun, den ersten himmlischen Herrscher der Halbinsel vor mehr als 4300 Jahren. Die korrekte Bezeichnung dieses wichtigen Tages lautet: »Der Tag, an dem sich der Himmel öffnete«.

Weihnachtsstimmung?

▶ **Hangeul-Tag:** Der 9. Oktober ist der Tag des koreanischen Alphabets (*Hangeulnal,* 한글날). Dieser Tag ist der Einführung der koreanischen Schrift durch König Sejong im Jahr 1446 gewidmet und seit 1991 ebenfalls nur noch Gedenktag.

▶ **Weihnachten:** Der letzte gesetzliche Feiertag im Jahr ist auch gleichzeitig der einzige Feiertag mit christlichem Hintergrund: Am 25. Dezember feiert Korea ebenfalls Weihnachten (*Songtanjeol,* 성탄절). Seit den ersten Novemberwochen haben die Kaufhäuser und Hotelketten auf diesen Tag hingearbeitet, Weihnachtsschmuck blinkt an allen Ecken. Entweder haken Koreaner diesen Festtag mit einer bunten Party ab oder verbringen ihn in tiefem Gebet. Beides macht vor allem deutsche Romantiker anfällig für Heimweh. Am 26. Dezember ist der ganze Weihnachtszauber bereits vorbei.

Private Festtage im Laufe eines Lebens

Neben den öffentlichen Feiertagen gibt es im Leben eines Koreaners noch viele ganz besondere persönliche Feiertage. Der Reigen privater Feste beginnt natürlich mit der Ankunft eines jeden neuen Erdenbürgers. Im Gegensatz zu vergangenen Zeiten, wo nur die Geburt eines Stammhalters etwas galt, werden heutzutage auch kleine Mädchen freudig auf dieser Welt empfangen. Glückwünsche sind also in jedem Fall angebracht! Die meisten Babys erblicken in einem Krankenhaus das Licht der Welt. Nach einer Woche geht es dann nach Hause. Dort hat inzwischen die frischgebackene Großmutter das Regiment übernommen und wacht während der nächsten drei Wochen streng über die junge Mutter und ihr Neugeborenes. Es gilt, sie und das Baby auch im Sommer warm zu vermummeln und rund um die Uhr zu verwöhnen. Der Wöchnerin wird jegliche Arbeit abgenommen. Erst nach dieser intensiven Ruhephase sind Mutter und Kind bereit, Besucher zu empfangen. Sehen Sie also in den ersten Wochen nach der Geburt von einem Besuch in Krankenhaus oder in der Kinderstube daheim höflicherweise ab.

Geburt

Der erste Geburtstag

Ist Kindersterblichkeit zum Glück kein Problem mehr wie in früheren Zeiten, halten Koreaner dennoch an der Tradition fest, den ersten Geburtstag des Kindes (*Dol,* 돌) besonders prächtig zu feiern. Feierten sie früher auch die »100-Tage-Hürde« des Babys mit einem großen Festessen (*Baekil,* 백일), beschränken sich heute viele Familien auf *Dol.* Diesen besonderen Tag lassen die Familien der Bequemlichkeit halber immer häufiger in einem Hotel ausrichten. Der kleine Liebling wird dafür erstmals mit traditioneller Kleidung herausgeputzt, professionelle Fotografen halten den Moment für die Nachwelt fest. Alles brav über sich ergehen lassend sitzt das Kleinkind an seinem Geburtstagstisch, der

Torte aus Reis

Geburts-
tagskind
mit Groß-
familie

mit mindestens zwölf Sorten von Reiskuchen, Seetangsuppe und einer bunten
Geburtstagstorte (ebenfalls aus Reis!) beladen ist. Hinzu kommen noch Früchte
und andere Leckereien.

*Blick in die
Zukunft*

Dann folgt die Hauptattraktion dieses fröhlichen Festtags: Das Kind wird seine
eigene Zukunft vorhersagen. Auf einem Extratisch haben die Erwachsenen neben Reiskuchen und Geldscheinen auch Schreibpinsel, Bänder und ein Buch
drapiert. Kleinen Jungen legt man noch Pfeil und Bogen dazu, kleinen Mädchen
ein Nähzeug. Das Kind soll nun »in freier Wahl« nach einem oder mehreren
dieser Gegenstände greifen. Die sich so zeigende Vorliebe deutet auf seinen spä-
teren Werdegang hin. Greift ein Junge zum Beispiel nach dem Miniaturbogen,
wird er ein Krieger. Buch und Pinsel sprechen eher für eine künstlerische oder
akademische Karriere. Bänder verheißen ein langes Leben und der leckere Reiskuchen Wohlstand und Reichtum. In manchen Gegenden bedeutet der Reiskuchen jedoch nichts Gutes: In diesen Fällen schieben ihn die Eltern einfach nach
hinten, sodass er für die kurzen Kinderärmchen unerreichbar bleibt. Allen ist
durchaus bewusst, dass Aberglaube mit im Spiel ist, aber sicher ist sicher!
Dol markiert übrigens nur die erste Geburtstagsfeier, das Kind ist aber offiziell
an diesem Tag schon zwei Jahre alt. Die koreanische Zählweise besagt, dass ein
Baby an dem Tag seiner Geburt schon ein Jahr alt ist. Mit jedem Neujahr wird
es dann ein weiteres Jahr älter. Ein Kind, das am 31.Dezember geboren wird, ist
am folgenden Tag also schon zwei Jahre alt!

Hochzeit

*Teures
Großevent*

Das nächste Großevent im Leben eines jeden Koreaners ist in der Regel seine
Hochzeit. Trotz steigender Scheidungsraten richtet man sie so üppig wie möglich aus; nicht wenige Familien verschulden sich hierbei maßlos. Die Familie

des Bräutigams stellt die zukünftige Wohnung, die Familie der Braut kommt für die komplette Ausstattung auf. Immerhin teilen sich beide Familien die Kosten für Trauung und anschließenden Empfang. In Fragen früher hoch komplizierter Abmachungen bezüglich Brautschau und Mitgift sind heutige Familien darum bemüht, sich einvernehmlich zu einigen.

Der »glücklichste Tag im Leben« findet zumeist in einer »Wedding Hall« oder in einem der großen Hotels statt. Vom Ankleiden der Braut bis zu den Dankesworten des Bräutigams ist alles auf die Minute genau geplant, die Veranstaltung muss zumeist nach exakt zwei Stunden beendet sein, denn da wartet das nächste Paar schon auf die Räumlichkeiten.

Wedding Hall

Bevor der Gast Zutritt zum Ballsaal hat, meldet er sich an einer kleinen Rezeption an. Dort überreicht er sein Präsent, einen besonderen Geldumschlag. Persönliche Geschenke machen nur ganz enge Freunde, alle anderen der mindestens einhundert Gäste steuern ihr Scherflein zur Kostendeckung dieses Tages in bar bei. Während des ersten Teils der Zeremonie tragen Braut und Bräutigam traditionelle Kleidung. Nach dem Vollzug der Eheschließung heißt es dann: Umziehen! Für die kommenden Reden und das Anschneiden der Hochzeitstorte machen sich weißes Brautkleid und Smoking im westlichen Stil einfach besser! Am Ende sämtlicher Prozeduren bedanken sich die Brautleute bei ihren Eltern für die Mühsal der Erziehung und die Tränen fließen in Strömen. Damit ist der offizielle Teil der Hochzeit abgehakt. Die Gäste erhalten noch ein Abschiedsgeschenk und anschließend stürzen sich die frisch Vermählten mit ihren Freunden ins Nachtleben und feiern ausgelassen. Am nächsten Morgen geht es dann auf Hochzeitsreise, bevor der graue Alltag das Paar in wenigen Tagen wieder zurück hat.

Seit einigen Jahren bemühen sich homosexuelle Paare um mehr Toleranz und Offenheit in der koreanischen Gesellschaft. Da Homosexualität immer noch

Geschafft, die Braut ist geangelt.

*Homosexu-
elle Paare*
ein großes Tabuthema ist, wagt es nur eine kleine Minderheit, sich offen dazu zu bekennen. Kein Gedanke daran, sich in einer Zeremonie an den gleichgeschlechtlichen Partner zu binden: Die Verwandtschaft träfe schlichtweg der Schlag! Es wird wohl noch eine Weile dauern, bis die koreanische Gesellschaft damit umgehen kann.

Der Sechzigste Geburtstag

*Alters-
jubilare*
Jedes neue Lebensjahr wird mit viel Seetangsuppe als Geburtstagsmahl gefeiert. Hat man allerdings alle zwölf Tierkreiszeichen mit den fünf Elementen durchlebt, ist das eine ganz besondere Feier wert: *Hwangab* (환갑). Nur wenige erlebten früher ihren 60. Geburtstag, der Tag war daher wie alle noch folgenden Geburtstage etwas Außergewöhnliches. Ähnlich dem ersten Geburtstag feiern die

INFO

Heirate niemals ein Feuerpferd!

Wer passt am besten zum wem? Für wen stehen die Sterne günstig, mit wem sollte man besser keine Partnerschaft eingehen? Nicht nur in China und Japan sondern auch in Korea spielen die zwölf Tierkreiszeichen der chinesischen Astrologie (Ratte, Büffel, Tiger, Hase, Drache, Schlange, Pferd, Ziege, Affe, Hahn, Hund und Schwein) bei der Partnerwahl eine gewichtige Rolle. Jedem Tier wird ein bestimmter Charakter zugeschrieben, welcher Rückschlüsse auf den unter seinem Zeichen geborenen Menschen zulässt. Dazu kommen noch die jeweiligen Kombinationen mit den fünf Elementen Wasser, Feuer, Holz, Metall und Erde, die wiederum Einfluss auf das Charakterbild bzw. die Zukunftsprognose des oder der Auserwählten haben.

So gibt es besonders populäre Jahrgänge wie 2007, dem Jahr des Goldenen (metallenen) Schweins: Unter diesem Zeichen geborene Kinder sollen mit Wohlstand gesegnet sein. Im Jahr des Drachen herrscht regelmäßig ein Babyboom in Ostasien: Er gilt als das edelste Tier, was nur das Beste für das betroffene Kind verspricht. Aber das »Feuerpferd«? »Pferdemädchen« galten schon immer als zu lebhaft und wortgewaltig, als zu leidenschaftlich und ungeduldig, alles keine guten Eigenschaften für eine »gehorsame Ehefrau«! Sind Pferdemädchen dann noch unter dem Element Feuer geboren, verstärkt dies ihr aufbrausendes Wesen zusätzlich. Nur dem Drachenmann traut man zu, ein solches Pferdemädchen zu bändigen und mit ihm glücklich zu werden.

Heutzutage wird allerdings keine Hochzeit mehr abgesagt, weil die beiden Tierkreiszeichen der Brautleute nicht perfekt zusammenpassen. Es steht ja noch der ohnehin obligatorische Besuch beim Wahrsager an und der deutet dann schon alles in die richtige Richtung – auch Geburtsstunde und Jahreszeit haben noch Einfluss auf den Erfolg einer Beziehung. Ein »Feuerpferd« allerdings erhofft sich keine koreanische Mutter zur Schwiegertochter.

Koreaner den sechzigsten Ehrentag im großen Stil. Das Geburtstagskind trägt einen Hanbok und die gesamte Familie verbeugt sich respektvoll vor ihm. Danach folgt wieder essen, singen und tanzen. Manchmal nehmen die Jungen den Jubilar auf den Rücken und tragen ihn im Rhythmus der Musik durch den Saal. In »Vor-Rollstuhlzeiten« war es üblich, die alten Eltern auf den Rücken zu nehmen. Heute ist dies nur noch eine liebevolle Geste der Zuneigung und eine Reminiszenz an das Alter.

Manche Koreaner warten mit ihrem großen Ehrentag bis zu ihrem 70. Geburtstag. Oft hoffen sie, dass ihre bis dato unverheirateten Söhne dann endlich brave Ehemänner geworden sind und gemeinsam mit ihrer Familie die rituellen Verbeugungen anführen werden. Denn für ältere Koreaner gibt es nichts Schöneres, als im Kreise aller Kinder und möglichst vieler Enkel zu feiern.

Totengedenktag

Die Aufgabe des ältesten Sohnes ist es, dafür zu sorgen, dass Vater und Mutter auch nach deren Tod nicht so schnell vergessen sind. Einmal im Jahr gedenkt er daheim der verstorbenen Eltern. Dieser Tag fällt auf den letzten Tag im Leben der Toten, er markiert also nicht den Sterbetag. Ein Tisch mit besonderen Speisen wird vor einem Foto der Verstorbenen angerichtet. Dabei vermeidet man rot aussehende Gerichte, denn Geister mögen bekanntlich kein Rot! Alle Familienmitglieder verneigen sich vor dem Bildnis und ziehen sich dann zurück. Nun erhalten die Geister der Verstorbenen die Gelegenheit, sich ordentlich satt zu essen. Erst danach sind die Lebenden wieder an der Reihe und dürfen ebenfalls zugreifen. Dieses jährlich wiederkehrende Ritual entspricht einer der obersten Pflichten der Kindesliebe im Konfuzianismus. Damit die Geister im Jenseits angemessen versorgt sind, bedarf es also einiger leiblicher Nachkommen. Doch auch ohne eigene Kinder stillt man zweimal im Jahr den Hunger der Toten: An *Hansik* und an *Chuseok* gedenken Koreaner aller Ahnen, reinigen deren Grabstätten und bringen ihnen reichlich Essen und Getränke dar. Diese Speisen liefern dann die Grundlage für ein ausgiebiges Familienpicknick im milden Sonnenschein.

Essen zu Ehren Verstorbener

Von kunstsinnigen und anderen Späßen

Es ist nicht jedermanns Sache, sich zur Hauptreisezeit an Neujahr und Erntedank in das koreanische Verkehrschaos zu stürzen. Immer öfter nutzen Koreaner die längeren Ferien zu einer Auslandsreise, andere wollen sich einfach den ganzen Stress ersparen und daheim in den eigenen vier Wänden bleiben. Auch die Großstädte bieten ja eine Unmenge an Abwechslung, für jeden Geschmack findet sich etwas Passendes.

Da gibt es Museen zu jedem nur erdenklichen Thema, angefangen von der Geschichte des *Gimchi* bis hin zum Stickereimuseum. Ein absolutes Muss für jeden

Für jeden Geschmack etwas

Museen und Kunst-handwerk

Reisegast ist das Nationalmuseum in Seoul. Die hier ausgestellten Zeugnisse aus Malerei, Keramik und Metallverarbeitung sind zutiefst beeindruckend. Im Westen ist es leider immer noch recht unbekannt, wie bedeutsam der Einfluss koreanischer Künstler und Kunsthandwerker in vergangenen Epochen auf den gesamten ostasiatischen Raum war. Doch hier im Museum bekommt man einen umfassenden Eindruck von der reichen Vergangenheit Koreas.

Vergangen-heit zum Anfassen

In den Freiluftmuseen gibt es Geschichte »zum Anfassen«, sei es nun eine traditionelle Apotheke oder die Folterzelle der japanischen Besatzer. Alle großen Paläste bieten kostenlos und regelmäßig Führungen (auch in Englisch), Aufführungen klassischer koreanischer Musik und Tanz finden regelmäßig auf diversen Bühnen statt. Kunstliebhaber und Geschichtsinteressierte werden sich in Korea keineswegs langweilen.

Komm, wir gehen ins Bang!

Privat-vergnügen

Auch wenn es manchmal den Anschein erweckt, nicht allen Koreanern steht der Sinn immerzu nur nach Bildung. In Frühling und Herbst sind Ausflüge in die Natur sehr beliebt. Während des ganzen Jahres verbringen viele, wie wohl überall auf der Welt, gerne ein paar Stunden in einer Shopping Mall und gehen anschließend ins Kino. Ein neuartiges koreanisches Vergnügen aber ist seit einigen Jahren der gelegentliche Besuch eines der diversen »Bang« (방, Zimmer). Korea hat eine ganze Reihe davon zu bieten: *DVD-Bang, Jjimjilbang-Bang* (Sauna), *Norae-Bang* (Karaoke) und *PC-Bang.* Ein *DVD-Bang* etwa funktioniert wie eine Videothek, nur leiht man sich die Filme nicht aus, sondern sieht sie sich in einem benachbarten, privaten Raum an, der mit Sofa und Snacks ausgestattet ist. So ganz nebenbei sind derartige *Bang* auch noch beliebte Refugien für Verliebte, die in den überfüllten koreanischen Innenstädten nach etwas Zweisamkeit suchen.

National-museum Seoul: streng, sachlich, Feng-Shui

Gar nicht privat und abgeschieden dagegen ist das *Jjimjilbang-Bang* (찜질방, Sauna-Zimmer). Egal, zu welcher Jahreszeit, ob am Wochenende oder nach Feierabend, Sauna macht Jung und Alt immer Vergnügen. Am Eingang bekommt jeder Besucher erst einmal Handtuch und Sauna-Dress überreicht: großes T-Shirt und noch größere Bermudashorts. Wir sind in Korea, da läuft man nicht splitternackt durch die Hitzeschwaden. Verhüllt also in Hellblau oder Rosa wählt der Gast nun einen Saunaraum ganz nach Temperatur und Ge-

Sauna und Wellness

Kino-reklame in Seoul

schmack: Eis, Sand, Halbedelstein, Rosenquarz oder die original koreanische Sauna mit Lehmwänden, Reisstrohmatten und Temperaturen um die 100 Grad Celsius. Alle Räume sind um einen großen Ruheraum angeordnet. Dort lümmeln sich alle Saunagänger vom Babyalter an aufwärts vor riesigen Fernsehern, in jeder Ecke läuft ein anderes Programm. Hier finden sich auch eine Snack-Bar und ein Nagelstudio. Im oberen Bereich liegen Ruhe- und Schlafräume, das Ticket gilt schließlich 24 Stunden lang. Ebenso gibt es ein Kino, die Filme sind im Preis inbegriffen. Als krönender Abschluss lockt das riesige Bad, Becken mit unterschiedlichen Temperaturen laden zum letzten Abtauchen vom Alltag ein. Doch vergessen Sie nicht, sich vorher außerhalb des Beckens zu waschen. Nur porentief rein dürfen Sie (diesmal aber nackt) zu den anderen ins Wasser gleiten. Noch eine Massage gefällig? Die älteren Damen in Unterwäsche werden sich bestens um Sie kümmern.

Ihre neuen Bekannten oder Geschäftspartner werden Sie nicht gleich am ersten Abend in die Sauna schleppen. Aber ein anderes »Zimmer« wartet mit höchster Wahrscheinlichkeit auf Sie: das »Sing-Zimmer« (*Norae-Bang*, 노래방). Bei uns ist diese Art der Unterhaltung unter dem japanischen Namen »Karaoke« bekannt. Der Raum wird für eine bestimmte Zeit angemietet, Getränke kommen, lockern die Stimmung und dann legen die Stimmgewaltigen los. Text und Hintergrundmusik des jeweiligen Liedes liefert ein Bildschirm, die Solisten schmettern dazu die Melodie. Zugegeben, als Neuling kostet es einen zunächst Überwindung. Vielleicht empfinden Sie die Sangeskunst Ihrer Gastgeber sogar als peinliche Veranstaltung. Aber machen Sie mit, verderben Sie ihnen nicht den Spaß!

Karaoke

Was Sie keinesfalls versäumen sollten, ist der Besuch eines *PC-Bang* (PC 방). Zehntausende koreanische Internet-Cafés dienen nicht allein dem Verschicken simpler Mails oder dem Chatten, hier versammeln sich allabendlich die *Online-*

Internet-Café

Gamer, um für Stunden oder im Extremfall auch Tage und ausgestattet mit einer zweiten Identität in MMORPGs (Massen-Multiplayer-Online-Rollenspielen) den Alltag zu vergessen. Manch einer findet danach allerdings kaum mehr den Weg zurück in die Wirklichkeit.

Spielsucht   Beim koreanischen Spiel *Lineage* führen jeden Abend über 100 000 Spieler in so genannten Gilden gemeinsam virtuelle Schlachten gegen das Böse schlechthin. Entweder ziehen alle immer an einem Strang oder die gesamte Truppe geht unter, ein Verhaltensmuster, das besonders Koreanern einleuchtet und die Mitspieler so ununterbrochen an den Bildschirm fesselt. Was bei uns glücklicherweise noch in den Anfängen steckt, ist in Korea schon zu einem handfesten sozialen Problem geworden: Mehr als eine Million Koreaner gilt als spielsüchtig. Aufmerksame Mitmenschen an Hotlines rufen schon mal einen Krankenwagen, wenn verzweifelte Eltern einen vor Erschöpfung am PC ohnmächtig zusammengesunkenen Sohn vermelden. Der Staat schickt Hunderte von Sozialarbeitern in Schulen, Internet-Cafés und zu Militäreinheiten, um das Problem an der Wurzel zu packen. Doch solange Profispieler, die *Pro-Gamer,* Kultstatus in Korea genießen und den Jugendlichen oftmals nur diese eine Flucht aus dem harten koreanischen Teenageralltag bleibt, wird die Zahl der erschöpfungsbedingten Todesfälle am PC wohl noch eine Weile steigen.

Sport

Groß-   Mit Begeisterung und Elan sind die Koreaner bei sportlichen Großveranstal-
ereignisse   tungen bei der Sache: 1988 die Olympischen Spiele, 2002 die Ausrichtung der Fußballweltmeisterschaft in Gemeinschaft mit Japan, beide Ereignisse gelten als bisherige Höhepunkte der modernen koreanischen Sportgeschichte. Bei der Olympiade in Seoul wurde zum ersten Mal ein koreanischer Sport zugelassen *(Taekwondo),* beim FIFA World Cup zeigten die überraschenden Erfolge der »Red Devils«, was die energiegeladenen Koreaner auf dem Spielfeld leisten können.

INFO
Neues Image für das Land – die koreanische Welle

Sorgen Online-Spiele weltweit für Negativschlagzeilen, gibt es jedoch ein Bildschirm-Genre, das auf die einhellige Begeisterung seiner Fans stößt: Film- und Fernsehproduktionen *Made in Korea*. Ob Liebesfilm, Historienschinken, Action oder Horror, gemeinsam schwappen die Movies seit Beginn des Millenniums als *Hallyu* (한류), als »die koreanische Welle«, über ganz Asien bis nach Osteuropa. Die Themen und Plots sind auf den ersten Blick kaum von ihren amerikanischen Vorbildern zu unterscheiden. Auch in Korea ist eine inzwischen Kult gewordene Fernsehserie über drei junge berufstätige Frauen produziert worden, die im koreanischen Großstadtmilieu Ausschau nach ihrem Traummann halten. Nicht allein das asiatische Ambiente begeistert dabei Millionen von Zuschauern, sondern die typisch asiatische Sichtweise auf die eigenen Wertvorstellungen und die Konfliktlösungen ihrer Heldinnen und Helden. Ein Konzept, das den koreanischen Filmen hohe Einschaltquoten quer durch die Generationen garantiert.

Die asiatische Begeisterung für *Hallyu* ist jedoch kein Zufall, sondern Ergebnis harter Arbeit und nüchterner Kalkulation. Nachdem die tragisch-romantische Fernsehserie *Autumn in my heart* 2001 ein Riesenerfolg in Taiwan und China geworden war, beschloss der Fernsehsender KBS ein Jahr später, mit *Winter Sonata* unter der gleichen Produktionsleitung nachzusetzen, und demonstrierte, wie man einen Trend professionell ausbauen kann. Systematisch führten die Produzenten in *Winter Sonata* die neue Koreabegeisterung weiter: Der Handlungsrahmen wurde kaum verändert, eine bittersüße Liebesgeschichte mit vielen Gelegenheiten zum Mitweinen weitergestrickt (nur tragische Liebesbeziehungen zählen in Asien als wahre Liebe), bekannte Schauspieler aus vorherigen Produktionen verpflichtet und Drehorte nach »Touristentauglichkeit« ausgewählt. Beliebte Skigebiete wie auch romantische Inseln und natürlich berühmte Einkaufsmeilen wie Dongdaemun in Seoul dienten als werbeträchtige Locations und sollten vor allem junge, asiatische Frauen als Konsumentengruppe mit dem höchsten frei verfügbarem Einkommen ansprechen.

Auf *Hallyu* folgte gezielt *Shin Hallyu,* die »Neue Koreanische Welle«, die aus dem Interesse am neuen »coolen« Korea im Ausland gezielt Umsätze zu machen sucht. Die Tourismusbranche bietet in den verschiedenen Ländern Gruppenreisen zu den Drehorten, zu Konzerten, zu den berühmten Einkaufsstraßen an. Je nach Herkunftsland werden die Strategien differenziert, so legt man für Japan die Betonung auf den Starkult. In China und Südostasien steht hingegen das politische und gesellschaftliche »neue Korea« im Vordergrund, das Land, das aus eigener Kraft eine Demokratie wurde, modisch auf dem neuesten Stand ist und dabei gleichzeitig die konfuzianischen Werte der Ahnen weiterhin respektiert. Korea bietet den Ländern im Umbruch ein erstrebenswertes Vorbild, es führt vor, wie Alt und Neu sich in einem modernen Asien verbinden lassen.

Da aber der Westen nicht so leicht Gefallen an den koreanischen Fernsehserien und Popstars finden wird, setzten Koreas Image-Gestalter für diese Zielgruppe eher auf die sportlichen Leistungen ihrer Landsleute. Mit einigem Erfolg: Koreas während der WM 2002 berühmt gewordene Fußball-Nationalmannschaft, die »Red Devils«, und ihre enthusiastische rotbehemdete Fangemeinde, sind dafür beste Beispiele. Erstmals erlebte die Welt ein Land, das seine Wildheit und Begeisterungsfähigkeit in andere Bahnen als in Demonstrationen und Straßenschlachten lenken kann. Die Entscheidung der Olympiaoberen für Russland und nicht für Korea als Austragungsland der Winterolympiade 2014 war deshalb ein herber Schlag fürs Nationalgefühl. Vielleicht klappt es ja 2018.

Moderne Sportarten

Fußball 1983 wurde die Fußball-Profiliga Südkoreas gegründet. Damit ist die »K-League« die älteste Profiliga in Asien. Die Liga besteht aus 14 Vereinen. Unter dieser Liga steht die »National-League«. Sie zählt schon nicht mehr zur Profiliga, da etliche Vereine reine Amateurmannschaften stellen. Auf dritter Stufe befindet sich die »K3League«. Alle drei Ebenen sind in sich geschlossen, ein Auf- oder Abstieg gemäß unserer Bundes- und Zweitliga ist demnach unbekannt. Einmal im Jahr spielen die Vereine von K-League, National-League und andere Amateurmannschaften um den Korea FA Cup. Der Gewinner darf dann am »Asian Champions Cup«, ähnlich dem europäischem UEFA-Cup, teilnehmen.

Baseball Neben Fußball erfreut sich Baseball als Mannschaftssport großer Beliebtheit. Hier gibt es seit 1982 eine Profiliga. Die Mannschaften tragen meist nicht ortsbezogene Namen, sondern den Namen der Unternehmen, die sie finanzieren: *Kia Tigers, Lotte Giants* oder gar *LG Twins*. Viele der Topspieler gehen nach Japan, um bei den dort immens populären Proficlubs gutes Geld zu verdienen.

Tauziehen Korea hat für Wintersport eine relativ kurze Saison (Ende Dezember – Anfang März). Shuttlebusse von Seoul in die umliegenden Skigebiete sorgen jedoch für einen problemlosen Zugang. Neben Ski Alpin ist Snowboard besonders verbreitet. Korea gilt übrigens als das populärste Urlaubsland für Wintersport in Asien. Kein Wunder, dass Korea in den Wintersportarten Spitzensportler stellt. Der erfolgreichste Athlet der Winterspiele 2006 war der südkoreanische Shorttrackläufer Ahn Hyun-soo (안 현수). Beim Medaillenspiegel-Ranking lag Korea 2006 und wieder 2010 auf Platz 7, auf Augenhöhe mit China und weit vor Japan.

Wandern

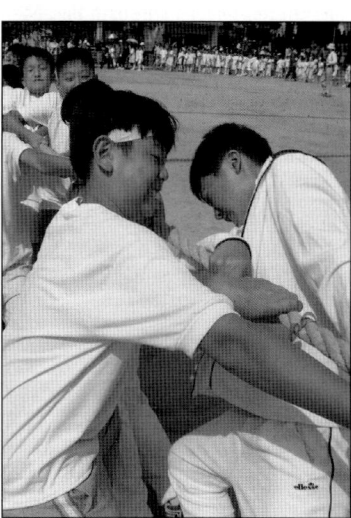

Wo es Berge gibt, kann man nicht nur Skifahren, sondern auch herrlich wandern. Alle Altersgruppen zieht es im Herbst in die Berge. Wandern ist eindeutig der Volkssport Nr. eins in Korea: Man bewegt sich in einer Gruppe, hat aber genügend Kraft zur Unterhaltung und zum Singen, kann regelmäßig Pausen einlegen, um dann tüchtig zu essen und zu trinken. Ein perfektes Freizeitvergnügen! Das Wandern ist mittlerweile so beliebt geworden, dass am Wochenende Heerscharen von Wandervögeln die Berge hinaufziehen.

Schulsport
Tauziehen

Andere zieht es nicht so weit hinaus. Wenn es dunkel wird, kommen die Feierabend-Jogger aus ihren Häusern. Sie laufen um die (schon geschlossenen) Tempelanlagen herum oder entlang der breiten Bürgersteige der Großstädte. Andere gehen nach der Arbeit ins Fitnessstudio oder in eines der vielen Schwimmbäder. Besonders populär sind die Pools der großen Hotels. Doch muss man hier, wie bei jedem Hallensport, Mitglied sein und das kann ganz schön teuer werden.

Jogging

Traditionelle Sportarten

Sport ist auf der koreanischen Halbinsel keine Sache der Neuzeit. Darauf weisen die alten Sportarten wie Tauziehen, Wippen und Ringen hin. Das Tauziehen (*Juldarigi*, 줄다리기) fand früher zu Jahresbeginn zwischen den stärksten Männern zweier Dörfer statt. Man glaubte, dass der Sieg dem Dorf eine besonders reiche Ernte garantieren würde. Heute ist Tauziehen ein beliebter Programmpunkt bei Schulfesten und findet während des ganzen Jahres statt.

Drachen steigen (*Yeonnalligi*, 연날리기) lassen vor allem Jungen an Neujahr. Dienten die Drachen hoch in der Luft noch im Mittelalter dem ernsten Ziel der Übermittlung von militärischen Informationen, so sind sie heute die hübsch anzusehenden Protagonisten eines Geschicklichkeitswettbewerbs: Es gilt, andere Drachen zum Absturz zu bringen. Fliegt der eigene Drache auf und davon – auch nicht weiter schlimm! Im Volksglauben nimmt er alles Unglück der Familie mit sich hinfort.

Drachensteigen

Besonders beliebt sind zwei Spielarten, die nur den Frauen und Mädchen vorbehalten waren: das Hüpfen auf der Wippe (*Neolttwigi*, 널뛰기) und das Schwingen auf sehr hohen Schaukeln (*Geune*, 그네). Mit beiden Spielen war es den Frauen möglich, in der sittenstrengen Zeit der Yi-Dynastie einen Blick auf die Welt außerhalb der hohen Mauern zu werfen und die nötige körperliche Bewegung zu erhalten, die ihnen ansonsten als »unmoralisch« verwehrt war. Außerdem gibt es noch zahlreiche Wurf- und Geschicklichkeitsspiele wie zum Beispiel das Balancieren auf dem Seil (*Chultagi*, 줄타기) oder Ballspiele wie *Jegichagi* (제기차기). Sie können in einigen Volkskundemuseen ausprobiert werden.

Nur für Frauen

Richtig zur Sache geht es dann bei der koreanischen Kampfsportart *Taekwondo* (태권도, »Kunst von Fuß und Faust«, *Taegwondo* in der revidierten Schreibweise). Der Name weist schon darauf hin: Fußtechnik und Schläge mit der Handkante stehen im Zentrum dieser Verteidigungstechnik. Wie in ganz Asien gibt es auch in Korea eine sehr alte Tradition von Kampfsportarten, doch ihre Ursprünge lassen sich nicht eindeutig belegen. Das heutige *Taekwondo* ist eine modernisierte Version aus den 1950er Jahren kombiniert mit alten Elementen. Mittlerweile unterrichten an die 3000 Koreaner weltweit diesen einzigen Sport mit koreanischen Wurzeln. Auch bei uns findet sich in jeder Großstadt mindestens ein *Dojang*, ein Übungsraum für *Taekwondo*. Das Erlernen von *Taekwondo* erfordert viel Disziplin und Ausdauer.

Kulinarisches Korea

Was kommt auf den Tisch?

Da sitzen Sie nun hungrig, womöglich mit einem Kissen auf dem Fußboden, haben Ihre Beine sortiert und warten gespannt auf Ihre erste koreanische Mahlzeit. Ist Ihr Restaurant von eleganter Schönheit, genießen Sie vom kleinsten Beilagenteller bis hin zur Gartenaussicht das perfekte koreanische Ambiente. Kommt jedoch trotz hoher Auszeichnungen eher ein Kantinengefühl auf, lassen Sie sich davon nicht abschrecken! Der Besitzer hält sich hier nicht mit hübscher Dekoration auf; für solchen Firlefanz hat er keine Zeit. Ihm liegt einzig und allein daran, Ihnen gutes Essen zu servieren, die Resopalplatte unter Teller und Schälchen stört dabei nicht

Ambiente

Die Kellnerin bringt Ihnen als erstes eine kleine Schale mit Reis und eine Schale mit Suppe. Rechts daneben legt sie das Besteck, Essstäbchen aus Silber oder Edelstahl (*Jeotgarak,* 젓가락) und einen langstieligen, flachen Löffel aus dem gleichen Material (*Sutgarak,* 숟가락). Mit dem Löffel essen Sie Reis und Suppe ohne die Schalen dabei in die Hand zu nehmen. Mit den Stäbchen nehmen Sie sich von den Beilagentellern, den *Banchan* und natürlich auch vom *Gimchi* (in bekannterer Schreibweise: *Kimchi,* 김치): scharf eingelegtes Gemüse und koreanisches Nationalgericht. Reis und Suppe teilen Sie nicht mit der Tischrunde; von den anderen Speisen nimmt sich jeder nach Belieben. Die Portionen sind klein, damit sie auch aufgegessen werden können. Schmeckt Ihnen ein Gericht besonders gut, wird der Teller jederzeit wieder aufgefüllt.

Gedeck

Grundnahrungsmittel Reis

Ohne Reis gilt in Korea kein Essen als vollwertige Mahlzeit. Auch die Sprache kennt für beides nur ein Wort: *Bap* (밥). Die einfachste Mahlzeit besteht aus gedämpftem Reis – eingewickelt in geröstetem Seetang (*Gimbap,* 김밥). Sie wandert tagtäglich als koreanische Version unseres Butterbrotes in Millionen Aktentaschen und Schulranzen.

Heute gehört eine gedämpfte Schüssel Rundkornreis auf jede Tafel. Das war nicht immer so. Der weiße, polierte Reis war früher nur den Reichen und Adligen vorbehalten. Der Durchschnittskoreaner aß andere Getreidesorten oder mischte in den ungeschälten, braunen Reis Getreidekörner von Weizen und Hirse oder auch Hülsenfrüchte und Maronen. War dieser »Getreidereis« (*Chabgok-bap,* 잡곡밥) früher eher ein Armeleuteessen, ist er unter gesundheitsbewussten Koreanern heute wieder sehr populär. Er verfügt über mehr Nährstoffe als purer, geschälter Reis.

Eine Schüssel gehört auf jede Tafel.

Koreaner haben keine Schwierigkeit damit, dreimal am Tag Reis zu essen. Reis wird jedoch nicht nur gedämpft als Grundlage anderer Speisen serviert. Es gibt zum Beispiel auch leicht verdauliche Reissuppen (*Chuk,* 죽) für Kranke und ältere Personen. Je nach weiteren Zutaten gibt es unzählige Varianten. Sie schmecken auch Gesunden hervorragend.

Öffentliches Gimchi-Kochen

Bibim Bap

Bap ist ebenfalls die Grundlage für das unter Ausländern beliebteste koreanische Gericht: *Bibim Bap* (비빔밥, Reis mit Gemüse und Ei). In einer Schüssel werden auf einer Schicht sehr heißem Reis verschiedene Gemüse und gebratenes Fleisch fächerförmig angeordnet. In die Mitte kommt ein rohes Eigelb und Chilipaste (*Gochujang*, 고추장). Alles wird mit dem Löffel mixt und noch sehr heiß gegessen. Dies ist die einfache Standardversion, jede Region und jede Familie hat ihr eigenes *Bibim Bap*-Rezept.

Reiskuchen

Aus Reis macht man auch die hübschen Reiskuchen (*Ddeok*, 떡). Sie sind zentraler Bestandteil jeder Festtafel, sei es nun Geburtstag, Hochzeit, Beerdigung oder Ahnenverehrung. *Ddeok* dürfen auch nicht an den hohen Festtagen Neujahr und Erntedank fehlen. Für Reiskuchen wird besonders glutenhaltiger Reis zu Reismehl verarbeitet. Der wird dann in bestimmte Formen geknetet, mit einer Paste aus roten Bohnen oder Kürbis, mit Nüssen und Honig gefüllt und anschließend gedämpft. Hin und wieder kocht man *Ddeok* auch mit zarten Streifen von Rindfleisch, mit Pilzen und Zwiebeln in einer Brühe. Ebenso sind die Reiskuchen in länglicher Form Grundlage für den bei Schülern so beliebten Straßensnack *Ddeok Boggi* (떡볶이), »Gebratene Reiskuchen in Chilisoße«. Der relativ geschmacksneutrale Reiskuchen ist von süß bis scharf ein richtiger Tausendsassa der koreanischen Speisekarte.

Geliebte Nudeln

Mit Sojasoße abgeschmeckt

Soll es mal nicht Reis sein, kommen die Nudeln (*Gugsu*, 국수) in den Topf. Nudelteig wird seit alters her aus Weizen- und Buchweizenmehl hergestellt. In Brühe kurz gegart, mit Sojasoße und Sesamöl abgeschmeckt, zählen sie zu den preisgünstigsten Mahlzeiten, die man auf jedem Markt finden kann. In Form

3 × Gimchi und koreanische Tischkultur

Tischregeln und gute Manieren

Wenn es Koreanern gut geht, dann lassen Sie die Puppen tanzen. Bei Festen und Feiern unter Freunden oder in der Familie biegen sich zumeist die Tische und es geht feuchtfröhlich zu. An einem Gläschen (oder auch mehreren) zu Ehren Ihrer Gastgeber werden auch Sie nicht vorbeikommen.

▶ Halten Sie Ihr Glas mit beiden Händen, wenn Ihnen eingeschenkt wird. Schenken Sie sich nicht selbst ein, das gilt als gierig. Nachdem Ihnen eingeschenkt wurde, schenken Sie wiederum den anderen ein. Tipp: Sitzen Sie selbst auf dem »Trockenen«, schenken Sie einfach Ihrem Tischnachbarn ein wenig nach. Er wird prompt reagieren und Ihnen Ihr Glas auffüllen.

▶ Die älteste Person am Tisch beginnt mit dem Essen. Erst wenn sie/er die Stäbchen in die Hand genommen hat, dürfen auch Sie anfangen. Ebenso dürfen Sie kein Essen oder Getränk ablehnen, welches Ihnen von einer älteren Person angeboten wird.

▶ Benutzen Sie Stäbchen und Löffel getrennt und immer schön nacheinander. Es gibt rüde Tischakrobaten, die beides gleichzeitig in der Hand halten. Schlürfen und dezentes Rülpsen ist erlaubt, aber Geräusche mit Besteck und Geschirr sind verpönt.

▶ Essen Sie Ihre Reisschale immer ganz leer! Reis war in vergangenen Zeiten eine Kostbarkeit und soll auch heute nicht verschwendet werden.

▶ Suchen Sie auf den Beilagentellern nicht nach den besten Stücken! Möchte sich eine ältere Person vom selben Teller nehmen, hat sie Vorfahrt!

▶ Eine ältere Person nie direkt anschauen! Und drehen Sie sich ein wenig zur Seite, wenn Sie Alkohol trinken. Diese Regel gilt auch im engsten Familienkreis!

▶ Passen Sie sich dem Esstempo der anderen an! Es ist unhöflich, schneller als die anderen zu essen und dann früher aufzuhören. Besonders bei privaten Einladungen entsteht dann leicht der Eindruck, Sie wären mit den Speisen unzufrieden.

▶ Sprechen mit vollem Mund ist erlaubt, solange Sie dabei kein Essen sehen lassen oder etwa weiterkauen. Mit offenem Mund zu kauen ist absolut tabu.

▶ Noch ein Tabu: Nichts ist für Koreaner ekelerregender als Naseputzen in der Öffentlichkeit. Ob Erkältung oder zu scharfes Essen, schnauben Sie niemals laut und vernehmlich in Ihr Taschentuch. Läuft die Nase allzu sehr, ist dezentes Tupfen oder Wischen erlaubt. Hilft das nicht, entschuldigen Sie sich und gehen auf die Toilette.

▶ Ältere Menschen oder Personen, die höher auf der sozialen Leiter stehen, können diese Regeln jederzeit fröhlich über Bord werfen. Für alle anderen sind sie jedoch verbindlich. Bei informellen Essen und Feiern geht es natürlich lockerer zu. Beim allabendlichen Familienmahl wird allerdings noch auf die Regeln geachtet, schließlich müssen die Kleinen die korrekten Umgangsformen erst einmal beherrschen lernen.

von *Janchi Gugsu* (잔치국수) dürfen sie bei keinem Hochzeitsmahl fehlen. Tatsächlich ist der Begriff »Nudeln essen« ein Synonym für »heiraten« geworden. Denken Sie daran, bevor Sie eine Frau dazu einladen, mit Ihnen gemeinsam Nudeln zu essen!

Essen wir Nudeln in unseren Breitengraden zumeist warm, ist dagegen in Korea eine ganze Reihe von kalten Nudelgerichten populär. »Kalte Nudeln« (*Naengmyeon*, 냉면) waren ursprünglich ein Wintergericht aus dem Norden. Heute werden die Nudeln aus Buchweizen- oder Kartoffelmehl auch im Hochsommer serviert: in einer kalten Rinderbrühe mit allerlei Gemüse und hauchdünnen Scheiben gekochten Fleisches. Eiswürfel sorgen für eine kühle Suppenschale bis zum letzten Bissen. Schwimmen diese Nudeln so richtig in einer eiskalten Suppe, bezeichnet man das Gericht auch als »Wasser-Kalte Nudeln« (*Mul Naengmyeon*, 물냉면), schlechthin das beste Sommergericht, um Hitze und vielleicht daraus resultierende Appetitlosigkeit zu bekämpfen. Eine etwas mildere Version ist die koreanische »Bohnensuppe« (*Kong Gugsu*, 콩국수). Die Nudeln werden in einer Brühe mit pulverisierten Sojabohnen serviert und mit Salz abgeschmeckt. Der leichte Nussgeschmack ist angenehm erfrischend und ähnelt so gar nicht unseren schweren Eintöpfen.

In eiskalter Suppe

Geschmacksfeuerwerk im Mund

Gimchi

Ohne *Gimchi* keine koreanische Küche, so einfach ist das. Das Nationalgericht aus fermentiertem Gemüse ist der untrennbare Begleiter jeder koreanischen Reisschale. Egal, was Sie bestellen, *Gimchi* kommt immer unaufgefordert mit auf den Tisch, und das in endlosen Variationen. *Gimchi* ist nicht nur ein Beilagengericht, sondern es lässt sich auch damit kochen. So gibt es *Gimchi*-Pfann-

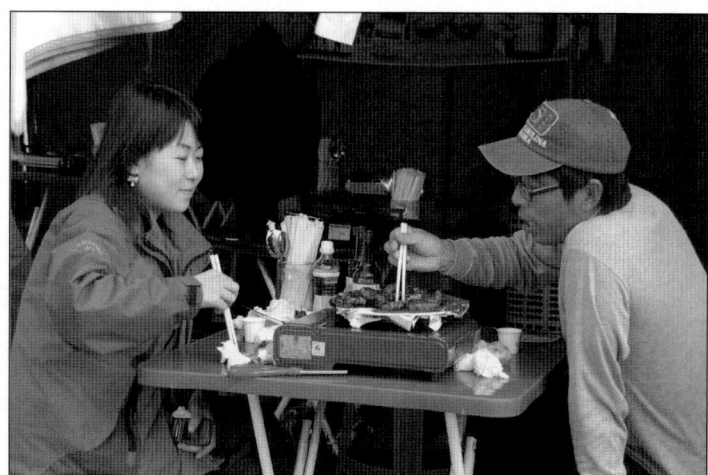

Links das Handy, rechts die Stäbchen: im Straßenrestaurant

Kleiner Snack für zwischen-durch: gegarte Seiden-raupen

kuchen, *Gimchi*-Nudeln und auch wärmende *Gimchi*-Eintöpfe mit viel Tofu, Fleisch und Gemüse.

Scharfes *Gimchi* gibt es erst seit dem 17. Jahrhundert. Katholische Missionare brachten die roten Schoten mit ins Land. Würzte man vormals hauptsächlich mit Salz, Knoblauch und andere Kräutern, ersetzte man nun das teure Salz durch marinierten Fisch und fügte zur besseren Gärungskontrolle Chili hinzu. Gemeinsam mit viel Ingwer, noch mehr Knoblauch und ein wenig Reismehl bildet dieses Gemisch seitdem die Basiswürze von *Gimchi*. Je nach Geschmack kommen noch Zucker, Meeresfrüchte, Nüsse und sogar Früchte mit in den großen Tontopf. Das Resultat ist sehr gesund, denn bei der monatelangen Gärung entstehen mehr Milchsäurebakterien als in Joghurt.

Chili & Co.

Gimchi gibt es grob unterteilt in zwei Kategorien: Einmal gibt es das »Saison-Gimchi« (*Botong Gimchi*, 보통김치). Diese Art wird während des gesamten Jahres jeweils mit dem Gemüse der Saison hergestellt. Das können Rettichblätter oder Auberginen im Sommer sein und Kürbis im Herbst. Dazu zählen auch besonders milde Zubereitungsarten ganz ohne Chili.

Saison-Gimchi

Gimchi aus Chinakohl (*Baechu Gimchi*, 배추김치), die international wohl bekannteste Variante, wird im Spätherbst zubereitet und gehört damit in die zweite Kategorie: »Winter-Gimchi« (*Gimjang Gimchi*, 김장김치). Nachbarinnen und Verwandte versammeln sich zum *Gimjang* und bereiten gemeinsam den großen Wintervorrat zu. »Winter-*Gimchi*« diente früher als Vitaminquelle für den langen Winter und durfte daher nicht allzu stark gären. Dafür wurde es in großen Tontöpfen im Hof vergraben, damit der Frost den Gärungsprozess drosselte. Hinterhöfe haben die meisten Familien heute nicht mehr, sie bereiten aber immer noch gerne ihr eigenes *Gimchi* zu. Zur Aufbewahrung gibt es besondere Kühlschränke (*Gimchi Naengjangko*, 김치 냉장고). Große Model-

Winter-Gimchi

le fassen über 300 Liter, bei einem jährlichen Durchschnittsverzehr von über 50 Kilogramm pro Kopf ist das wohl auch nötig.

Natürlich können Sie in jedem Supermarkt frisch zubereitetes *Gimchi* kaufen. Seit den 1960er Jahren wird *Gimchi* auch industriell hergestellt. Damals wurde das scharfe Gemüse zu den koreanischen Truppen nach Vietnam geschickt. Heute kümmern sich bei wichtigen Missionen immer noch höchste Stellen um *Astronauten-Gimchi* die ausreichende Versorgung mit *Gimchi*. So sollte auch Koreas erster Mann im Weltall Ko San im Frühjahr 2008 nicht ohne sein geliebtes *Gimchi* ins All geschickt werden! Weil seine russischen Raumfahrtkollegen ihn jedoch der Spionage verdächtigten, bestieg dann Kollegin Yi So-yeon als Südkoreas erste Astronautin die Sojus-Kapsel in Richtung Internationaler Raumstation – auch sie mit einem *Gimchi*-Menü im Gepäck. Dafür sorgte KAERI, das Koreanische Forschungsinstitut für Atomenergie. Das Institut erfand ein laktosefreies *Gimchi* für die Raumfahrt, mit passender Dose. Nicht auszudenken, wenn auf einmal der starke Geruch von Chilipaste und Knoblauch durch die Raumstation wehen würde!

Meine Suppe ess' ich – doch!

Brühe mit Seetang Koreaner sind wahrlich keine Suppenkasper. Im Dreiergestirn der Mahlzeiten kommt neben Reis und *Gimchi* immer eine Schale Brühe mit auf den Tisch. Diese leichten Suppen bezeichnet man als *Gug* (국). Es gibt sie in beinahe allen Geschmacksrichtungen. Ob nun Fisch, Fleisch oder gar rein vegetarisch richtet sich allein nach den weiteren Beilagen. Im Sommer wird Brühe auch gerne mit

Garküche an der Straße

Vorsicht scharf!

Scharf, salzig, süß, sauer und manchmal bitter, das sind die fünf Geschmacksrichtungen von *Gimchi*. Doch mit den feinen Nuancen sind die meisten Europäer erst einmal überfordert. Sie sind zu sehr damit beschäftigt, das Feuer in ihrem Mund zu löschen. Nehmen Sie dafür immer den Reis. Wasser oder Tee macht die ganze Sache nur noch schlimmer. Essen Sie viel Reis und wenig *Gimchi*; das gilt besonders zu Beginn Ihres Aufenthaltes, wenn Ihr Körper das koreanische Essen noch nicht gewohnt ist. Halten Sie sich Ihren Innereien zuliebe etwas zurück. Ansonsten brennt es später nochmals, allerdings am anderen Ende Ihrer Verdauungsorgane!

Gurken oder Seetang kalt getrunken. *Gug* ersetzt daheim generell das Getränk während des Essens. In Restaurants wird jedoch zusätzlich Wasser serviert.

Kraftnahrung

In größeren Schalen angerichtet und wesentlich nahrhafter sind dagegen die als *Tang* (탕) bezeichneten Suppen. Bei *Samgyetang* (삼계탕) wird zum Beispiel ein Hühnchen mit Ginseng, süßem Reis, Knoblauch, *Jujube*-Datteln und Maronen gefüllt und brodelnd heiß serviert. Einst ein Sommergericht um die Hitze aus dem Körper zu treiben, ist es heute auch während der winterlichen Erkältungszeit eine beliebte Mahlzeit.

Eintöpfe

Jjigae (찌개) und *Jeongol* (전골) entsprechen eher einem kräftigen Eintopf. Oft würzt man mit Sojabohnenpaste (*Doenjang*, 된장) und fügt Tofu (*Dubu*, 두부) hinzu. Eintöpfe werden gemeinsam aus »einem Topf« gegessen. Mit Reis und *Gimchi* ist die Mahlzeit dann komplett.

Die breite Palette der Beilagen

Leckerei zum Reis

Bestellen Sie im Restaurant ein bestimmtes Gericht von der Speisekarte, bringt man Ihnen grundsätzlich außer Reis, Suppe und *Gimchi* noch mindestens zwei weitere Beilagen, die nach Befinden des Kochs zu Ihrer Bestellung passen. Diese Beilagen bezeichnet man als *Banchan* (반찬). Der Name beschreibt weder Volumen noch Inhalt des Gerichts, er bedeutet einfach nur »Leckerei zum Reis«. Das kann ein Hauptgericht wie *Bulgogi* (marinierte Rindfleischscheibchen) oder *Galbi* (marinierte Rinderrippen) bezeichnen oder auch nur ein kleiner Teller mit gedünstetem Gemüse sein. Bei Festessen sind ein Dutzend Beilagengerichte keine Seltenheit. Eine reguläre Mahlzeit daheim beschränkt sich jedoch meist auf drei oder vier Variationen.

Gemüse und Tofu

Gemüse spielt in der koreanischen Küche seit alters her eine zentrale Rolle. Bei der Zubereitung sind der Fantasie keine Grenzen gesetzt. Neben den saisonalen Felderträgen zählen Gerichte aus verschiedenen Sorten von Seetang ebenso dazu wie wildes Gemüse, das mühsam in den Bergen gesammelt wird. Besonders im Frühling wird das erste Grün einiger Pflanzen als Delikatesse geschätzt und

In jeder Hinsicht stärkend: Schweinsköpfe und getrocknete Frösche (rechts, im Kasten)

zu besonderen Gerichten verarbeitet. Im Herbst sind es dann die leckeren Pilze, Maronen und Nüsse des Ginkgobaums, die dem koreanischen Feinschmecker das Ende des Sommers verkünden. Ebenso findet sich immer wieder Tofu auf dem Tisch. Da dieses Sojabohnenprodukt selbst relativ geschmacksneutral ist, passt es sich jeder Würze an. Aus der vegetarischen Küche der Buddhisten ist Tofu als Proteinlieferant nicht mehr wegzudenken. Überzeugen Sie sich bei einer Tempelübernachtung von der aromatischen und milden Küche der Mönche. Allein dafür lohnt sich schon die kurze Nacht auf hartem Boden.

Aber auch die Fleischliebhaber kommen in Korea nicht zu kurz. Fleisch galt bis lange nach dem Koreakrieg als teure Delikatesse und war mehr Geschmacksverstärker als Hauptmahlzeit. Heutige Koreaner lieben geröstetes und gegrilltes Schweine- oder Rindfleisch. In vielen Restaurants kann man sich sein Fleisch direkt am Tisch auf einem Holzkohlegrill selbst zubereiten, dabei sind *Bulgogi* und *Galbi* wohl die bekanntesten Gerichte und bei Ausländern extrem populär. Doch verglichen mit Europäern essen Koreaner immer noch relativ wenig Fleisch. Korea ist nun mal an drei Seiten von Meer umgeben – kein Wunder, dass Meeresfrüchte in der Küche eine große Rolle spielen. Gegrillt, gekocht, getrocknet, mariniert oder roh: Bei Fisch, Krebs, Muschel und anderen Meeresbewohnern haben Sie die Wahl. Hauptsache, es ist frisch. Koreaner essen auch gerne rohen Fisch. Manchmal zappeln die kleinen Kraken noch auf dem Teller, so frisch wurden sie zubereitet.

Fleisch und Fisch

Bello im Kochtopf?

Kulturschock für Tierfreunde? Ja, es stimmt: Koreaner essen Hund. Sie werden auch den letzten Zweifel daran verlieren, wenn Sie einen Bauernmarkt besuchen und die Käfige voller Hunde sehen. Sie gelten nicht wie bei uns als kuschelige Haustiere; sie sind schlicht Fleischlieferanten. Früher aßen Menschen in ganz Asien während der kargen Wintermonate Hund, nur die wenigsten konnten sich Huhn oder gar Rind leisten. So wird nachvollziehbar, dass auch heute die Mehrheit der Koreaner für Hunde nicht mehr empfindet als für lästige Tauben oder Krähen. Im Gegenteil – älteren Koreanern vor allem erscheint unsere westliche Einstellung zu Hunden seltsam bis unverständlich. Wieso widmet man Haus-

Vitalkraft der Gewürze

Koreanisches Essen ist nicht einfach nur scharf, es verwendet eine breite Palette an Gewürzen.

▶ **Chilipaste** (*Gochujang*, 고추장) dürfte Ihnen bereits im Flugzeug nach Korea zum ersten Mal begegnen. Mit der scharfen Creme aus der Tube lässt sich auch die fadeste Mahlzeit aufpeppen. Hinzu kommen Sojasoße (*Gangjang*, 강장) und Sojabohnenpaste.

▶ **Knoblauch** findet sich auch heute aufs Großzügigste in vielen Gerichten. Früher glaubten die Koreaner an die beschützende Kraft des Knoblauchs. Besonders Reisenden, die nachts unterwegs waren, empfahlen Heilkundige eine

gute Portion Knoblauch zur Abschreckung böser Geister (und auch als Schutz vor Tigerangriffen).

▶ **Sesamöl** schreibt man die Schönheit der Koreanerinnen zu. Keine grauen Haare und eine makellose Haut bis ins hohe Alter seien allein diesen kleinen Körnchen zu verdanken.

▶ **Ingwer** nimmt nicht nur den intensiven Fischgeruch, nach der Lehre von Yin und Yang erwärmt es den Körper auch von innen.

▶ **Seetang** duftet würzig nach dem weiten Meer und enthält reichlich Kalzium und andere Mineralstoffe. Junge Mütter erhalten direkt nach der Entbindung dreimal täglich für mindestens drei Wochen Seetangsuppe, damit sie wieder zu Kräften kommen. Jeder Geburtstag beginnt übrigens nicht mit einer Torte, sondern mit einer Schale Seetangsuppe, um an die Anfänge des Lebens zu erinnern.

▶ **Heilkräfte aus der Natur:** Die koreanische Küche ist weit mehr als nur abwechslungsreich und aromatisch. Jedes Gewürz hat nicht allein die Aufgabe, simple Nahrung in schmackhafte Gerichte zu verwandeln, sondern trägt auch zur Erhaltung der Gesundheit bei. Mit größter Sorgfalt wählt daher ein guter Koch oder ein gute Köchin zunächst das Gemüse aus, dann die Gewürze. Sie sollen im schwül-heißen Sommerwetter den Körper erfrischen und ihn im Winter warm halten. Jede Zutat steht entweder für Yin oder Yang, ihre Balance beim Kochen sorgt für gutes *Ki* und hält die Menschen gesund. Daher kocht man in Korea nicht nach Lust und Laune sondern zielorientiert: Steht bald Stress ins Haus oder ist jemand allzu erschöpft? In den Augen der Koreaner wäre es dumm, beim Essen nicht die Kraft der Natur zu nutzen, um fit zu bleiben.

tieren derart viel Zeit und Zuneigung, hält aber den wöchentlichen Besuch bei den alten, auswärts untergebrachten Eltern bereits für einen besonderen Akt von Nächstenliebe? Koreaner runzeln darüber die Stirn.

Was für ein Zugeständnis also, dass – rechtzeitig zu den Olympischen Spielen 1988 – die Regierung den Verzehr von Bello und seinen Freunden verbot! Der internationale Protest von Tierschützern wollte nicht verstummen, es galt weiteren Imageverlust einzudämmen. Nicht allein das Verspeisen von Hunden war angeprangert worden, sondern Tierquälerei vor und bei der Schlachtung. In der Tat: Den Tieren wird leider oft kein schneller Tod vergönnt. Der Volksglauben hält daran fest, dass Hundefleisch durch ein qualvolles Ende zarter wird. Sie werden erschlagen oder aufgehängt.

Koreaner indessen sind stur. Sie mögen es nicht, wenn Außenstehende ihnen ihre Eigenheiten vorhalten und verbieten wollen. Schon zur Fußballweltmeisterschaft 2002 löffelten die Leute wieder seelenruhig – wenn auch illegal – ihren Hundeeintopf (eigentlich:»Gesundheitsfördernde Suppe« *Bosintang,* 보신탕). Denn Hund ist nicht einfach Fleisch, Hund bringt Kraft und lässt Kranke schneller genesen. Angeblich verhilft Hundesuppe auch Männern zu mehr Munterkeit – sozusagen als koreanische Viagra-Variante.

Getränke

Alkohol

Als Begleiter zum Essen bevorzugen die meisten Koreaner Wasser oder auch schon mal ein Glas Bier. Einheimische Biersorten sind im Geschmack ein wenig dünner als deutsches Bier, doch durchaus genießbar. Am besten schmeckt Bier natürlich in einem der koreanischen Hofbräuhäuser, die man hier kurz »Hopeu« (호프) nennt – in lautmalerischer Anlehnung an das deutsche Wort

Nach einem guten koreanischen Essen empfiehlt sich ein koreanischer Schnaps (*Soju,* 소주) aus Getreide oder Süßkartoffel. Er ist das Lieblingsgesöff von Studenten und Arbeitern und Koreas bekanntestes Getränk überhaupt. Auch *Makgeolli* (막걸리), ein gegorener und daher milchiger Reiswein mit einem niedrigen Alkoholgehalt um die sechs Prozent, darf bei keinem feuchtfröhlichen Abend fehlen. Früher tranken die Bauern *Makgeolli* während der Feldarbeit, um den ärgsten Hunger zu vertreiben. Auch bei Ahnenriten wird *Makgeolli* verwendet. Neben dieser bekanntesten Sorte gibt es noch eine Reihe von Fruchtweinen und medizinischen Weinen wie Ginseng- und Quittenwein. Aber auch Importweine aus Europa, Amerika und Australien finden immer mehr Anhänger. Rotwein gilt als besonderes Gesundheitselixier, entsprechend hoch sind die Preise dafür.

Knabbereien

Damit Sie der Alkohol nicht gleich umwirft, serviert man Ihnen in Korea zu den Drinks immer *Anju* (안주). Das sind Kleinigkeiten wie interessante Knabbermischungen aus Nüssen und getrockneten Fischen, Tofu mit *Gimchi* oder Tintenfisch mit Chilipaste.

Doch nicht alles, was flüssig ist, muss auch Alkohol sein. In Korea gibt es eine ausgeprägte Teekultur. Grüner Tee (*Nokcha*, 녹차) beendet jede gute Mahlzeit, Ginsengtee (*Insamcha*, 인삼차) ist wegen seiner stärkenden Wirkstoffe besonders bei den älteren Herrschaften beliebt und Ingwertee (*Saenggangcha*, 생강차) kann recht scharf schmecken. Ein mildes Alltagsgetränk, sozusagen das koreanische Pendant zu unserem Sprudelwasser, ist ein Tee aus gerösteten Gerstenkörnern (*Boricha*, 보리차). Natürlich gibt es auch die bei uns bekannten Softdrinks, doch noch haben sie den verschiedenen Teesorten nicht den Rang abgelaufen. Man kann zuckerlose Teegetränke übrigens an jedem Kiosk und in jedem Supermarkt in PET-Flaschen kaufen. Kaffee, den Sie auch abgepackt und vorgesüßt im Kühlregal finden, wird Dank einiger berühmter amerikanischer Kaffeehausketten immer beliebter. Die alten Teehäuser (*Chatjib*, 찻집) haben den unzähligen *Kape* (카페, Café) oder *Keopisyop* (커피숍, *Coffeeshop)* weichen müssen. Darunter finden sich Sonderbarkeiten wie Wahrsager-Cafés oder gar das Hunde-Café namens *Bau Haus Dog Cafe* in Seoul. Dort kann man entweder seinen eigenen Vierbeiner mitbringen oder einfach einen der freilaufenden Hunde kraulen und entspannen. (Im Topf landen diese Exemplare nicht.)

Teekultur

Kulinarisches Heimweh

Auch für den größten Korea-Fan kommt jedoch der Tag an dem er sich für koreanisches Essen (vorübergehend) nicht mehr begeistern kann. Exotische Gerichte wie gegarte Seidenraupenkokons (*Beondegi*, 번데기) sind dann nicht mehr lustig, sondern nerven nur noch. Es wird Zeit für einen Ausflug in die »westliche« Küche.

Suchen Sie nun in Ihrem Heimweh ein angeblich authentisch deutsches oder italienisches Restaurant auf, wird alles nur schlimmer. Auch hier schmecken sämtliche Gerichte koreanisch und trösten nicht wirklich. Sehnsucht nach Schwarzbrot? Leider ist es sehr teuer und nicht so leicht zu finden. Sündigen Sie also ruhig und suchen Sie eines der bekannten Fastfood-Restaurants auf. Dort schmecken die Hamburger und Pommes garantiert wie daheim in Kiel oder Graz. Wenn fürs erste Seelenheil gesorgt ist, können sie wieder zufrieden zurück in die Arme der gesunden koreanischen Küche kehren. Zwingen Sie sich nicht, von Tag eins Ihres Aufenthaltes an nur noch koreanisch zu essen. Dafür ist die Umstellung einfach zu groß. Doch verweigern Sie auch nicht jedes neue Geschmackserlebnis. Finden Sie die für Sie passende Balance zwischen Ost und West – ganz nach der koreanischen Auffassung, dass sorgfältig gewählte Mahlzeiten unser Wohlbefinden beeinflussen. *Mani deuseyo!* (많이 드세요!) Lassen Sie es sich schmecken!

Einmal sündigen!

Die Traditionelle Koreanische Medizin

Über Heilkundige, Ärzte und Apotheker

»Des Menschen Ohren, Augen, Nase und Mund sind weise, während Kinn, Brust, Nabel und Bauch dumm sind. Des Menschen Lunge, Rückgrat, Leber und Nieren sind sanft, während Kopf, Schultern, Taille und Hüften grob sind.« – so Lee Jae-ma, Arzt und Begründer der *Sasang Constitutional Medicine*. Wie bitte? Nabel und Bauch dumm? Falls Sie sich bisher noch nicht mit fernöstlicher Medizin beschäftigt haben, ist Irritation über Lee Jae-mas Behauptungen nachvollziehbar. Koreanern hingegen sind sie als die Quintessenz seiner medizinischen, tief in der neokonfuzianischen und daoistischen Gedankenwelt wurzelnden Lehre geläufig. Lee Jae-ma betrachtet den Menschen in seiner Ganzheit. Physis und Psyche bilden eine Einheit; Körperorgane und Gefühle stehen in einer genau definierten Relation zueinander. Gerät das harmonische Gleichgewicht aus dem Lot, ist das Wohlbefinden verloren, die Gesundheit gefährdet, eine Krankheit im Anmarsch.

Der Mensch in seiner Ganzheit

Verwunderung überkommt Sie vermutlich ebenfalls, wenn Sie zum ersten Mal eine traditionelle koreanische Apotheke betreten. Sie sind zwar nur auf der Suche nach Kopfschmerztabletten, erblicken aber dann seltsame Dinge in den fein sortierten Regalen. Eingemachte Schlangen in Gläsern, getrocknete Seepferdchen, merkwürdige Pülverchen. Sie können nichts lesen, sich kaum verständlich machen und hoffen inbrünstig, während Ihres weiteren Aufenthaltes lieber nicht ernsthaft krank zu werden. Falls Ihnen aber doch etwas zustoßen sollte, ist dies keinesfalls Anlass zur Panik.

Eingemachte Schlangen …

In ganz Südkorea findet man heute selbstverständlich erstklassige medizinische Betreuung mit westlichem Standard. Internationale Zusammenarbeit in Forschung und Praxis bildet die Grundlage eines modernen Gesundheitswesens. Dazu gehört auch eine staatliche Krankenversicherung, die der Bevölkerung seit 1989 eine gute medizinische Grundversorgung garantiert, aber im Krankheitsfall nicht alle Kosten übernimmt. Patienten werden mit einem Eigenanteil von 35 Prozent an sämtlichen Behandlungskosten, auch an operativen Eingriffen und an längeren Krankenhausaufenthalten zur Kasse gebeten. Uns mag dieser Anteil hoch erscheinen, Koreaner sind da weniger verwöhnt.

… aber auch westlicher Standard.

Allerdings lässt die staatliche Versicherung auch eine Behandlung im traditionellen Stil zu. Trotz aller Verwestlichung vertrauen Koreaner sämtlicher Alters- und Sozialschichten weiterhin auf die Heilkraft der Traditionellen Koreanischen Medizin (TKM, *Korean Oriental Medicine*). Nach Angaben des *Asian Medical Center Seoul* bevorzugen bis zu 53 Prozent aller Patienten eine Behandlung nach traditionellen Methoden. 29 Prozent, das heißt knapp ein Drittel aller Ausgaben in der privaten Gesundheitsvorsorge, fließt in die Taschen der OMDs *(Oriental Medical Doctors)* und TMPs *(Traditional Medicine Pharmacists)*, der Ärzte und Apotheker traditioneller Medizin.

Die traditionelle Medizin …

Die traditionelle Medizin in Korea hat eine lange Geschichte. Ebenso wie viele andere kulturelle und wissenschaftliche Errungenschaften Koreas und auch Ja-

Harmonisch und gesund bis ins hohe Alter

hat eine lange Geschichte …

KTM-Apotheke

pans stammen die Grundlagen der Traditionellen Koreanischen Medizin ursprünglich aus China. Die Traditionelle Chinesische Medizin (TCM, *Traditional Chinese Medicine*) liefert das theoretische Grundgerüst der verschiedensten ostasiatischen Heilkunden. Die praktische Umsetzung und Weiterentwicklung jedoch fiel und fällt je nach Land und örtlichen Gegebenheiten unterschiedlich aus. Heute sprechen Koreaner allgemein von der traditionellen Medizin des Ostens *(Oriental Medicine)* im Gegensatz zu der uns vertrauten (Schul-)Medizin des Westens *(Western Medicine)*.

Protestantische Missionare des 19. Jahrhunderts machten die westliche Medizin auf der koreanischen Halbinsel bekannt. Sie wurde so emphatisch von der Bevölkerung aufgenommen, dass sie innerhalb weniger Jahre die östliche Medizin aus dem Gesundheitsbereich verdrängte. Erst nach dem Ende des Koreakrieges begann die südkoreanische Regierung ganz bewusst das *Revival* der traditionellen Medizin zu fördern und gründete gleich mehrere Hochschulen für Traditionelle Koreanische Medizin, so auch die renommierte *Kyung-Hee University* in Seoul. Seit den 1970er Jahren haben Medizinstudenten in Korea die Wahl zwischen einem westlich orientierten Studium der Schulmedizin und der Möglichkeit, eine Approbation als Doktor der traditionellen Medizin zu erhalten. Letzteres ist extrem populär. Mittlerweile gibt es in Südkorea elf Hochschulen für Traditionelle Koreanische Medizin, die jedes Jahr 750 junge TKM-Ärzte ins Berufsleben entlassen. Außer Südkorea haben nur noch China, Vietnam und Nordkorea die östliche Medizin voll in ihr Gesundheitssystem integriert.

… und einen hohen Stellenwert.

Die philosophische Grundlage der traditionellen Medizin

Die Energie muss fließen.

Anders als in der westlichen Schulmedizin, die ausschließlich auf naturwissenschaftlichen Erkenntnissen und rational begründbaren Forschungsergebnissen und klinischen Erfahrungen beruht, basiert die Medizin des Ostens, und damit natürlich auch die Traditionelle Koreanische Medizin, im Wesentlichen auf den philosophischen Grundgedanken des Daoismus. Das Ziel der daoistischen Lehre ist es, die Harmonie zwischen Mensch und Natur zu erhalten oder – wie im Krankheitsfall – wiederherzustellen. Da alles im Universum miteinander verbunden und voneinander abhängig ist, sind wir Menschen ebenso wie alle Lebewesen und Materien Teil dieses mit Energie gefüllten Ganzen. Körper und Geist sind nur unterschiedliche Formen einer einzigen Lebenskraft und können deshalb nicht getrennt voneinander betrachtet werden. Diese Lebenskraft oder Lebensenergie bezeichnen Koreaner als *Ki*. *Ki* zirkuliert nicht nur um uns herum, sondern strömt auch auf festgelegten Bahnen, den so genannten Meridianen, durch unseren menschlichen Körper. Fließt das *Ki* nicht mehr gleichmäßig, stellen sich Krankheiten ein. Mit Heilmethoden wie Akupressur und Akupunktur oder durch sanfte Stimulation bestimmter Organe soll der Strömungsverlauf des *Ki* beeinflusst bzw. korrigiert werden und der betroffene Mensch gesunden.

Ki bildet auch die Grundlage für *Yin* und *Yang*. Die harmonische Balance zwischen diesen beiden Polaritäten bestimmt den gesamten Kosmos. Der Mensch kann nur gesund sein, wenn er sich im Gleichgewicht von *Yin* und *Yang* befindet. *Yang* steht für das männliche Prinzip, es ist aktiv und schöpferisch. *Yin* repräsentiert das weibliche Prinzip, es ist weich und verhüllend. Das Eine kann niemals ohne das Andere sein. Überwiegt aber eine Seite immer wieder, ist die Harmonie gestört und der Mensch erkrankt. Aktive Phasen müssen von Ruhephasen abgelöst werden, ein fiebriger Mensch sehnt sich nach Kühlung. Die Liste der Kontraste lässt sich endlos fortsetzen und durchzieht alle Bereiche des Lebens. *Yin* und *Yang* sind dabei nicht statisch, sie befinden sich ständig in Bewegung. Dieses Wechselspiel der Gegensätze entspricht unserem Lebensrhythmus. Mal überwiegt die aktive Seite des *Yang,* dann wieder bestimmt die passive Seite des *Yin* unseren Alltag und unser Wohlbefinden.

Yin und Yang im Gleichgewicht

Um den Ursachen für eine Disharmonie im menschlichen Körper und somit dem Auslöser von Krankheiten auf die Spur zu kommen, schlüsseln traditionelle Ärzte bei der Anamnese den Zustand von *Ki* und den beiden Polaritäten *Yin* und *Yang* nochmals mit Hilfe der »Fünf-Elemente-Lehre« oder auch der so genannten »Fünf Wandlungsphasen« auf. Die fünf Elemente sind Wasser, Holz, Feuer, Erde und Metall. Alle fünf Elemente bedingen einander und lösen sich in Wandlungsphasen zyklisch ab. Befinden sie sich im Gleichgewicht, nährt ein Element das andere. Wird ein Element zu stark, stört es den harmonischen Zyklus. Jeder Mensch trägt nun nach Auffassung des Daoismus alle Anlagen und damit alle Elemente in sich. Jedem der fünf Elemente wird in der Traditionellen Korea-

Fünf-Elemente-Lehre

INFO

Für Sprachgurus

▶ Traditionelle Koreanische Medizin (*Han Eui Hak*, 한의학, *Korean Oriental Medicine*)
▶ Traditionelle Medizin des Ostens (*Tong Eui Hak*, 동의학, *Oriental Medicine*)
▶ Medizin des Westens (*Seo Eui Hak*, 서의학, *Western Medicine*)
▶ Yin (*Eum*, 음) und Yang (*Yang*, 양)
▶ Fünf-Elemente-Lehre (*O Haeng*, 오행)
▶ Sasang–Typologie (*Sasang Euihak*, 사상의학)

Behandlung
im Vorü-
bergehen

nischen Medizin ein Organ zugeordnet und jedes Organ entspricht bestimmten Emotionen. Da Körper und Geist eine Einheit sind, können menschliche Gefühle nicht getrennt von Organfunktionen betrachtet werden. Dem Element Feuer ist zum Beispiel das Herz als Organ und die Freude als Emotion zugeordnet. Ist der Patient lustlos und leidet er an Depressionen, führt man das auf einen Mangel an Feuerenergie zurück. Die Lunge und mit ihr die Traurigkeit zählen hingegen zum Element Metall. Konzentrationsstörungen deuten auf einen Defizit dieses Elementes hin, hartnäckige Erkältungskrankheiten sind oft die Folge.

Der koreanische Weg

Die Sasang-Typologie

*Vier
Patienten-
Kategorien*

Ausgehend von der daoistischen Lebensphilosophie versuchen die koreanischen Ärzte seit der »Zeit der drei Reiche« vor über 1700 Jahren bei ihren Patienten die innere Balance mit bestimmten Übungen und der Gabe von entsprechenden Heilmitteln wiederherzustellen. Bis ins 14. Jahrhundert stand Korea im engen Kontakt mit heilkundigen Gelehrten aus China und Indien. Dann aber machten kriegerische Auseinandersetzungen und ständige Invasionen aus dem Norden den Wissensaustausch nahezu unmöglich und die koreanischen Ärzte konzentrierten sich zunehmend auf ihre eigenen Fähigkeiten.

So fanden bald die Ideen des Neokonfuzianismus in Form der so genannten *Sasang*-Typologie (Sasang wörtlich Viererstruktur) Eingang in die koreanische Heilkunde. Im Neokonfuzianismus wird nicht wie im Daoismus die Harmonie zwischen Natur und Mensch angestrebt, Harmonie sucht man hier durch eine vernunftbetonte Ordnung der Gesellschaft zu erreichen. Die Stärkung des einzelnen Charakters führt dann nach Auffassung der Neokonfuzianer zu einem harmonischen Gruppenleben.

Jeden Patienten teilt die *Sasang*-Typologie in eine der folgenden vier Kategorien ein: *Tae-Yang* (»großes Yang«), *So-Yang* (»kleines Yang«), *Tae-Eum* (»großes Yin«) und *So-Eum* (»kleines Yin«). Auch die vier Gefühlsrichtungen Kummer, Wut, Glück und Freude finden sich in dieser Einteilung wieder. Bei der Diagnose analysiert der Arzt Emotionen, Verhaltensweisen, physische und psychische Eigenschaften des Patienten und ordnet ihn dann einer der vier Kategorien zu. Die Behandlung – so das Ziel – soll über das Krankheitsbild hinaus genauestens auf die Person des Kranken abgestimmt werden. Sein Typus bestimmt dann die Wahl der Heilmittel. Wirkt bei dem einen Patienten zum Beispiel bei Erkältung Ephedra (Meerträubel), könnten es bei einem anderen Zimtpräparate sein.

Nur in Korea findet man diese Einteilung der Patienten in ein Vierer-System. 1894 veröffentlichte der anfangs bereits zitierte Lee Jae-ma erstmals eine systematische Beschreibung der *Sasang*-Typologie und etablierte sie damit als ein typisches Element der Traditionellen Koreanischen Medizin. Er gilt als offizieller Begründer der *Sasang Constitutional Medicine*. Sie ist heute fester Bestandteil des Lehrplans traditioneller medizinischer Hochschulen.

Koreanische Heilmittel

Die politische Isolierung der koreanischen Halbinsel im Mittelalter hatte auch zur Folge, dass man sich bei der Herstellung der Heilmittel nicht mehr auf die Lieferung von Rohstoffen aus dem Ausland verlassen konnte. Mehr und mehr erprobten Heilkundige die Entwicklung eigener Arzneien. Im 17. Jahrhundert errang der Arzt und Forscher Heo Jun mit seinem Buch »Dongeui Bogam« (»Koreanische Arzneimittelsammlung«) große Berühmtheit. Erstmals empfahl ein Gelehrter ausschließlich koreanische Heilmittel zur Behandlung von Krankheiten. Der gute Ruf dieser »neuen« koreanischen Therapieformen der Traditionellen Chinesischen Medizin breitete sich bis nach Japan aus. Heo Jun selbst war nicht nur damals populär. Er steht auch heute noch hoch im Kurs. Im Jahr 2000 zeigte das koreanische Fernsehen in 64 Teilen eine auch international äußerst erfolgreiche Verfilmung seines Lebens. Die Kulisse der Leprakolonie, in der er arbeitete und auch verstarb, gilt als beliebtes Ausflugsziel im Hwawangsan National Park.

Heo Juns Arzneien

Gegen alles scheint ein Kraut gewachsen

Neben einigen eigenständigen Techniken in der Akupunktur wie *Sa-am* (사암) und *Tae-guk* (태국) greifen die koreanischen traditionellen Ärzte bei der Behandlung in erster Linie auf die passende Kombination von natürlichen Heilmitteln zurück. Üblicherweise bestehen diese Arzneimittel aus pflanzlichen, tierischen und mineralischen Rohstoffen, wobei der Anteil an Heilkräutern am größten ist.

Viagra des Ostens

Da wäre zum Beispiel *Umyanggwak,* manchmal auch als das »Viagra des Ostens« bezeichnet. Die Essenz dieses Krautes unterstützt die Nierenfunktion und heilt Entzündungen. Außerdem verspricht es den gleichen Erfolg wie seine chemische Schwester, die berühmte blaue Potenztablette. Da die Nieren nach Auffassung der östlichen Medizin für die Balance aller Flüssigkeiten im menschlichen Körper verantwortlich sind, bezeichnet man sie auch als »Pforte des Lebens«. Nach traditioneller Auffassung sind die Nieren der Sitz der menschlichen Selbstbeherrschung und kontrollieren die Ausgeglichenheit von *Yin* und *Yang.* Sind die Nieren erkrankt und mangelt es darüber hinaus auch noch an ausreichendem *Ki,* so braucht sich der davon betroffene Patient nach der Ansicht traditioneller Ärzte über Impotenz nicht zu wundern.

Vorsicht vor hohen Konzentrationen!

Die Heilkräuter *Sanjoin* und *Danggwi* helfen bei Schlaflosigkeit und Nervosität. Falsch zubereitet aber können sie genau das Gegenteil hervorrufen. Deshalb gilt hier wie bei allen Medikamenten: Finger weg von Selbstmedikation! In den Vereinigten Staaten kam es zu mehreren Todesfällen, als dort Ephedra in hochkonzentrierten Dosen als Diätmittel verkauft wurde. Traditionell wird Ephedra in Korea nur bei Erkrankungen der Atemwege eingenommen.

Mahlzeit oder Medizin?

Seetang hilft, den Körper zu kühlen.

Oftmals ist es in Korea schwierig, eine Trennung zwischen Speise und Heilmittel zu ziehen. So ist Seetang (*Kim,* 김) beispielsweise ein beliebter Bestandteil der

Unscheinbar aber hochwirksam: Ginseng

Ginseng – die Wunderwurzel

Die Pflanzengattung Ginseng (griechisch *Panax*, deutsch Kraftwurz) gehört mit 13 Arten zur Familie der Araliengewächse. Ginseng wächst von Amerika bis Nepal in vielen Regionen der nördlichen Halbkugel; sogar in Deutschland. Den höchsten Anteil an Saponin aber – der wichtigste medizinische Wirkstoff dieser Pflanze (stärkend, entzündungshemmend, harntreibend, schleimlösend, hormonstimulierend) – weist *Panax Ginseng C .A. Meyer* auf, die koreanische Variante der Wunderwurzel.

Dem Ginseng (*Insam*, 인삼) wird aber nicht nur heilende Wirkung zugeschrieben, seine Bedeutung für den Patienten liegt vor allem in der Prävention von Krankheiten. So werden Ginsengpräparate

unterstützend bei Stressabbau und gegen Depressionen verordnet, außerdem zur Vorbeugung von Bluthochdruck, bei Gefäßverengung, Diabetes und Magengeschwüren. Ginseng ist also ein wahres Universalheilmittel, wie sein griechischer Name *Panax* (»Alles heilen«) bereits trefflich vermerkt.

Der Anbau von *Panax Ginseng* begann in Korea vor mehr als 2000 Jahren. Auch der Heilkundige Heo Jun stufte Ginseng in 653 Rezepten seiner umfangreichen Sammlung bereits als hochwirksam ein, also lange bevor moderne Pharmazeuten dieses wissenschaftlich bestätigten. Heute ist Ginseng ein koreanischer Exportschlager. Der Ginsenganbau unterliegt strikter staatlicher Kontrolle.

Man unterscheidet Ginseng in drei Kategorien:

▶ **Frischer Ginseng** ist weniger als vier Jahre alt und kann roh verwendet werden.

▶ **Weißer Ginseng** ist bis zu sechs Jahren alt. Er kommt geschält und getrocknet in die Weiterverarbeitung.

▶ **Roter Ginseng** ist älter als sechs Jahre. Nach der Ernte trocknet und dämpft man diese teuerste Variante des Ginsengs.

Als allgemein anerkannte Faustregel gilt, je älter die Wurzel und je menschenähnlicher ihre Form, desto wertvoller ist sie. Ginseng aller drei Kategorien kommt in Form von Tinkturen, Tees, Pulver oder Tabletten in den Verkauf. Ganz frischer zwei Jahre »junger« Ginseng ist wichtiger Bestandteil der koreanischen Hühnersuppe *Samgyetang* (삼계탕). Sie schmeckt somit nicht nur sehr gut, sondern ist auch äußerst gesund.

koreanischen Sommerküche. Er gilt aber auch als Heilmittel bei Bluthochdruck. Bluthochdruck ist oft ein Zeichen für die Überhitzung der Leber und Seetang hilft, den Körper zu kühlen.

Speisen dienen also nicht nur wie bei uns im Westen zur Sättigung, sie sorgen für die Gesundheit und Ausgeglichenheit des Menschen. In der Vergangenheit rief man in Korea deshalb auch nicht erst den Arzt, wenn jemand bereits erkrankt war. Der wurde schon vorher tätig. Koreanische Ärzte früherer Zeiten verdienten sich ihren Lebensunterhalt mit der Prävention von Krankheiten.

Ein Leibarzt für reiche Familien

Erlaubte es das Einkommen, so besaßen wohlhabende Familien einen eigenen Leibarzt, der sich ausschließlich um die Erhaltung der Gesundheit aller Mitglieder des Haushalts zu kümmern hatte. Die Überwachung der Mahlzeiten und bestimmter körperlicher Übungen gehörten ebenso zu seinen Aufgaben wie auch Massagen und Akupunktur. Erkrankte trotz aller Sorgfalt einer seiner Schützlinge, so trug der Arzt dafür die volle Verantwortung. Er musste für die Kosten von Heilung und Pflege geradestehen. Kein Wunder also, dass die Traditionelle Koreanische Medizin reich an Vorschriften zur Erhaltung der körperlichen und geistigen Balance ist.

Vorbeugen ist billiger als heilen.

Leibärzte findet man heute in Korea wohl kaum mehr. Die meisten Koreaner sind medizinisch besser versorgt als jemals zuvor. Doch angesichts der enormen

Kräutermarkt, Gyeongdong, Seoul

Ein ganzer Markt voller Kräuter

Unter den unzähligen Märkten Seouls hat der Gyeongdong-Markt (*Gyeongdong Sichang*, 경동시장) sich ganz auf den Verkauf von Bestandteilen der Traditionellen Koreanischen Medizin spezialisiert. Schon bei der nahen U-Bahnstation *Jegidong* (제기동) weht das würzige Aroma der Heilkräuter durch die Straßen. In über tausend Ständen und Geschäften bieten oftmals Bauern ihre eigenen Produkte an. Für Ginseng allein kann man unter dreihundert Anbietern wählen. Doch wie wäre es, sich einmal selbst auf Herz und Nieren prüfen zu lassen? Denn auch viele Kliniken der traditionellen Heilkunst haben sich in der Nähe des Marktes angesiedelt. Eine Anmeldung ist nicht nötig. Je nach Diagnose erhalten Sie direkt – in praktischen Portionspäckchen eingeteilt – Ihren Heiltrunk mit auf den Weg. Sie können sich aber auch ein Rezept aushändigen lassen. Damit gehen Sie dann in eine traditionelle Apotheke und lassen sich sorgfältig die einzelnen Zutaten für Ihre Medizin mischen und in Einzeldosen verpacken. Die Prozedur nimmt bis zu drei Stunden in Anspruch, genügend Zeit also, um die Welt der koreanischen Medizin in Ruhe zu erforschen!

Kosten, die im Krankheitsfall trotz Versicherung auf den Einzelnen zukommen können, ist die Erhaltung der Vitalität bis ins hohe Alter hinein bereits in jungen Jahren Thema und ein wichtiges, bevölkerungspolitisches Ziel. Vorbeugen ist nicht nur besser, sondern auch billiger als heilen. Dieser wirtschaftliche Aspekt und die prinzipielle asiatische Grundeinstellung, dass Körper und Geist gemeinsam und in Harmonie gepflegt sein wollen, garantieren der traditionellen Medizin auch im technologiebegeisterten Korea weiterhin eine solide Zukunft.

Gegen Blasenschwäche und Prostatabeschwerden: Kürbis

Keine Angst vor Koreanisch!

Die Schrift – genial einfach

»Die Sprache ist der Schlüssel zur Kultur« – der altmodische Spruch trifft auch in Zeiten angeblich alles beantwortender Websites noch genau ins Schwarze! Haben Schlüssel und Vokabeln doch die tückische Angewohnheit, immer dann verbummelt und vergessen zu sein, wenn Sie sie besonders dringend brauchen. Da kramen Sie in ihrem Hirn und bringen doch nur stotternd ein paar Brocken über die Lippen. Oder Sie suchen nach einer bestimmten Adresse, können aber kein einziges Straßenschild entziffern. Wer kennt dieses Gefühl der Hilflosigkeit nicht? Denn die koreanische Schrift macht es dem Fremden auf den ersten Blick nicht gerade leicht. Kringel, Kästchen und gerade Linien bestimmen die Schriftzüge, verglichen mit den teils allegorischen Zeichen Chinas oder der schwungvollen Silbenschrift Japans wirkt das koreanische Alphabet eher nüchtern und exakt.

Kringel und Kästchen

Tatsächlich ist die koreanische Schrift ein Meisterwerk der Logik, erfunden im Auftrag von König Sejong im 15. Jahrhundert und noch heute den Koreanern einen offiziellen Gedenktag wert (9. Oktober, *Hangeulnal*). König Sejong (1397–1450) war ein Mann der Wissenschaften: Er bemühte sich um die Landwirtschaft, verbesserte die medizinische Versorgung der Bevölkerung, unterstützte astronomische Forschungen – und er verlangte von seinen Gelehrten ein Schriftsystem, das seine Untertanen zwischen Sonnenaufgang und -untergang erlernen konnten. Ein leicht zu Begreifendes also. Bis in jene Zeit besaß die koreanische Sprache nämlich keine eigene Schrift. Dokumente schrieb man auf Chinesisch, las sie jedoch auf Koreanisch! Das war eine sehr umständliche Angelegenheit, da die beiden Sprachen keinerlei Gemeinsamkeiten aufweisen. Koreanisch zählen einige Sprachwissenschaftler – wie Mongolisch und Türkisch – zu den altaischen Sprachen, genau hat man sich da immer noch nicht festgelegt. Es weist auch große grammatikalische Parallelen zum Japanischen auf. Hochchinesisch hingegen zählt zu den sinotibetischen Sprachen. Es eignet sich daher kaum als koreanische Schriftsprache. Das Ergebnis von König Sejongs Bemühungen bezeichnet man heute als *Hangeul* (한글).

Meisterwerk der Logik

Hangeul ist eine Buchstabenschrift. Sie besteht aus 14 Konsonanten und 10 Vokalen; bis zu fünf Buchstaben werden in einer Silbengruppe geschrieben. Das sieht dann so aus:

Die Systematik

Hangeul: (Han) 한 = ㅎ (h) + ㅏ (a) + ㄴ (n) und

(geul) 글 = ㄱ (g) + ㅡ (eu) + ㄹ (l)

Die Konsonanten g/k (ㄱ), n (ㄴ), s (ㅅ), m (ㅁ) und ng (ㅇ) sind der Stellung der Zunge, der Lippen, der Zähne und des Rachens bei der Aussprache nachempfunden. Weitere Konsonanten basieren auf diesen ersten Buchstaben und werden durch ergänzende Striche dargestellt. Die Vokale schreibt man mit

Ohne Kommunikation kein Durchblick: Verkehrspolizisten

Hilfe dreier Elemente: ein vertikaler Strich für Mensch (ㅣ), ein horizontaler Strich für Erde (ㅡ) und ein Punkt bzw. eine kurze Linie für den Himmel (-). Ähnlich unserer Schreibweise stehen zwischen den Wörtern hilfreiche Lücken und erleichtern so das Leseverständnis. Das mag für europäische Sprachen selbstverständlich sein, für Chinesisch und Japanisch hingegen nicht. Da weiß der Anfänger oft nicht, wo ein Wort oder Satzteil beginnt und endet. Also ein weiteres Plus für den Koreanischlernenden! Die Schreibrichtung verläuft entweder horizontal von links nach rechts oder vertikal von rechts nach links, wobei letzteres in Fließtexten kaum noch verwendet wird. Diese Schrift ist genial einfach und zu Recht eine ständige Quelle nationalen Stolzes. Auch Ihnen wird die Flugzeit zwischen Europa und Korea genügen, um die wichtigsten Zeichen zu erlernen (s. Tabelle). Wenn Sie dann gelandet sind, können Sie mit dem Üben gleich loslegen.

		ㅏ	ㅑ	ㅓ	ㅕ	ㅗ	ㅛ	ㅜ	ㅠ	ㅡ	ㅣ
		(a)	(ya)	(eo)	(yeo)	(o)	(yo)	(u)	(yu)	(eu)	(i)
ㄱ	g	가 (ga)	갸 (gya)	거 (geo)	겨 (gyeo)	고 (go)	교 (gyo)	구 (gu)	규 (gyu)	그 (geu)	기 (gi)
ㄴ	n	나 (na)	냐 (nya)	너 (neo)	녀 (nyeo)	노 (no)	뇨 (nyo)	누 (nu)	뉴 (nyu)	느 (neu)	니 (ni)
ㄷ	d	다 (da)	댜 (dya)	더 (deo)	뎌 (dyeo)	도 (do)	됴 (dyo)	두 (du)	듀 (dyu)	드 (deu)	디 (di)
ㄹ	r	라 (ra)	랴 (rya)	러 (reo)	려 (ryeo)	로 (ro)	료 (ryo)	루 (ru)	류 (ryu)	르 (reu)	리 (ri)
ㅁ	m	마 (ma)	먀 (mya)	머 (meo)	며 (myeo)	모 (mo)	묘 (myo)	무 (mu)	뮤 (myu)	므 (meu)	미 (mi)
ㅂ	b	바 (ba)	뱌 (bya)	버 (beo)	벼 (byeo)	보 (bo)	뵤 (byo)	부 (bu)	뷰 (byu)	브 (beu)	비 (bi)
ㅅ	s	사 (sa)	샤 (sya)	서 (seo)	셔 (syeo)	소 (so)	쇼 (syo)	수 (su)	슈 (syu)	스 (seu)	시 (si)
ㅇ	(-)	아 (a)	야 (ya)	어 (eo)	여 (yeo)	오 (o)	요 (yo)	우 (u)	유 (yu)	으 (eu)	이 (i)
ㅈ	j	자 (ja)	쟈 (jya)	저 (jeo)	져 (jyeo)	조 (jo)	죠 (jyo)	주 (ju)	쥬 (jyu)	즈 (jeu)	지 (ji)
ㅊ	ch	차 (cha)	챠 (chya)	처 (cheo)	쳐 (chyeo)	초 (cho)	쵸 (chyo)	추 (chu)	츄 (chyu)	츠 (cheu)	치 (chi)
ㅋ	k	카 (ka)	캬 (kya)	커 (keo)	켜 (kyeo)	코 (ko)	쿄 (kyo)	쿠 (ku)	큐 (kyu)	크 (keu)	키 (ki)
ㅌ	t	타 (ta)	탸 (tya)	터 (teo)	텨 (tyeo)	토 (to)	툐 (tyo)	투 (tu)	튜 (tyu)	트 (teu)	티 (ti)
ㅍ	p	파 (pa)	퍄 (pya)	퍼 (peo)	펴 (pyeo)	포 (po)	표 (pyo)	푸 (pu)	퓨 (pyu)	프 (peu)	피 (pi)
ㅎ	h	하 (ha)	햐 (hya)	허 (heo)	혀 (hyeo)	호 (ho)	효 (hyo)	후 (hu)	휴 (hyu)	흐 (heu)	히 (hi)

Chinesisch ist nicht abzuschütteln

Die koreanische Gelehrtenkaste allerdings lehnte *Hangeul* bis weit in das 20. Jahrhundert hinein ab: Es galt als Schrift der Kinder, Frauen und schlichten Gemüter. Offizielle Dokumente wurden bis 1894 rein chinesisch geschrieben,

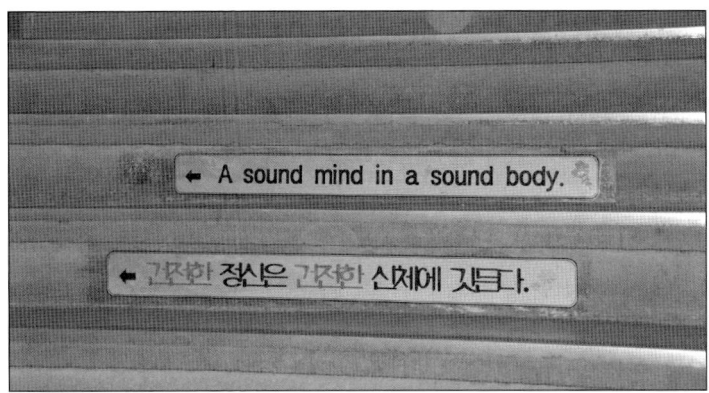

*Treppen-
spruch
in einer
Schule*

da waren die Beamten eisern. Heutzutage findet man jedoch nur noch in wissenschaftlichen Abhandlungen und in anspruchsvoller Literatur – eingestreut in den Text – chinesische Schriftzeichen, die so genannten *Hanja* (漢字). Denn gut die Hälfte aller Nomen haben ihren Ursprung im Chinesischen und können entsprechend mit einem chinesischen Ideogramm geschrieben werden. Doch gibt es fast immer ein koreanisches Äquivalent, welches nicht so förmlich klingt. So lässt sich das Verb *lernen* einmal rein koreanisch mit *baeuda* (배우다) ausdrücken, oder sinokoreanisch mit *hagseub hada* (學習하다).

Grundsätzlich kann alles ausschließlich in *Hangeul* geschrieben werden, egal ob original koreanischer Ausdruck oder sinokoreanisches Lehnwort. In fast allen Printmedien ist das so üblich. Im Zeitalter von Internet und Handy geht *Hangeul* viel schneller von der Hand, als das umständliche Schreiben der chinesischen Zeichen. Viele Menschen verfügen noch über ein passives Wissen der *Hanja,* haben aber Mühe, sie selbst zu schreiben. Auch an den Schulen herrscht seit den 1980er Jahren eine ständige Debatte über den Nutzen des *Hanja*-Lernens. Letztendlich bleibt es den Schulen überlassen, ihren Schützlingen die Grundlagen einer klassischen Ausbildung nahe zu bringen und so lehren noch viele Mittel- und Oberschulen an die 1800 Schriftzeichen. Das ist eine solide Grundlage, denn trotz aller Unterschiede in der gesprochenen Sprache dienen die Schriftzeichen im ostasiatischen Raum als eine Art Lingua Franca. Das Erlernen der komplizierten Schriftzeichen lohnt sich, wenn Sie Ihre Liebe für Ostasien entdeckt haben!

*Koreanisch
für das Volk*

Trotz aller Vereinfachungen verfügen auch im heutigen Korea grundsätzlich alle Personen- und Ortsnamen über chinesische Schriftzeichen. Bei den Menschen sollen die gewählten Namen edle Eigenschaften wie Fleiß und Tugend hervorheben, Ortsnamen deuten auf geographische und historische Begebenheiten hin. In Südjapan gibt es beispielsweise koreanische Ortsnamen – gleich geschrieben aber anders ausgesprochen! So wie die deutschen Auswanderer ihre vertrauten Städtenamen nach Amerika brachten, benannten die Koreaner des

*Personen
und Orts-
namen*

mittelalterlichen Königtums Baekje ihre japanischen Niederlassungen nach ihren Heimatorten.

Die Satzstruktur – gewöhnungsbedürftig

Die Muttersprache von rund 78 Millionen Menschen ist Koreanisch, dazu gehören in erster Linie die Bewohner der koreanischen Halbinsel und des Autonomen Bezirkes Yanbian in der Provinz Jilin, China. Hinzu kommen große koreanische Gemeinden in Amerika und Japan.

Altaische Sprach- familie

Eine sprachwissenschaftlich eindeutige Zuordnung des Koreanischen gibt es nicht. Am wahrscheinlichsten gilt die These, Koreanisch als Mitglied der altaischen Sprachfamilie zu klassifizieren. Grammatikalisch ist Koreanisch der japanischen Sprache sehr ähnlich, doch gemeinsame Wurzeln im Wortschatz bestehen nicht und machen somit Ansätze einer Verwandtschaft zunichte. Ebenso bestehen keine Verbindungen zur chinesischen Sprache. Sinokoreanische sowie sinojapanische Ausdrücke, die auf ursprünglich chinesischen Lesarten der Schriftzeichen basieren, ähneln sich im Wortlaut, sind aber reine Lehnwörter und damit für eine Sprachverwandtschaft irrelevant.

Einfache Grammatik

Die Grammatik selbst ist nicht so verzwickt, im Gegenteil. Das Subjekt kann im Satz weggelassen werden, ein Unterschied zwischen Singular und Plural gibt es nur durch das Hinzufügen von Zählwörtern. Als »agglutierende« Sprache drücken Affixe (das sind Silben, die einem Wort entweder vorangestellt, eingeschoben oder angehängt werden) in Koreanisch Kasus und Zeit aus. Das bedeutet, die Endsilbe eines Verbs wird durch entsprechende Endungen ersetzt. Ebenso regeln an die Nomen angehängte Affixe die Beziehungen der einzelnen Satzteile untereinander.

Anders als im Deutschen steht das Verb grundsätzlich am Ende des Satzes. Ein Beispiel:

저는	독일사람	입니다.
Jeoneun	dogilsaram	imnida.
Ich	Deutscher	sein.

저는	한국으로	갑니다.
Jeoneun	hangukeuro	gamnida.
Ich	Korea nach	gehen.

Die Pein mit der Höflichkeit

Visiten- karten

Die Satzstellung ist für Europäer ungewöhnlich, aber ein Klacks angesichts der größten Hürde für den Koreanischlernenden, der Differenzierung der vielfältigen Höflichkeitsstufen. Je nach Wortwahl und Verbform drücke ich die soziale Beziehung zu meinem Gesprächspartner aus, muss also unbedingt wissen: Ist er älter oder jünger, steht er in der Hierarchie über oder unter mir? Oder handelt es sich gar um eine Frau? Daher spielt das Überreichen der Visitenkarte bei der ersten Begegnung eine so wichtige Rolle (siehe S. 128f.).

Auch die unangenehm direkten Fragen nach Alter und Familienstand beruhen schlicht auf der Sorge Ihres koreanischen Gesprächpartners, sich bei der Anrede einen Fauxpas zu leisten. Fühlen sich in unserem Kulturkreis die Frauen geschmeichelt, wenn sie jünger eingeschätzt werden und womöglich noch als ledig gelten (obwohl zuhause eine ganze Kinderschar wartet), werden Koreanerinnen richtig böse, wenn man aus einer »»Mrs.« eine »Miss« macht. Alles muss seine Ordnung haben! Besitzen die Leute keinen offiziellen Titel oder sollte er unbekannt sein, so greift man praktischerweise auf allgemeine Anreden zurück: Lehrer und Ärzte ehrt man mit *Sonsaengnim* (ähnlich unserem altmodischen *Herr Professor*) und die jungen Kellnerinnen gehen alle als »große Schwestern« (*Eonni,* 언니) durch. Da die Höflichkeit eine direkte Anrede mit »Sie« verbietet, ist das eine elegante Lösung und erspart uns das Lernen vieler Namen.

Herr Professor! Große Schwester!

Was kann nun der Ausländer tun, der sich des Koreanischen nicht so mächtig fühlt, um alle Höflichkeitsstufen korrekt anzuwenden? Sogar der Weg, einfach seinen Gesprächspartner zu kopieren, ist ihm versperrt. Es kommt nicht selten vor, dass beide in einem gemeinsamen Gespräch verschiedene Stufen verwenden. Oder lassen Sie uns ganz ehrlich sein: Ihre Koreanischkenntnisse tendieren gegen Null. Macht nichts, denn da gibt es einen schönen Trick: Sprechen Sie Englisch, aber reden Sie darin eingeflochten Ihren Gegenüber mit seinem koreanischen Titel an: »*Sonsaengnim,* do I need surgery?« So überlisten Sie die landläufige Meinung, dass Englisch keine Abstufungen in puncto Höflichkeit macht, und man honoriert, dass Sie sich schwer bemühen. Das genügt fürs Erste, denn paradoxerweise misstrauen Koreaner jedem Ausländer, der allzu gut

Tricks

Hangeul von oben

Koreanisch spricht. Sie fühlen sich in der Gesellschaft eines allzu angepassten *Oigugin* (Ausländer, 외국인) unwohl.

Herr Yi, Herr Lee, Herr Li oder Herr I?

Die neue Umschrift muss sich erst noch durchsetzen ...

Alles nicht so schlimm bisher mit dem Koreanischen, wäre da nicht noch das Problem mit der lateinischen Umschrift. Offiziell sollte seit dem Jahr 2000 alles klar sein, denn seither gilt nur noch die neue *Revidierte Romanisierung (Gugeoui romaja pyogibeop,* 국어의 로마자 표기법) und spätestens ab 2006 wurden alle offiziellen Dokumente sowie Landkarten und Straßenschilder in dieser standardisierten Form wiedergegeben. Die Sache hat nur ein paar Haken: Einmal hat das Ausland die Revision bisher kaum umgesetzt und benutzt weiterhin fleißig die alte Umschrift im McCune-Reischauer-System (so findet sich auch in Printmedien neuesten Datums weiterhin Sŏul anstatt Seoul, Kimpˈo Airport anstatt Gimpo Airport und Paekche für das alte Königreich Baekje). Da-

... und ihre korrekte Aussprache

bei bereitete gerade die alte Umschrift Probleme bei der Computereingabe, die neue Version kommt ohne Apostrophierung aus. Diese wurden vormals aus Bequemlichkeit oft einfach weggelassen und sorgten so für gehörige Verwirrung. Heute ersetzt der Buchstabe »e« das Breven auf dem Buchstaben o oder u (ŏ = eo = ㅓ, ebenso ŭ = eu = ㅡ). Das eingefügte e weißt auf die offene Aussprache des folgenden Vokals hin, die Lippen werden dabei nicht angespannt. Für

---

INFO **Familienbezeichnungen**

Wie kompliziert die koreanische Sprache sein kann, verdeutlicht der Blick auf einen Familienstammbaum. Während sich die uns vertrauten europäischen Sprachen für die Bezeichnung der Geschwister mit »Bruder und Schwester« begnügen, und es keine Rolle spielt, wer hier jünger oder älter ist, verlangt die koreanische Sprache eine genaue Bezeichnung für jeden Verwandten. Da kann der Familienbaum ganz schnell ungeheure Dimensionen annehmen.

Ein Mädchen ruft ihre ältere Schwester *Eonni* (언니), ein Junge spricht sie mit *Nuna* (누나) an. Das Mädchen nennt ihren älteren Bruder *Obba* (오빠), den jüngeren aber *Namdongsaeng* (남동생). So ruft auch ein Junge seinen jüngeren Bruder, bezeichnet seinen älteren aber mit *Hyeong* (형). Schon genug? Dabei wird es bei der Bezeichnung zu den Onkeln und Tanten der Familie erst richtig kompliziert. Hier spielt nicht nur die Reihenfolge der Geburt eine Rolle, sondern ob die betreffende Person zur mütterlichen oder väterlichen Seite gehört, ob er/sie verheiratet oder noch ledig ist. Ganz oben in der Hierarchie stehen der älteste Sohn und seine Frau. Diese Beiden ruft man *Geun-aboji* und *Geun-omoni* (»großer Vater und große Mutter«, nicht zu verwechseln mit den Großeltern!). Denn sie müssen in Notzeiten gemäß der Tradition an Elternstelle einspringen. Ehre und Respekt haben also ihren Preis.

deutsche Muttersprachler etwas verwirrend, da das eu nicht wie oi sondern ein ge-hauchtes u ist. So gibt es in Seoul die U-Bahnstationen *Sincheon* (신천) und *Sin-chon* (신촌), genaues Le-sen lohnt sich also. Ebenso werden nun gleiche Zeichen immer gleich geschrieben: Die stimmlosen Laute ㄱ, ㄴ,ㄷ,ㅂ werden folglich ungeachtet ihrer Position und wahren Aussprache mit g, n, d und b umschrieben, und nicht mehr grund-sätzlich am Wortanfang stimmhaft mit k, t und p wiedergegeben (korrekt ist

Res-taurant-reklame

Bundang-Linie und nicht Pundang-Linie, Busan und nicht Pusan). Ihre stimm-haften Entsprechungen ㅋ, ㅌ und ㅍ umschreibt man nicht mehr mit k', t' und p' sondern streicht die Apostrophe. Verwirrend? Am besten streichen Sie die Umschrift der 1940er Jahre so weit es geht aus Ihrem Gedächtnis, lesen laut und üben gleichzeitig das Lesen der *Hangeul*-Zeichen.

Leider kommt nun die wirklich schlechte Nachricht: Koreaner selbst kümmert die Systematik der Umschriften wenig, sie haben sie ja nicht nötig! Der Um-kehrweg, von lateinischer Umschrift in *Hangeul* klappt daher auch meist nicht. Es muss schon ein sehr kosmopolitischer Koreaner sein, der aus »Hyundai« das eigentliche *Hyeondae* (현대) heraushört. Koreanische Wörter mit Symbolkraft wie die Namen international bekannter Unternehmen sind von der Revision nicht betroffen. Ebenso hat die Regierung ihren Landsleuten bei der Umschrift ihrer Namen freie Hand gelassen. Da wird nun gebastelt und gedreht wie es einem gerade in den Sinn kommt. Wer kann schon vermuten, dass Herr Rhee, Herr Lee, Herr Li, Herr Ri, Herr Yi und Herr I sich einen gemeinsamen Famili-ennamen (이, 李) teilen? Aus Kim wird trotz aller Reformen kein Gim, hier herrscht das Gewohnheitsrecht. Aus dem ersten Präsidenten Südkoreas, Syng-man Rhee, wird auch kein I Seung-man, wie es heute üblich wäre. Er hatte da-mals sogar die Reihenfolge seines Namens kurzerhand umgedreht.

Verwirrende Variationen

Als Faustregel bei Personennamen gilt heute: Der zumeist einsilbige Familien-name steht an erster Stelle, ganz so wie es der ursprünglichen Schreibweise ent-spricht. Der aus zwei Silben bestehende Rufname wird in der Umschrift gerne mit einem Bindestrich zur Unterscheidung zum Familiennamen geschrieben: *Kim Dae-jung* (김대중) oder *Park Min-bo* (박민호).

Schreib-weise von Personen-namen

Zwei Länder, eine Sprache? Nordkoreanisch, Südkoreanisch?

Sie erahnen es schon: Nordkorea ging bei seiner Sprachpolitik wesentlich radikaler vor als der Süden. In der Tat war die Reinigungsaktion der koreanischen Sprache von allen japanischen, russischen und englischen Lehnwörtern und sinokoreanischen Begriffen so gründlich, dass sich bei den ersten Nord-Südgesprächen Anfang der 1970er Jahre massive Verständnisschwierigkeiten als Hürde bei den ersten zarten Annäherungen herausstellte.

Sprach-säuberung

Gleich nach 1945 beschloss die nordkoreanische Führung, die Sprache von allen äußerlichen Einflüssen zu bereinigen. Der erste Schritt bestand aus der Eliminierung des sinokoreanischen Wortschatzes. Dieser Prozess dauerte Jahrzehnte, bis 1976 offiziell über 50 000 neue Wörter eingeführt waren. Veraltete Begriffe wurden wieder eingeführt, Dialekte nach passenden Ausdrücken durchforstet, um alles Koreanische chinesischen und japanischen Ursprungs zu ersetzen. Logischerweise wurden damit auch gleich die *Hanja,* die sinokoreanischen Schriftzeichen, abgeschafft. Die Verdammung der »feudalistischen« Schriftzeichen diente aber nicht allein dem Klassenkampf, die Förderung von »Hangeul only« sollte der massiven Analphabetisierung (Über 25 Prozent der nordkoreanischen Bevölkerung konnte weder schreiben noch lesen.) entgegentreten. Ab 1949 waren *Hanja* dann aus allen Veröffentlichungen verbannt, ihre Verwendung beschränkte sich auf wenige wissenschaftliche Texte. 300 *Hanja* haben allerdings auch im Norden überlebt. Angesichts des heftigen Wunsches nach Wiedervereinigung und massiver Missverständnisse bei der Erstellung offizieller Dokumente hat Nordkorea beschlossen, diese geringe Zahl von Schriftzeichen zuzulassen.

Eisflamme und Bewegte Kiste

Die unterschiedliche Zahl der *Hanja* bildet nicht die einzige Kluft zwischen dem südlichen und nördlichen Sprachgebrauch. Im Süden gilt der Dialekt um Seoul als Standard, der Norden hat dafür 1945 ganz bewusst den Dialekt um Pyeongyang ausgewählt. Die »von drüben« sprechen also irgendwie … anders. Kein Kind im Süden würde im Sommer auf die Idee kommen, nach einer »Eisflamme« (*Oeleumbosungi,* 얼음보숭이) zu verlangen. Sie wollen kühles *Aiseukeurim* und *Juseu* und nicht etwa erfrischenden *Gwaildanmul* (과일단물), wie die Nordkoreaner den Fruchtsaft bezeichnen. Dabei sitzen die kleinen Seouliter auch nicht vor der »Bewegten Kiste« (*Hoaldongsangja,* 활동상자), sondern schauen sich Trickfilme im *Tellebijeon* (텔레비젼) oder kurz: TV an.

Anglizismen

Zu einem unterschiedlichen Standard-Koreanisch und der geringen Zahl von Schriftzeichen kommt als weiterer Unterschied der massive Gebrauch von japanischen und englischen Lehnwörtern im südkoreanischen Sprachgebrauch. Sei es nun *gaidurain, niuseu, imeil* oder *teurendeu* (guideline, news, e-mail, oder trend), die rasante Sprachentwicklung des Internetzeitalters ist an Nordkorea vollkommen vorbeigegangen und bildet die größte Hürde für nordkoreanische Neuankömmlinge. Ohne Englisch ist modernes (Süd-) Koreanisch kaum noch zu verstehen.

Über den Einsatz von Körpersprache

Unterhalten sich zwei höfliche Koreaner, halten sie die Hände schön nah am Körper und das Gesicht zeigt möglichst keine Emotionen. Tatsächlich gilt es als unschicklich, Gefühle zu zeigen. Ob Lob oder Tadel, schon die Grundschüler werden dazu angehalten, möglichst ausdruckslos in die Welt zu schauen. Ebenso lautet die strenge Regel, die Arme niemals über die Schulterbreite hinauszubewegen. Bei der Unterhaltung wild gestikulieren, das machen nur Rüpel. Körpersprache, gibt es die überhaupt in Korea?

Bei offiziellen Begegnungen werden Sie es schwer haben, die wahren Gefühlsregungen Ihres Gesprächspartners zu deuten. So gilt es als unhöflich, Älteren und Ranghöheren direkt in die Augen zu sehen. Weicht man Ihrem Blick also aus, ist das ein gutes Zeichen! Auch der schlaffe Händedruck lässt nicht auf Charakterschwäche schließen, der gehört zum guten Ton. Nur ein Grobian drückt kräftig zu.

Wird Ihre Beziehung vertrauter, entspannt sich auch der Körper. Denn Koreaner sind alles andere als berührungsscheu und emotionslos. Während eines vertrauten Gesprächs wird sich viel berührt, aber nur zwischen gleichgeschlechtlichen Freunden, wohlgemerkt. Wundern Sie sich als Mann also nicht, wenn Ihr Bekannter seine Hand auf Ihren Oberschenkel legt. Bei einer Frau ist das natürlich absolut tabu. Freundinnen spazieren gerne Hand in Hand, bei Männern sieht man das heute kaum noch, obwohl es vor ein paar Jahren noch selbstverständlich war.

Je mehr Alkohol ins Spiel kommt, desto enthemmter werden Blick und Gefühle. Dann können Sie auch bei Ihrem neuen Bekannten am Gesicht ablesen, ob er gleich rührselig weinen wird oder Ihnen aus Wut eins überzieht, was leider auch mal vorkommt. Die Bandbreite der Körpersprache ist in Korea extrem weit gefächert, sie reicht von rigider Kontrolle von Kindesbeinen an, bis hin zur absoluten Offenheit unter Freunden und Kollegen im Erwachsenenalter. Lassen Sie sich also nicht von der Maske der freundlichen Gleichgültigkeit täuschen, darunter brodelt es ganz heftig.

Universalsprache Englisch

Ihr Koreanisch klappt noch nicht so gut, dass Sie einen ganzen Abend damit bestreiten können, geschweige denn, den schnellsten Weg zum nächsten Markt finden? Macht nichts, zumindest in Seoul werden Sie ohne große Probleme auf freundliche, Englisch sprechende Menschen treffen. Bemühen Sie sich, dem Taxifahrer auf Koreanisch Anweisungen zu geben, wird er Ihnen nach einigem Nachdenken auf Englisch antworten. Stehen Sie im Kaufhaus unsicher vor einem Verkaufsstand, spricht Sie mit Sicherheit jemand an und erklärt Ihnen das Procedere. Wenn nicht, bitten Sie ohne Zögern um sprachliche Unter-

Man kommt damit durch.

stützung. Fühlt der Angesprochene sich überfordert, wird er Sie schon an den Nächsten weiterreichen, bis irgendwer Sie schließlich versteht.

Langsam sprechen!

Wenn Sie mit einem Unbekannten Englisch sprechen, sollten Sie jedoch einige Regeln beachten: Sprechen Sie langsam und deutlich. Ihr Gegenüber muss Zeit haben, das Gesagte in seinem Kopf in die »richtige« koreanische Satzstruktur zu ordnen. Benennen Sie daher klar Ihr Satzthema und sprechen Sie in kurzen Sätzen mit Pausen. Verwenden Sie einfache Verben und das Allerwichtigste: Vermeiden Sie unbedingt Entscheidungsfragen! »Yes, Yes« bejaht nicht unbedingt Ihre Frage, sondern bestätigt nur die Bereitschaft zum aufmerksamen Zuhören. Nur ein unhöflicher Koreaner beantwortet eine Frage mit »No«, was bleibt also außer »Yes«? Massive Missverständnisse und Gesichtsverlust. Ihr Gegenüber fühlt sich gedemütigt, weil er Sie nicht versteht und Sie sind frustriert, weil Sie auf alle Entscheidungsfragen nur ein für alle Lösungen offenes »It is okay!« erhalten.

Eine Sprache, zwei Kulturen

Dabei hatten Sie doch erwartet, dass mit der gemeinsamen Fremdsprache eine gemeinsame Kommunikationsebene existiert. Klare Fragen erfordern klare Antworten, so läuft das im Westen doch. Von wegen! Hier in Korea gelten die Regeln der koreanischen Höflichkeit auch weiterhin. Älteren widerspricht man nicht und korrigiert sie auch nicht. Wer höfliches Englisch spricht, stößt oft allzu schnell an die Grenzen der Kommunikationsfähigkeiten. Also gilt: Noch mal von vorne anfangen und umformulieren. Fangen Sie nicht an zu meckern und zeigen Sie nicht offen Ihre Ungeduld. Negative Gefühle zeigt man nicht, das lernen schon die ganz kleinen Koreaner. Falls alle Stricke reißen, lächeln Sie freundlich, bedanken sich und suchen schleunigst das Weite. Wenn Sie ein Handy haben, versuchen Sie Ihr Glück beim kostenlosen Dolmetscher-Service von BBB-Phone (Tel.-Nr. 1588-5644). Da hilft man Ihnen in 17 Sprachen weiter. Polizei und Feuerwehr machen das auch so.

Begrüßung

Guten Morgen/Guten Tag/Guten Abend.
Annyeonghaseyo?
안녕하세요?

Ich freue mich, Sie kennen zu lernen.
Cheoeum boepgetseumnida.
처음 뵙겠습니다.

Die Freude ist ganz meinerseits.
Mannaseo bangapseumnida.
만나서 반갑습니다.

Auf Wiedersehen (Wenn Sie gehen).
Annyeonghi gyeseyo.
안녕히 계세요.

Auf Wiedersehen
(Wenn Sie bleiben und der Andere geht).
Annyeonghi gaseyo.
안녕히 가세요.

Danke!
Gamsahamnida.
감사합니다.

Bitte sehr, gern geschehen!
Cheonmaneyo.
천만에요.

Ich bin Deutscher/Österreicher/Schweizer.
Jeoneun dogil saram/
oseuteuria saram/
seuuiseu saram imnida.
저는 독일 사람 /
오스트리아 사람 /
스위스 사람 입니다.

Ja.
Ne 네, oder: *ye* 예.

Nein.
Anio 아니오.

Essen und Restaurant

So rufen Sie den Kellner/Kellnerin:
Yeogiyo. 여기요.

Wasser/Kaffee/Grüner Tee, bitte!
Mul/keopi/nogcha juseyo.
물 / 커피 / 녹차 주세요.

Ich bin Vegetarier.
Jeoneun chaesikjuuija imnida.
저는 채식주의자입니다.

2 Portionen Galbi, bitte!
Galbi iinbun juseyo.
갈비 이인분 주세요.

Lassen Sie bitte die Chilipaste weg!
Gochujangeun bbae juseyo.
고추장은 빼 주세요.

Könnte ich eine Gabel bekommen?
Pokeu jom juseyo.
포크 좀 주세요.

Die Rechnung, bitte!
Gyesanhae juseyo.
계산해 주세요.

Einkaufen

Haben Sie Bananen?

Banana isseoyo?
바나나 있어요?

Was kostet das?

Igeo eolmayeyo?
이거 얼마예요?

Das ist zu teuer!

Neomu bissayo.
너무 비싸요.

Transport

Entschuldigung, wo finde ich eine
U-Bahnstation/Bushaltestelle?

*Jeo, eodieseo
jeoncheoreul/beoseureul tanayo?*
저, 어디에서 전철을 /
버스를 타나요?

Geht dieser Bus nach Incheon?

I beoseu Incheone gayo?
이 버스 인천에 가요?

Oder kurz:

Incheon gayo?
인천 가요?

Ich möchte aussteigen!

Jeo naerimnida.
저 내립니다.

Bitte zwei Fahrkarten für den
KTX nach Busan!

KTX Busan du jang juseyo.
KTX부산 두 장 주세요.

Nach Gangnam, bitte!

Gangnamiyo.
강남이요.

Lassen Sie mich hier aussteigen!

Sewo juseyo.
세워주세요.

Große und kleine Nöte

Wo ist eine Toilette?

Hwajangsileun eodingayo?
화장실은 어딘가요?

Bitte helfen Sie mir.

Dowajuseyo.
도와주세요.

Bringen Sie mich bitte zum Arzt.

Byeongwone deryeoda juseyo.
병원에 데려다 주세요.

Ich möchte mit der Deutschen
Botschaft sprechen.

Dogildaesagwane yeonrakhago sipeoyo.
독일사관에 연락하고 싶어요.

Korrektes Zählen ist eine Kunst

In der koreanischen Sprache gibt es zwei Zählweisen: eine rein koreanische und eine sinokoreanische Benennung. Letztere beruht auf der Aussprache der chinesischen Schriftzeichen der Ziffern. Je nachdem, was Sie zählen, verwenden Sie das eine oder das andere System. Außerdem wird an die Ziffer je nach Gegenstand ein Zählwort angehängt, ähnlich wie: *2 Seiten Papier* oder *3 Tassen Kaffee.* So zählen Sie Fahrkarten rein koreanisch, die Bahnlinie aber kennzeichnet eine sinokoreanische Nummer. Auch bei der Romanisierung gibt es immer wieder Ausnahmen. Mit Logik lässt sich da nicht viel erklären, hier hilft nur stures Auswendiglernen. Ein kleiner Trost: Bei Zahlen über 100 verwendet man im Allgemeinen nur noch die sinokoreanische Zählweise.

Ziffer	Sino-Koreanisch	Rein Koreanisch
0	*yeong/gong,* 영/공	-
1	*il,* 일	*hana/han,* 하나 /한
2	*i,* 이	*dul/du,* 둘 / 두
3	*sam,* 삼	*set/se,* 셋 / 세
4	*sa,* 사	*net/ne,* 넷 / 네
5	*o,* 오	*daseot,* 다섯
6	*yuk,* 육	*yeoseot,* 여섯
7	*chil,* 칠	*ilgop,* 일곱
8	*pal,* 팔	*yeodeol,* 여덟
9	*gu,* 구	*ahop,* 아홉
10	*sip,* 십	*yeol,* 열
11	*sibil,* 십일	*yeolhana,* 열하나
12	*sibi,* 십이	*yeoldul,* 열둘
20	*isip,* 이십	*seumul,* 스물
30	*samsip,* 삼십	*seoreun,* 서른
40	*sasip,* 사십	*maheun,* 마흔
50	*osip,* 오십	*swin,* 쉰
60	*yuksip,* 육십	*yesun,* 예순
70	*chilsip,* 칠십	*ilheun,* 일흔
80	*palsip,* 팔십	*yeodeun,* 여든
90	*gusip,* 구십	*aheun,* 아흔
100	*baek,* 백	*on,* 온
1000	*cheon,* 천	*jeumeun,* 즈믄
10 000	*man,* 만	*deumeon,* 드먼

Kulturspiel

Im Ohrsessel gemütlich lesen und verstehen ist eine Sache – sich in ungewohnten Situationen vor Ort spontan richtig zu verhalten eine andere. Auf den folgenden Seiten können Sie deshalb Ihr kulturelles Verständnis schon einmal testen.

▶ Versuchen Sie die Situation zu erfassen und entscheiden Sie sich für die Lösung, die Sie intuitiv für richtig halten. Im Kommentar verraten wir Ihnen, welches Verhalten angemessen ist und warum man andere Reaktionen besser vermeidet.

Taschendiebin
Wie verhalten Sie sich?

Betretene Mienen
Was ist passiert?

Traumfrau gesucht
Wie reagieren Sie?

Kampf um die Rechnung
Was nun?

Verschmähtes Geschenk
Wie reagieren Sie?

Ein Lied aus der Heimat
Wie verhalten Sie sich?

Taschendiebin

Rushhour in Seoul. Abgekämpft von Ihrer Shoppingtour besteigen Sie die überfüllte U-Bahn. Alle Plätze sind besetzt. Sie wissen nicht, wohin mit ihren Taschen und Paketen und finden im Gedränge keinen Halt. Da greift plötzlich die neben Ihnen sitzende ältere Dame nach Ihrer größten Tüte und packt sie sich wortlos auf den Schoß. **Wie verhalten Sie sich?**

a) Sie sind erbost über die Unverfrorenheit dieser Person, die sich da mitten in der U-Bahn an Ihrem Eigentum vergreift. Sie erheben Ihre Stimme und drohen mit der Polizei!

b) Sie ringen verzweifelt um Fassung. Niemand hilft Ihnen. Alle schauen tatenlos zu. »Mit uns Ausländern kann es man es ja machen!«. Sie schreiben Ihre Tüte innerlich ab.

c) Sie bedanken sich mit einem Lächeln bei der Frau und laden ihr auch noch den Rest Ihres Gepäcks auf. Im wahrsten Sinne des Wortes »erleichtert« setzen Sie die Fahrt fort.

Kommentar

Mit Lösung a) machen Sie sich bei Koreanern nicht beliebt. Keiner wird verstehen, weshalb Sie derart die Haltung verlieren. Mit Volldampf ins Fettnäpfchen getreten! Lösung b) zeigt ebenfalls, dass Sie noch nicht viel über Koreaner und ihre Umgangsformen wissen. Lösung c) ist hier die einzige angemessene Verhaltensweise. Es ist in Koreas öffentlichen Verkehrsmitteln selbstverständlich, dass sitzende Passagiere den Stehenden das schwere Gepäck abnehmen. Die Dame hat sich also Ihnen gegenüber zuvorkommend und nett verhalten. Sie können ihr bedenkenlos vertrauen.

Situation 2

Betretene Mienen

Sie leben seit geraumer Zeit mit Frau und Kindern in Korea. Das Verhältnis zu Ihren Kollegen ist angenehm. Als nette Geste laden Sie alle zusammen mit ihren Ehefrauen in ein Restaurant ein. Der Abend wird zum Desaster: Ihre Kollegen sind wortkarg, die koreanischen Gattinnen zurückhaltend. Ihre Frau fühlt sich fremd und ausgeschlossen. **Was ist passiert?**

a) Sie haben Ihr Privatleben mit der Geschäftswelt vermischt, ein Fauxpas!
b) Sie haben offenbar das falsche Restaurant ausgewählt.
c) Wenn koreanische Männer sich amüsieren wollen, bleiben ihre Frauen zuhause!

Kommentar

Lösung b) können Sie beruhigt ausschließen, ein merkwürdiges Restaurant ist noch lange kein Grund für einen ruinierten Abend. Lösung a) sollten Sie schon eher in Betracht ziehen. Die Arbeits- und Geschäftswelt verbindet Sie und Ihre Kollegen, die Ehefrauen sind davon ausgeschlossen. Daher sind sie in dieser Gruppenzusammensetzung fehl am Platz. Die koreanischen Frauen wissen das und steuern daher so wenig wie möglich zur Konversation bei. Lösung c) trifft hier zu. Auch wenn sich die Kollegen untereinander gut kennen, war diese Einladung keine gute Idee. Koreaner fühlen sich in der Gesellschaft des anderen Geschlechts nach kurzer Zeit unwohl. Ein gemeinsamer Restaurantbesuch, womöglich noch mit gemischter Sitzordnung wie bei uns üblich, ist also ein sicherer Stimmungstöter.

Traumfrau gesucht

Bei einem Empfang werden Ihnen Koreaner vorgestellt. Sie überreichen Ihre Visitenkarten und beginnen ein Gespräch. Nach einer Weile endet der unverbindliche Smalltalk und man stellt Ihnen direkte Fragen über Ihre Heimat und Ihr Privatleben, Ihre (nicht vorhandene) Ehefrau. **Wie reagieren Sie?**

a) Sie möchten derlei intime Dinge nicht vor Fremden preisgeben. Sie verschwinden in Richtung »kaltes Buffet«.

b) Sie lachen und antworten, Sie hätten leider bisher die Richtige noch nicht getroffen. Vielleicht könne man Ihnen aber bei der Suche helfen?! Dann wechseln Sie das Thema.

c) Sie regen sich auf, gehen auf Konfrontationskurs und fragen zurück, was die Ausfragerei soll.

Kommentar

Lösung a) zeugt von wenig Souveränität in einer solchen Situation. Das Verhalten in Lösung c) ist vollkommen indiskutabel. Mit direkten Fragen über Familienstand, Alter, Beruf und Religion müssen Sie in ganz Asien rechnen. Die für unseren Geschmack indiskrete Fragerei ist nicht böse gemeint. Im Gegenteil: Sie soll zur besseren Einschätzung des noch fremden Gesprächspartners beitragen. Doch keine Sorge! Wenn Sie nicht antworten wollen, können Sie sich mit einer lustigen Bemerkung oder einem zügigen Themenwechsel aus der Affäre ziehen – wie in Lösung b). Rechnen Sie aber damit, dass Sie einer Reihe potentieller Traumfrauen vorgestellt werden.

Situation 4

Kampf um die Rechnung

Sie verbringen erstmals mit koreanischen Bekannten und Kollegen einen Abend in einem teuren Club. Es ist Zeit aufzubrechen, doch zuvor muss noch bezahlt werden. An der Kasse geht der Kampf um die Rechnung los. Ihre koreanischen Bekannten schieben und zerren. Es kommt zu einem heftigen Streit um das Vorrecht des Zahlens. **Was nun?**

a) Sie halten sich unauffällig im Hintergrund. Wenn die Koreaner so wild aufs Bezahlen sind, wollen Sie sie nicht davon abhalten!

b) Sie kämpfen mit. Ihre Versuche scheitern jedoch. Sie geben auf, laden aber die Gruppe noch auf einen Drink in die nächste Bar ein.

c) Sie schlagen der Einfachheit halber vor, die Rechnung untereinander aufzuteilen. Sie halten dies für sehr diplomatisch und fair.

Kommentar

Mit Lösung c) liegen Sie völlig daneben. Ein solcher Vorschlag kommt in Korea einer schweren Beleidigung gleich. Unter Freunden schaut man nicht aufs Geld, das ist entwürdigend und führt zu Gesichtsverlust. Mal bezahlt der eine, dann wieder der andere. Dabei achten schon alle darauf, dass sich die Ausgaben im gleichen Rahmen bewegen. Lassen Sie nie den Eindruck aufkommen, sich vor dem Zahlen zu drücken – wie in Lösung a) angedeutet. Schlimmstenfalls kann ein solches Verhalten sogar zum Abbruch der Beziehungen führen. Lösung b) ist hier richtig. Generell gilt, dass man Ihnen als Ausländer kaum die Rechnung freiwillig überlässt. Gehen Sie mit der Gruppe öfter aus, sollten Sie immer versuchen, einen fairen Ausgleich zu schaffen.

Verschmähtes Geschenk

Sie sind zu einer privaten Feier eingeladen und haben sich besondere Mühe bei der Wahl des Gastgeschenks gegeben. Bei Ihrer Ankunft überreichen Sie voller Stolz das hübsch verpackte, kostbare Mitbringsel. Die Dame des Hauses bedankt sich lächelnd, legt es aber unausgepackt beiseite. **Wie reagieren Sie?**

a) Sie sind enttäuscht über das mangelnde Interesse an Ihrem Geschenk und schimpfen innerlich über die Unhöflichkeit Ihrer Gastgeber. Sie zeigen Ihre Verschnupfung und verlassen die Feier früher als geplant.

b) Sie wundern sich den ganzen Abend, ob Ihr Geschenk wohl vergessen wurde. Sie wollen unbedingt die Reaktion Ihrer Gastgeber darauf erleben und erinnern sie beim Abschied ans Auspacken.

c) Sie gesellen sich zu den anderen Gästen und entspannen sich. Geschenk überreicht, die Party kann losgehen!

Kommentar

Sie haben sich hoffentlich für Lösung c) entschieden. Das Gastgeschenk vor dem Gastgeber zu öffnen, gilt in Korea als unhöflich. Später, wenn alle Gäste heimgegangen sind, werden die Geschenke in aller Ruhe ausgepackt. So entfällt für den Beschenkten die Qual der geheuchelten Begeisterung über ein vielleicht unpassendes Geschenk und der Schenkende findet sich nicht in Konkurrenz zu den anderen Gästen wieder. Koreakenner wissen, dass sich die Gastgeber bei nächster Gelegenheit persönlich für das Mitbringsel bedanken werden. Mit Lösung a) oder b) schaffen Sie sich nirgendwo auf der Welt Freunde.

Situation 6

Ein Lied aus der Heimat

Die jährliche Betriebsfeier Ihrer Tochterfirma in Korea findet statt. Sie sind zu Besuch. Die komplette Belegschaft isst, trinkt und feiert ausgelassen. Die ersten beginnen, Lieder vorzutragen. Sie ahnen schon, wer wohl als nächster dran ist. Und richtig! Schon fordert man sie auf, auch ein Lied aus der Heimat zum Besten zu geben. Alle schauen Sie erwartungsvoll an. **Wie verhalten Sie sich?**

a) Auch nach mehrmaligem Bitten bleiben Sie stur. Nie im Leben bekommt man Sie ans Mikrophon. Sie machen sich doch nicht lächerlich!

b) Sie versuchen es auf die Mitleidstour und täuschen Halsschmerzen vor. Leider, leider würden Sie keinen Ton herauskriegen.

c) Sie stellen sich tapfer der Aufgabe und schmettern den Hit der letzten Karnevalssaison ins Mikro.

Kommentar

Wie Sie sich leicht denken können, ist c) die ideale Antwort, der Abend wird unvergesslich in Ihre Korea-Memoiren eingehen. Besser krumme Töne und falscher Text – es versteht ja doch keiner Deutsch –, als sich ohne Gesangseinlage feige davonzustehlen. Die Lösungen a) und b) brächten Ihnen den Ruf eines Spaßverderbers ein. Zugegeben, das Vortragen von Liedern aus dem Stand jagt den meisten von uns leisen Schrecken ein. In Asien gehört das Singen vor Publikum aber zu einem geselligen Abend dazu. Sie können sich dem auf Dauer nicht entziehen!

Medientipps

Die folgenden Buch- und Filmempfehlungen sind nur ein kleiner persönlicher Ausschnitt aus einem mittlerweile stark gewachsenen Angebot an koreabezogenen Themen. Die Unterteilung in einzelne Bereiche ist ausschließlich als erste Orientierungshilfe gedacht. Wirtschaft kommt nicht ohne Landeskunde aus, Geschichte erklärt Kunst und Strömungen der Belletristik …

Literaturtipps

Geschichte & Landeskunde

Breen, Michael: *The Koreans.* New York 2004.
(Sehr detaillierte und unterhaltsam geschriebene Analyse des koreanischen Volkes.)

Eggert, Marion & Plassen, Jörg: *Kleine Geschichte Koreas.* München 2005.
(Koreas Geschichte mit Schwerpunkt Politik auf knapp 200 Seiten.)

Hayes, Kevin J.: *A Peep into Korea.* Seongnam 2007.
(Das Land aus der Sicht eines Amerikaners mit koreanischer Ehefrau.)

Hicks, George: *The Comfort Women.* New York/Sydney 1995.
(Hicks Buch mit vielen Augenzeugenberichten machte das Schicksal der Trostfrauen weltweit bekannt.)

Kim, Yung-chung (ed.): *Women of Korea, A History from Ancient Times to 1945.* Seoul 1976.
(Das Buch zeichnet den gesellschaftlichen Stellungsverlust der koreanischen Frauen nach. Dabei liefern genaue Beschreibungen quer durch die Epochen ein vielfältiges Bild der koreanischen Geschichte.)

Lee, Stan Young: *Living and surviving in South Korea.* Lincoln 2006.
(Eigentlich als kleines Handbuch für Amerikaner mit koreanischen Vorfahren gedacht, bietet es hilfreiche Tipps insbesondere für angehende Sprachlehrer in Korea.)

Maull, Hanns W. & Maull, Ivo M.: *Im Brennpunkt: Korea.* München 2004.
(Ein fundierter Überblick über die koreanische Halbinsel und damit schon Pflichtlektüre für jeden Korea-Interessierten.)

Rhie, Won-bok: *Korea unmasked.* Seoul 2005.
(Koreas Seele im Comicbuch-Format verpackt! Rhies visuelle Darstellungen erklären mit viel Tiefgang und Humor Politik, Wirtschaft und Gesellschaft.)

Robinson, Martin: *Seoul.* Lonely Planet Publications, Melbourne/ Oakland/ London 2006.
(Der derzeit aktuellste Reiseführer auf dem Markt und wie gewohnt hilfreich für eine erste Reise nach Korea/ Seoul.)

Schrötter, Simone & Knoß, Sylvia: *Ausreise nach Korea.* Seoul 2004.
(Starthilfe für ein neues Leben in Korea. Koreaner sind darin jedoch weitgehend ausgeklammert.)

Winchester, Simon: *Korea, Zu Fuß durch das Land der Wunder.* München 2006.
(Auf seiner Wanderung begegnet der Autor den unterschiedlichsten Menschen. Ein schönes Buch, wenn auch nicht brandneu, die englische Originalausgabe stammt aus dem Jahr 1988.)

Weggel, Oskar: *Die Asiaten.* München 1990.
(Nicht nur auf Korea schauen, sondern auf den gesamten asiatischen Kontinent! Dafür ist dieses Buch ein guter Einstieg.)

Politik und Wirtschaft

Brüch, Andreas & Thomas, Alexander: *Beruflich in Südkorea.* Göttingen 2004.
(Eine Reihe von Tests zeigt Ihnen, ob Sie sich als koreanische Führungskraft bewähren würden.)

Coyner, Thomas L.& Jang, Song-Hyon: *Mastering Business in Korea.* Seoul 2007.
(Beförderung, Gehaltsstrukturen, Motivation und Produktmarketing; in diesem Buch geht es konkret zur Sache.)

Derichs, Claudia & Heberer Thomas (Hg.): *Einführung in die politischen Systeme Ostasiens.* Opladen 2003.
(Neben Koreas Nachbarn behandelt das Buch sachlich neutral die politischen Strukturen sowohl Süd- als auch Nordkoreas.)

Deutsch-Koreanische Industrie- und Handelskammer (Hg.): *Korea auf einen Blick.* Seoul 2007.
(Ein sehr praktischer Ratgeber für das Leben in Korea mit vielen Adressen und Telefonnummern.)

Hirn, Wolfgang: *Angriff aus Asien.* Frankfurt/Main 2007.
(Warum ist Asien so erfolgreich? Steht Korea auch nicht im Mittelpunkt des Buches, gelten die Aussagen doch auch für das aufstrebende Land.)

Nordkorea

Becker, Jasper: *Rogue Regime: Kim Jong Il and the looming threat of North Korea.* Oxford 2006.
(Ein Blick hinter die Kulissen erklärt die Angst des Südens vor dem Norden.)

Moeskes, Christoph (Hg.): *Nordkorea, Einblicke in ein rätselhaftes Land.* Berlin 2004.
(Diese Sammlung von Reiseberichten unterschiedlichster Autoren zeigt ein Nordkorea jenseits staatlicher Inszenierung.)

Kunst, Kultur und Küche

De Fraeye, Marc & Vos, Frits: *Korea, Scenic Beauty & Religious Landmarks.* Antwerpen 1996.
(Bilder voller Ruhe und Gelassenheit zeichnen diesen Fotoband über Korea aus.)

Fahr-Becker, Gabriele (Hg.): *Ostasiatische Kunst.* Köln 1998.
(Die umfangreichen Beschreibungen und Abbildungen begeistern wohl jeden Kunstliebhaber. Korea ist ein eigenes Kapitel gewidmet.)

Howard, Keith (Hg.): *Korean Shamanism.* Seoul 1998.
(Was ist Schamanismus, woher kommt er und welche Bedeutung hat er heute noch? Hier finden Sie die Antworten!)

Korea Foundation (Hg.): *Korean Cultural Heritage, Vol. 1– 4 (Fine Arts, Thought & Religion, Performing Arts, Traditional Life Styles).* Seoul 1996.
(Schlichtweg DER Klassiker zu Themen rund um die koreanische Kultur.)

Lee, Cecilia Hae-jin: *Eating Korean.* New Jersey 2005.
(Eingepackt in ihre Familiengeschichte beschreibt die Autorin den Reichtum der koreanischen Küche.)

Vérin, Marc & Morillot, Juliette: *Korea, Reich der Morgenstille.* München 2004.
(Der wohl schönste Bildband über Nord und Süd im deutschsprachigen Raum.)

Belletristik

Ahn, Soyung & Kang, Heidi (Hg.): *Ein ganz einfaches gepunktetes Kleid.* Bielefeld 2004.
(Sammlung von Kurzgeschichten koreanischer Autorinnen, die zum Nachdenken anregen.)

Jo, Kyung Ran: *Zeit zum Toastbacken.* Bielefeld 2005.
(Der erste Roman der Autorin erzählt von Youchin, die ihre Backkunst perfektionieren will. Parallel dazu geht es um die Entfremdung ihrer Familie.)

Kim, Yohng-sang: *C-Ration, Koreanische Erinnerungen.* Thumum/Ostfriesland 2007.
(Der abenteuerliche, autobiographische Lebensweg eines Nordkoreaners, der, nach langen Jahren im Seoul der Nachkriegszeit schließlich 1958 zum Studium nach Europa gelangt.)

Oh, Jung-hee: *Vögel.* Bielefeld 2002.
(Zwei Kinder verlieren erst die Mutter und dann verlässt sie auch noch der Vater. Trotz Einsamkeit und Elend bewahrt das Mädchen Uumi sich die Hoffnung auf eine bessere Zukunft.)

Film- und Fernsehproduktionen

Spielfilm

Kang, Je-gyu: *Shiri (Swiri)*. EMS 2004.
Die Verlobte eines Spionageabwehragenten entpuppt sich als nordkoreanischer Schläfer.

Kang, Je-gyu: *Brotherhood – Wenn Brüder aufeinander schießen müssen (Taegeukgi Hwinalrimnyeo)*. EMS 2006.
Durch ein Missverständnis stehen sich zwei Brüder im Koreakrieg an der Front gegenüber. Die Sinnlosigkeit des Krieges für beide Seiten ist das zentrale Thema dieses Filmes.

Kim, Ki-duk: *Frühling, Sommer, Herbst, Winter … und Frühling (Bom, Yeorum, Gaeul, Gyeowool… Geurigo Bom)*. Kinowelt Home Entertainment 2004.
Der Film erzählt die Geschichte eines buddhistischen Mönchs und seines Schützlings.

Lee, Jun-ik: *The King and the Clown (Wangui Namja)*. Art Service 2005. Untertitel nur in Englisch.
Der Historienfilm verfolgt die Beziehung zwischen dem Schauspieler eines Wanderzirkus und dem König. Das Tabuthema Homosexualität ist eingepackt in farbenfrohe Aufführungen traditioneller Volkskünste.

Park, Chan-wook: *Joint Security Area (Gongdong Gyeongbi Gguyeok JSA)*. Sunfilm Entertainment 2003.

An der Demarkationslinie kommt es zum Zwischenfall. Bei einer Untersuchung wird entdeckt, dass sich die offiziell verfeindeten Grenztruppen regelmäßig zum Trinken und Kartenspielen getroffen haben.

Fernsehserien

Kim, Yeong-hyeon: *Dae Jang Geum (Jewel of the Palace)*. YA Entertainment 2005. Untertitel nur in Englisch.
Im Mittelpunkt dieser Serie steht die historisch belegte Figur der Jang Eum, der ersten weiblichen Ärztin am königlichen Hof der Joseon-Dynastie. Die traditionelle koreanische Kultur, die königliche Küche und die traditionellen Behandlungsmethoden sind Schlüsselthemen dieser in ganz Asien beliebten Fernsehserie.

Yoon, Suk-ho: *Winter Sonata (Gyeoul Yeonga)*. Bitwin 2003. Untertitel nur in Englisch.
Nach einem sehr verwickelten Liebesplot mit Halbgeschwistern, Verrat und Auswanderung finden die beiden Protagonisten am Ende zueinander. Doch der Preis ist hoch: Der Held ist mittlerweile erblindet.

Yoon, Suk-ho: *Autumn in My Heart (Gaeul Dongwa)*. Bitwin 2004. Untertitel nur in Englisch.
Diese Serie ist der Vorläufer von »Winter Sonata«, aber ganz ohne vertrautes Happy End. Die Liebenden müssen beide am Ende sterben. Das ist wahre koreanische Romantik!

Register

Asien

736 Seiten
inkl. Reisekarte

532 Seiten

450 Seiten

512 Seiten,
inkl. Reisekarte

ca. 320 Seiten

264 Seiten

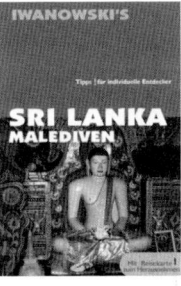

472 Seiten,
inkl. Reisekarte

620 Seiten,
inkl. Reisekarte

ca. 352 Seiten

304 Seiten,
inkl. Reisekarte

680 Seiten,
inkl. Reisekarte

„Wie bei Büchern aus
dem Iwanowski Verlag gute
Tradition, richtet sich auch
dieser Band an individuelle
Entdecker."

Westfälische Nachrichten
zum Reisehandbuch Vietnam

Das komplette Verlagsprogramm finden Sie unter

www.iwanowski.de